地方自治の法と政策

中川義朗・村上英明・小原清信［編］

法律文化社

はじめに

　本書の姉妹書たる『これからの地方自治を考える——法と政策の視点から』(法律文化社,以下,前著)を上梓してから,早くも10年近い歳月が流れた。前著は,地方自治に関する「法と政策」を副題にかかげ,当時の戦略的課題であった「分権型社会」の構築をめざす諸改革が展開されるなかで,一連の地方分権一括法による,分権と自治のための法制度を正確にフォローしつつ,課題解決のための展望をも視野に入れたうえで,地方自治について「考える」ための総合的テキストとして,とくに法学部,法文・教養系の学部生のみならず研修用として公務員や市民にもよく利用された,と承知している。

　しかしこの間,大阪都構想,平成市町村合併などの大規模改革から,3分の1以上を要件とする直接請求の段階的緩和,広域連携体制の強化,および地方開発事業団や全部事務組合などの廃止まで,結果として地方自治制度が整理され,自治立法権の拡大などある程度充実しつつも,他方では自治財政権の確立や「未完の分権改革」をはじめ,いくつかの重要な課題が積み残されたままであった。

　また,2012年に政権交代もあり,分権改革・地域主権から,地方創生戦略としての「ひと・もの・しごと」の創出へと地域政策が制度改革からソフト・財政支援へと大きく舵がきられたが,他方では,地方と中央の「格差」拡大,首都圏への「一極集中」化が進み,「市町村消滅」論が展開されるようになった。沖縄では,米軍基地建設をめぐる中央政府と県との対立が深刻化した。

　このようななか本書は,前著の基本方針をふまえつつ,新たに「住民参加——参加・協働と自治」(第9章),「情報管理と自治」(第10章),「まちづくりと自治」(第11章)という,いわば自治法の各論的テーマを設けて全体を12章にしぼり,各章では,関係法令の改廃,自治体政策の展開,および判例の展開などを正確に追跡しつつ,また,それらがどのように運用・実践されているかを「地方自治の本旨」(憲92条)の視点から照射・批評し,かつ,望ましい地方自治の法制度・政策のあり方を追求する,との基本趣旨の下に編集・執筆され

た。執筆者についても，西日本の各大学で地方自治制度（法）の講義を担当している若手・中堅の研究者に交代していただいた。ご多忙のなか，短期間に編集・執筆方針に従って各講義（章）の項目・内容に沿って玉稿を仕上げ，それぞれ独自の見解をまとめあげた執筆者一同に対し，編者として心から感謝申しあげたい。

　編者には，前著の中川義朗ひとりから村上英明・小原清信両教授が加わりその体制を強化し，数回の編集会議において，編集方針・主な執筆項目の作成から，表現・内容上の正確さ確保のため各論稿の「校閲」に至るまで，精力的に精査活動をおこなってきた。その際には，各執筆者の，地方自治に関する個別テーマ，事案・判例などについての見解については，これを最大限尊重することとした。

　本書の企画・執筆・編集・校正に至る一連の作業工程において随時，法律文化社編集担当の上田哲平氏に大変お世話になった。氏の熱心な仕事ぶりがなければ，短期間にこのようなタイムリーな，まとまった著書の刊行の実現は困難であったであろう。ここに執筆者を代表して，法律文化社・上田氏に対し衷心よりお礼を申しあげたい。

　こうして本書は，インターネット・携帯・スマホからAIへ，また全国各地における自然災害の頻発や天皇の譲位に伴う元号の変遷に象徴されるように，時代が大きく転換しつつあるなか，出版市場への航海に旅立つことになった。荒波が予想されるが，平穏で安全な航海がつづくよう祈りたい。

2019年1月

編者　中川義朗・村上英明・小原清信

目次

はじめに

第1章　地方自治の原理（本旨）とその展開 ── 1
1　地方自治の「本旨」のとらえ方──本質論 …… 1
2　戦後における地方自治のあゆみ──団体自治を中心として …… 5
3　地方分権一括法にもとづく分権的自治の諸原則 …… 12
4　第二次分権改革と地域主権3法 …… 14
5　分権改革後の自治体の課題──市町村消滅論と災害の復興行政 …… 16

第2章　地方公共団体の種類と特色 ── 21
1　地方公共団体の種類 …… 21
2　基礎的団体の実態と課題 …… 26
3　広域団体の実態と課題 …… 32
4　自治体間の協力システム …… 34
5　少子化・高齢化の行く末 …… 39

第3章　国と地方公共団体の関係 ── 45
1　分権改革と地方自治 …… 45
2　自治事務と法定受託事務への事務区分の再編 …… 48
3　関与法定主義，関与の類型と手続 …… 50
4　国と地方公共団体との紛争の処理 …… 53
5　都道府県と市町村との紛争の処理 …… 57

第4章　地方公共団体の組織──長と議会 ── 65
1　地方公共団体の組織の基本構造 …… 65
2　地方議会 …… 67
3　長その他の執行機関・執行機関の附属機関 …… 72
4　長と地方議会との関係──長と議会の抑制均衡システム …… 78
5　地方議会の「活性化」のための課題 …… 81

第5章 自治立法権 ―― 87
1 自治立法権の意義と課題 …………………………………… 87
2 憲法と条例 ………………………………………………… 89
3 法律（令）と条例 ………………………………………… 92
4 条例のつくり方の課題（立法事実論）…………………… 100
5 「自治体の憲法」としての自治基本条例制定の意義 …… 102

第6章 自治財政権 ―― 107
1 自治財政権の意義 ………………………………………… 107
2 財政に関する近年の動き ………………………………… 112
3 自主財源の拡充 …………………………………………… 116
4 財政の健全化・再生 ……………………………………… 123

第7章 住民の権利と義務 ―― 129
1 住民と住所 ………………………………………………… 129
2 選挙権と被選挙権 ………………………………………… 134
3 直接請求権 ………………………………………………… 139
4 公の施設 …………………………………………………… 143

第8章 監査制度と住民訴訟 ―― 151
1 監査制度と住民監査請求 ………………………………… 151
2 住民訴訟 …………………………………………………… 155
3 議会の権利放棄議決と一部免責条例 …………………… 162

第9章 住民参加 ―― 参加・協働と自治 ―― 167
1 住民運動のなかにみる「参加」「協働」の歴史的展開 … 167
2 「参加」「協働」と「自治」……………………………… 169
3 住民参加の意義 …………………………………………… 169
4 法制度上の住民参加制度 ………………………………… 171
5 住民投票制度 ……………………………………………… 173
6 地方議会の住民参加制度 ………………………………… 177

第10章 情報管理と自治 ―― 183
1 情報公開の意義 …………………………………………… 183
2 情報公開と地方自治 ……………………………………… 184
3 不開示情報該当性の判断基準 ―― 判例の動向 ………… 189

  4 情報公開とプライバシー——個人情報保護制度……………………194

第11章 まちづくりと自治 ──────────────── 201
  1 自治体におけるまちづくり行政の意義……………………………201
  2 まちづくり行政をすすめるための法制度
    ——都市計画法からまちづくり条例まで……………………………204
  3 まちづくり行政の方針・計画………………………………………210
  4 個別的まちづくりの計画と課題……………………………………215

第12章 地方自治の担い手 ──────────────── 221
  1 地方公務員制度と公務員関係………………………………………221
  2 地方公務員の義務・責任・倫理……………………………………225
  3 人事評価………………………………………………………………231
  4 非正規雇用と会計年度任用職員……………………………………234

判例索引
事項索引
執筆者紹介

第1章　地方自治の原理（本旨）とその展開

　本章ではまず，さまざまな局面で用いられる「自治」という言葉の意味を解明し，憲法上の「地方自治の本旨」を根拠とする地方自治権，とくに団体自治権の本質をめぐる論争については，新固有権説をもっとも適切な見解である，とした。
　戦後における地方自治の「本旨」（原理）の展開については，初期にはシャウプ勧告などにもとづいて，警察や教育行政を中心に市町村優先主義の具体化策が採用されたが，その後は次第に国による「上から」の「集権的」改革が進められた（新中央集権化）。その後1970年代以降，革新系の首長の台頭や地方の時代の提唱もあったが，基本的には中央集権化の流れは続いた。これに「終止付」を打ち，実質的に分権化路線を確立したのは，1995年の地方分権推進法－中間報告・委員会勧告－地方分権一括法の制定であった。ただ，この地方分権化＝自由拡大化路線も法令による「義務づけ・枠づけ」の自治立法化などで一定の前進はあったものの，全体としては「未完の分権改革」に終わり，多くの課題が残された。とくに税財政面における「3割自治」の克服は，依然として未解決のままである。
　2014年の「市町村消滅」論を契機として，政府の地域政策は，地域において「ひと・もの・しごと」の増大をめざす「地方創生」という総合戦略へ転換した。また改革の方法・対象も，地方からの募集提案を国が吟味し選択して集中的に財政援助するものになった。最近では日本列島各地における地震・集中豪雨等の自然災害の頻発が，復旧・復興行政のみならず平常的行政においても分権・自治の充実をめざす自治体にとって大きな「壁」になっている。

1　地方自治の「本旨」のとらえ方——本質論

地方「自治」の意義

　周知のように「自治」という言葉と結びつくのは，「地方」だけではなく，大学の「自治」や私的「自治」（私有財産制度），および国際的レベルではパレスチナの「自治」政府やチベット「自治」区など，さまざまなものがある。こ

れらの「自治」は、いうまでもなく「自ら治（オサ）まる」という意味ではなく、「自ら治（オサ）める」という他動詞である。「自ら治める」（＝自己統治）するためには外部の干渉（介入）を排除して、治める者と治められる者との「自同性」の確保が必要となる。これを地方自治にあてはめると、前者が防御的な「団体自治」であり、後者が住民自らの統治を意味する積極的な「住民自治」である。憲法92条の「地方自治の本旨」（principle of local autonomy）はこのような「団体自治」（地方分権）と「住民自治」（草の根の民主主義）という2つの要素を含む、と一般に解されている。

　他方、国際的レベルにおいて自治政府や自治区という場合の「自治」は、一定の領土を基礎に人民を「統治」するが、いまだ主権・保護国や国連の統制下にあり、完全な独立性・自立性をもつ国家・地域のレベルには達していない支配形態の意味である。

　これらを総合すると、近代社会の「地方自治」は一主権国内において小「独立国」を意味するものでないことを前提に、国（中央政府）の干渉を排除し、地域の「自立性」を保障する制度、またはこれを求める運動・思想をあらわすものである、といってよい。すなわち地方自治は、外部に向けては国や中央政府などに対抗する概念であり、内部にあっては住民（市民）が自らの意思で統治する制度・しくみのことである。近代立憲国家では教会や都市の「自治」などさまざまな勢力がその「自治」権を喪失するなかで、新たに国家による「上から」の「自治」制度が形成され、わが国の場合、明治維新後1871年の廃藩置県から官治的自治3法（①郡区町村編制法、②府県会規則、③地方税規則）を経て市制町村制（1888）、旧憲法（1889）を挟んで府県制・郡制（1890）へと一連の「官治的自治」制度が形成・展開してゆくことになる。

地方自治の対象・範囲

　次に、地方自治でいう「自ら治める」対象・範囲が問題となる。すなわちこれは、英米法系でいう「自己統治」（self-government＝英）であるか、あるいはヨーロッパ大陸法系でいう「自治行政」（Selbstverwaltung＝独）であるかという問題でもある。旧憲法下における地方自治制度はドイツ法制の流れを汲み後者の意味で理解され、現憲法下でも代表的行政法学においては、このような理

解が一般的である。これは具体的には，地方公共団体の長・執行機関の行う（狭義の）行政と議事機関（地方議会）の立法も含めて広く地方自治体の活動全体を「自治行政」と位置づけるものである。

これに対して前者は，国と地方自治体との関係を，中央「政府」と地方「政府」という政府間関係と位置づける。この見解は，地方自治体も中央政府と同様，立法，行政，および場合によっては司法権をも含む文字どおり「政府（government）」であるとする。

現憲法では，マッカーサー草案（1946年2月13日提示の司令部草案）の規定（87条）で採用されていたホームルール的「憲章」（charter）という「政府」に親しむ言葉に代えて「法律の範囲内」（憲94条）の「条例」（regulation）制定という言葉を使っていること，かつ，地方議会を立法機関ではなく「議事機関」（憲93条）と規定していることを総合すると，地方「政府」と把握するのは困難であるという見解も，それなりに根拠がある。ただ，地方公共団体の組織・作用全体を「行政」の範疇でとらえることには，それ以上に無理があるといわざるをえない。すなわち，地方公共団体議会の条例・予算制定作用は，いうまでもなく本質的に立法作用であり，執行機関としての長や行政委員会・委員（都道府県9つ，市町村6つの委員会＝地自180条の5）の活動は行政であり，自治体を統轄代表する長と議会とは，不信任決議権と議会解散権に代表される，「均衡と抑制」にもとづく「水平的」権力分立の関係にあるからである。これらの点から，憲法第8章の「地方自治」には「政府」がもっともよくあてはまる。

地方自治権の本質論——公法学上の自治権論争

憲法の「地方自治の本旨」（92条）にかかわる，地方公共団体の自治権，とくに団体自治権をめぐる国の統治権との関係については，次のような代表的学説が展開され，論議されてきた。

① 国家伝来説　地方自治権は，地方団体固有の権能ではなく，国家の統治権に伝来（派生）するものであり，国家の意思（法律）により地方自治（体）の存廃・内容を決めることができるという見解。

② 固有権説　地方自治権は，個人の基本的人権と同様，国家の統治権から伝来・派生するものではなく，地方団体固有の自然権的権能であるとい

う見解。フランス革命（1789）当時，この自然権的自治権は「地方権」とよばれた。
③　制度的保障説　　地方自治権は憲法または法律によって保障される制度であり，下位の法令によってその「本質的内容」を侵害することは許されないという見解。
④　新固有権（憲法伝来）説　　地方自治権の存立・内容を，憲法による「保障」のみならずその基本原理，とくに国民主権（＝人民主権）と基本的人権とに関連づけ，それを自治権の内容として構成すべきであるとする見解。

　これら地方自治権をめぐる学説にはそれぞれ長所・短所があって，現在でも論争の決着がついているとはいえない。近代国家において，前述のように統一的国家権力が形成された後，地方自治（体）が国家の手（憲法または法律）により形成されてゆくというプロセスをとるのが一般的である。この意味では，法実証主義的な①国家伝来説も全く根拠がないわけではない。しかし，憲法における地方自治権はこのような歴史的事実にもとづくものではなく，あくまであるべき法理念として位置づけられるものである。またこの地方自治は，自然権思想にその淵源を有しつつ基本的人権と同様，現行憲法において保障されており（第8章「地方自治」），地方自治がその統治構造のなかで基本原理である国民主権の基礎的要素（「民主主義の小学校」）として位置づけられるべき点を考慮すべきであろう。

　これらの見解のなかで，③制度的保障説には短所が比較的少ないとみられ，これまで通説的地位を占めてきた。しかしながら，その試みはあるものの法律によっても侵しえぬ地方自治の「本質的内容」とは何かが必ずしも明確でない，という基本的問題がある。

　この論議において憲法の基本原理（とくに基本的人権・国民主権）を地方自治の内容として実現させるという視点からいえば，④新固有権説がもっとも適切であろう。そのうえで具体的問題（たとえば，条例制定権の範囲，自治財政権・課税権の範囲，直接請求制度，および住民投票条例の法的効力問題）において，憲法の三大基本原理を中心とする各規定と関連させて検討することが重要である。

2　戦後における地方自治のあゆみ——団体自治を中心として

現憲法下における地方自治の「本旨」とその具体化

「地方自治の本旨」の意義　　日本国憲法は，アメリカを中心とする連合国総司令部（GHQ）のイニシアティブによるマッカーサー草案をベースに日本側のさまざまな要求を加味・修正して，1946年11月3日，明治憲法の改正として公布されたが，当時公表された日本自由党や進歩党，日本社会党などの各政党，憲法研究会，および憲法問題調査委員会（松本烝治委員長）などの日本側の憲法改正案には，いずれも「地方自治」に関する章・規定は存在しなかった（ただし唯一，内大臣府で憲法改正作業を進めた佐々木惣一の「改正案」には，第7章「自治」（90〜92条）規定がある）。この理由としては，近代憲法の国民主権的統治構造における地方自治の重要性に対する基本的認識を欠いていたこともあるが，旧憲法体制下の地方自治が「官制」によって形成されていたため，憲法自体ではなく法令レベルの改革によって地方自治（体）を創設すれば，「民主主義的傾向の復活強化」（ポツダム宣言）の要求に十分応えることができると考えられたためである。

現行憲法における第8章「地方自治」は，次の4か条からなる。

〔92条〕　地方公共団体の組織，および運営に関する事項は，「地方自治の本旨」に基いて法律で定めるとの原則
〔93条〕　議事機関としての議会の設置，ならびに地方公共団体の長，議会の議員，およびその他の「吏員」（旧地自172条・173条）に対する住民による直接公選制の規定
〔94条〕　地方公共団体の諸権能（財産管理，事務処理，行政の執行，および「法律の範囲内」における条例制定権）に関する規定
〔95条〕　「一の地方公共団体」に関する地方特別法についての住民投票制（地自261条・262条）

このうち，当初のマッカーサー草案になく日本側の「3月4日携行案」で初めて登場し，3月6日の「憲法改正草案要綱」の「地方自治ノ本旨」（携行101条，草案要綱88条）の規定が，後続の関連規定，および地方自治に関する個別法律をリードする総則的・原則的役割をもつ。この「本旨」の意義については，

かつては地方自治に関する「自明のこと」(=白紙的概念)という見解もあったが、上述のように、一般的に住民自治と団体自治から構成されると解されている。この点憲法制定過程の精査から、マッカーサー草案87条の「憲章」(charter)規定を基礎として現行憲法92条の「本旨」(principle)が生まれた経緯をふまえると、アメリカ地方自治の基本方式たる、住民による「憲章」制定権をもってこの「本旨」の意味である、とする見解が展開され、再び「本旨」の定義が注目されるようになった(**コラム1**参照)。ただ現行憲法から、憲章「charter」という英文表記が一切削除されていること、また92条において「本旨」という文言が一貫して用いられていることをふまえると、この規定の解釈については、英米系・大陸法系を中心とする、さまざまな地方自治の原理・実態を包括する意味であると解する方が合理的であろう。そのうえで団体自治・住民自治を同ランクにただ「並列」させるのではなく、現行憲法の基礎である「ホームルール的憲章」説をふまえて、むしろ団体自治を前提としつつも、住民自らが統治する住民主体的「積極的自治」(=住民自治)を中心にすえるという「本旨」の定義づけが、憲法の基本原理＝国民主権・基本的人権の尊重にもっとも適すると考えられる。

　「地方自治の本旨」は、個別法レベルでは地方自治法を中心として地方公務員法、地方財政法、地方税法、地方公営企業法、警察法、消防法、および地方教育行政の組織および運営に関する法律などの各種個別法律や命令、および地方自主法（条例・規則）などによって具体化される。

　旧憲法下、内務大臣による府県知事の任免権、および府県・郡をはじめとする地方団体に対して広範・強力な支配権を有し、また全国の警察の監督官庁でもあった内務省が1947年6月総司令部（GHQ）の意向により解体されたことは、戦後の地方自治の創設・展開にとっても大きな影響をあたえた。

　現行憲法の下では、広域的団体としての都道府県、および基礎的団体としての市（区）町村という二層の地方自治体制が確立された。しかし、その地方公共団体の実態は、国（主務大臣）の地方公共団体（とくに知事・市町村長）に対する包括的指揮監督権（旧地自150条）を伴う機関委任事務の処理方式が2000年4月1日施行の地方分権一括法（476本の法律）による機関委任事務の全面的廃止まで残存し、それまで機関委任事務は、旧地方自治法の別表第三（知事）およ

び同第四（市町村長）における個別的追加方式により拡大しつづけた（知事の総事務の約7割，市町村長の総事務の約4割が機関委任事務，**第3章**参照）。

「地方自治の本旨」（92条）の具体化として，93条の定める長（知事・市町村長），および議事機関としての議会の議員に対する，住民による直接公選制にもとづく「首長制」(presidential system)，ならびに「二元的代表制」が地方自治のしくみの基本骨格をなす。すなわち，憲法の普通選挙制（15条3項・4項）にもとづく，日本国民で3箇月以上の居住要件をみたす18歳（2016年以前は20歳）以上の男女が当該地方公共団体の議会の議員，および長の選挙権を有するという直接公選制の採用は（地自11条，公選9条2項・3項），国民主権の「具体化」（＝住民主権）を意味するとともに，また国レベルの統治機構・原理がその「代表者を通じて行動する」（憲法前文）という国会の国民代表制＝間接民主制であることから，国（中央政府）と地方の組織は基本的に同一の原理にもとづくが，地方団体の構成原理・しくみが，草の根の民主主義＝住民自治にもとづく首長制であるのに対して，国の組織機構は権力分立・議院内閣制であることから，両者（中央・地方）は政府形態の面で際立った対照をなしている（**第4章**参照）。

地方自治の原理 vs. 中央集権体制

現行憲法の下では住民近接の基礎団体＝市区町村が一定の区域・住民を要件とするのに対し，都道府県はこれらを包括する広域的団体（公法人＝地自2条1項）であるが，いずれも国から一定の独立性（自立性）を有する（団体自治）。すなわち（普通）地方公共団体は，憲法によって自治立法権，自治行政権，自治組織権，および自主財政権をもつ（94条）。統治団体としての「自立性」の視点から，権力的・取締り的権限（＝旧行政事務），および自主課税権の賦与が，旧憲法時代の地方団体（府県・市町村・郡）に比べて新たな権能として注目される。しかし，この地方の統治権のうち，自治立法権＝条例制定権には「法律の範囲内」（憲94条），および「法令に違反しない限り」（地自14条1項）という制約が課されており，また旧機関委任事務における，主務大臣の「指揮監督権」に代表されるように，自治体の主要権能も国の「法律の範囲内」で行使することができるものとされた。さらに地方自治法における自治体の人口ごとの

「議員の定数」などの自治組織権の制約が（旧地自90条～91条・158条など，その後撤廃），および租税法律主義（憲84条）にもとづく地方税法の枠組み・規制など（たとえば，道府県の法定外普通税についての総務大臣との協議・同意制，地税259条，市町村の法定外普通税の場合，同669条）の各種の制約がそれぞれ課せられ，地方公共団体の自己決定権が制限を受けていた。

　その後，後述の地方分権改革により地方議会議員定数に対する，法律による規制などが撤廃され，自治組織権の拡大がなされた。

　旧憲法時代，中央集権体制の象徴＝官治的行政と目されてきた警察と教育行政は戦後，市および人口5,000以上の「市街的町村」の事務権限としての自治体警察，および公選制の地方教育委員会の創設にみられるように，完全に「自治事務化」された。すなわち旧警察法（1947）は，国家地方警察と自治体警察の二本立てとして，自治体警察にあっては，市町村長および市町村公安委員会の「管理」下に置くものであったし，また教育行政においては，旧教育委員会法（1948）が旧文部省の中央集権的支配を排除して，住民の直接選挙による委員と地方議員（1名）とによって構成される教育委員会（都道府県委員会7名，市町村委員会5名）が「地方の実情に即した教育行政」（1条）を行うことにした。

　しかしながら，この憲法上の自治理念（「本旨」）の具現化をめざした戦後初期の諸改革は，十分実現・定着しないまま経済の高度成長とともに掘り崩されていった。すなわち1954年の警察法の改正により，市町村の自治体警察と国家警察は，国家公安委員会・都道府県公安委員会という行政機関が監督する都道府県警察へ一本化され，また警視正以上の幹部警察官のみ国家公務員（警察56条1項）にするという組織改革が行われたからである。

　教育行政では，1956年の地方教育行政組織法では，初期の教育委員会における教育委員の公選制から，地方自治体の長が議会の同意を得て任命する教育委員会制度（任命制）へ転換された（同4条）。このような転換には，市町村優先主義の行財政改革を提言するシャウプ勧告（1949・1950）や神戸委員会勧告（1950・1951）の趣旨を実現するうえで必要な地方団体への財源保障が徹底せず，これらを自治体が維持管理することが困難になったこと，また住民自治を生かすべき住民の意識が未成熟であったことが，その主な理由として指摘されている。

市町村合併の展開と大都市問題

市町村合併の推進　戦後における地方自治制では，住民に近接の基礎団体である市町村を中心とする地方自治権の強化策が前述のように，さまざまな要因で「挫折」し，代わってその行財政能力を強化するため，(昭和・平成)市町村合併(廃置分合‐地自6条・7条)や地方団体の「広域化」が進められた。このうち市町村合併は，明治憲法制定前後の市制町村制，府県制・郡制を契機とする，いわゆる「明治の大合併」(市町村数が約3万から約1万5,000に減少)を経て戦後の町村合併促進法(1953)にもとづく「昭和の大合併」を通じて，1956年同法失効時点では市町村数は約3分の1の3,975にまで減少した。その後も新市町村建設促進法(1956)，および市町村合併特例法(1965)によりこの合併路線が継承し，市町村の数は漸次減少し個々の自治体では大規模化・過疎化が進行しつつある。さらに「平成の大合併」は，市町村合併特例法(1995)により，さまざまな国による優遇措置(合併特例債，合併特例区，議員の定数・任期の優遇，地方交付税の特例など)を誘導策として2005年まで展開された。さらに市町村合併特例等の法律(新合併特例法)が2010年3月末までの時限立法として制定され，市町村数は2018年10月時点で1,718まで削減された(**第2章・第11章**参照)。

このような国＝総務省‐都道府県主導の「上から」の一連の市町村合併による区域・規模の拡大，広域化が，市町村の「一体感」を醸成し，実際，市町村の行財政能力という「体力」の強化に結びついて分権・自治権の強化をもたらしたかどうかが，最大の問題である。

国＝旧自治省(現総務省)は，すべての地方公共団体に一律に「分権」を進めるという政策をとらずに，特定の大都市にのみ国・府県からの事務権限を移譲する「分権化」政策をとった。すなわちその第一が，政令指定都市(以下，指定都市)である。すなわちこれは，人口50万以上で，都道府県の権限である児童福祉・身体障害者福祉など主要事務(18項目)を担当することにより「府県代行的」地位を占め，かつ，政令により個別に「指定」をうける市(地自252条の19)である。次いでこれに続くのが中核市で，その要件は現在人口20万(かつては30万)以上で，都道府県が一体的に処理することが「効率的」である以外の一切の事務を処理することとされている(地自252条の22)。特例市は，

その人口要件が20万以上で1999年スタートしたが，人口20万以上でも保健所の設置が可能になったため2014年廃止され，中核市へ統合された（地自252条の26）。

　かつては戦後の最初の大都市政策としては，5大市（大阪，名古屋，京都，横浜，神戸）を中心とする特別市構想があったが，これは都道府県の統括外に置く「独立市」の構想であったため府県側の反対が強く，そのため挫折し（1956），これに代わる役割をもつ指定都市はその人口要件の目安が当初の100万から70万まで引き下げられたこともあって現在20市（横浜，大阪，名古屋，福岡，北九州，熊本等）が政令で指定され，自治体のなかで中心的役割を占めるようになった。

　この指定都市は，都道府県の区域内に属しこれに包括されつつも，事務権限としてはそれから半ば「独立」した広範な自治的権能をもつ大都市であるといってよい。そのため都道府県と政令市との間に「二重行政」の問題や，事務の配分・移転が（政令市に）過多に伴う税財源の不平等などの対立を生むことになった。したがって，これらの対立を解消し円滑な運営を行うため新たに指定都市都道府県調整会議（指定都市の市長・包括知事らをメンバーとする）が設置されることになった（地自252条の21の2）。この調整会議は必要であれば，自治体間の対立の解消・調整のため総務大臣にそれぞれの議会の議決を経て「勧告」を求めることができる（同21の3）。

　指定都市の内部はいくつかの行政区に分かれるが，このうち「行政の円滑な運営」を確保するため必要がある場合には，条例により総合区を設置しその長たる総合区長に，市長の特定の事務を担当させることができる（地自252条の20の2）。

　また，住民に身近な行政を推進するため「都市内分権」のための組織として，市町村のなかに市町村長の事務を分掌させるため地域自治区を，また市民の多様な意見を市政に反映させるため市町村長が選任する地域協議会をそれぞれ条例により設置することができる（地自202条の4，同条の5）。

広域行政への対応──道州制構想，事務組合，広域連合

　これまで専ら市町村レベルでの（明治・昭和・平成）大合併＝広域行政策が推

進されたが，広域団体である都道府県レベルでの合併構想は「公式」には俎上に載ることはなかった。その唯一の例外が，地方制度調査会第 4 次（1957）および28次答申（2006）にもとづく道州制構想である。このうち 4 次答申は，府県を廃止し全国を 9 ～11のブロック（道または州）に分け，内閣総理大臣が任命する「地方長」を置く「地方制」構想である。これについては，憲法93条 2 項の「地方公共団体」には都道府県が一般に該当すること，したがって府県をすべて廃止して内閣総理大臣による任命制の「地方長」を置く国家的道州制構想は 2 層の「地方公共団体」を予定する，憲法の「地方自治の本旨」(92条)にも適合しないことから，一般に「違憲」と解された。次の第28次の地制調答申によれば，ブロック単位を基準に分割区域される広域的地方団体としての「道州」は国からの事務権限の受け皿とされ，また道州が「地方公共団体」（憲93条 2 項）であることの証(あかし)として，地方（道州）長に対する住民の直接公選制が保障されるとした。この道州制を先導的に試行するため，北海道を道州制の「道」＝戦略特区として位置づけ，この構想実現のための第一ステップを踏みだしたのであるが，ただその後は，道州制の実現に向けた全国的展開はみられない。このような戦略的・全国的な制度改革の実現には，強力な政治のリーダーシップや地方団体の長，とくに知事ら「世論」の支持が必要不可欠であるが，いまのところそのような世論や「風」が吹いているとはいえない。

　上述のように，1953年町村合併促進法にもとづく（昭和の）合併により市町村の人口・面積が増大したにもかかわらず，三大都市圏以外の地方自治体では人口減少，とくに若者の流出が一段と進み過疎・過密の「格差」が拡大した。したがって（昭和の）市町村合併が一段落したのち，次の自治行政の「広域化」・「協力」のための組織形態として，特別地方公共団体である組合〔一部事務組合，全部事務組合，役場事務組合（いずれも2011年廃止）および広域連合（1994年創設）〕，や地方開発事業団（2011年廃止），ならびに各種の広域連携（連携協約，協議会，機関等の共同設置，事務の代替執行，職員の派遣，および知事の権限を条例によって市町村に処理させる事務の特例（地自252条の 2 以下））を追求する自治体が増えた。初期の段階では，特別地方公共団体としての「組合」のうち一部事務組合（地自284条 1 項）が機能的な広域的事務処理機構として積極的に活用され，ゴミ・廃棄物処理，清掃，消防，墓地埋葬など複数の自治体の協力による広域

的・効率的事務処理システムとして全国的に拡大し，その数も増加した。

　他方「地方公共団体の組合」（地自1条の3）のうち，全部事務組合・役場事務組合の制度は市町村合併の際などに活用されるべく設けられたが，結局ほとんどそのような事例はみられず，2011年地方自治法の改正により廃止された。

　次の広域行政課題へ対応するための組織として，また地方分権の受け皿として1994年地方自治法の改正により実現したのが，「組合」の一種としての「広域連合」である（284条1項・291条の2以下）。この広域連合の成立のためには，構成地方公共団体が「広域計画」を策定し，そのうち都道府県が参加する広域連合については総務大臣の許可を，また市町村が参加するものについては都道府県知事の許可をそれぞれ必要とする（同291条の3）。現在，広域連合は廃棄物処理，介護保険や福祉サービスなどの分野で次第に拡大しているが，ただ一般的に構成自治体の議会・長を介して広域連合は組織されるため住民との関係が間接的・希薄であり住民近接性に乏しいという，「自治組織」にとっては根本的課題をかかえている。

3　地方分権一括法にもとづく分権的自治の諸原則

国と地方公共団体との役割分担

　現行憲法の下では，憲法自体や法律レベルで国と地方団体（都道府県と市町村）との事務配分・役割分担については，旧地方自治法の自治体事務の「例示」（旧地自2条3・10項）を除くと，明確な基準はなかったが，1993年地方分権推進法にもとづく地方分権推進委員会‐地方分権計画（第一次分権改革・中間報告）において国の役割を，①国際社会における国家としての存立にかかわる事務，②全国的に統一して定めることが望ましい国民の諸活動，もしくは地方自治に関する基本的な準則に関する事務，③全国的規模で，もしくは全国的な視点に立って行わなければならない施策・事業の実施，および④その他の国が本来果たすべき役割，の4点に限定し，それ以外の事務を幅広く地方自治体の事務にするという大綱的基準を示した。2000年4月1日施行の地方分権一括法は，このような国と地方公共団体の「役割分担」に関する，この位置づけをそのまま規定化した（地自1条の2第2項）。そのうえで，地方自治に関する法令

の制定・改廃,および解釈・運用については「地方自治の本旨」(憲92条),およびこの役割分担原則をふまえて,これを行うよう関係機関に義務づけている(同2条11〜12項)。

この「役割分担」という規定は,国と地方(都道府県と市区町村)とも共通の目的(人民の福祉の増大)の実現に資することを前提に,具体の事務権限の処理において国と地方の権限を厳格に「分離」したうえで地方へ「移転」・「配分」するものではないため,そのまま放置すると法令上・実態上も国＝中央政府への「融合」・「集中」化が強まる傾向にある。したがって地方分権改革の実行では,国から地方への,また都道府県から市町村への事務権限の「移転」・「配分」については絶えず監視するシステムを構築することが必要であろう。

市町村中心主義と補完性の原則

2000年4月の「地方分権一括法」(＝改正地方自治法)において,地方自治体の任務は「住民の福祉の増進を図る」(地自1条2第1項)ことにあると規定された。また国と地方団体(都道府県・市町村),および都道府県と市町村との事務配分については,いずれも地方団体・市町村が優先するという「補完性」の原則が明示された。この改正地方自治法は,一般的に①「地域における事務」,および②「法律又は政令により処理しなければならない自治体の事務」を市町村が「優先的」に処理することとし,市町村による処理がその「規模又は性質」において「適当でない」場合に限って,「広域的な団体」たる都道府県が処理することができるものとした(＝市町村優先主義・補完性)。これを都道府県サイドからみれば,①「広域的事務」,②「市町村の連絡調整事務」,および③市町村の「規模・性質」から市町村が処理するのが適当でない(補完)事務を処理することができる(地自2条5項)。分権改革前の旧地方自治法2条5項は市町村においては,「議会の議決を経てその地域における総合的,かつ計画的な行政の運営」を実施するとともに,そのため「基本構想」の策定を求めていたが,自治体の"自主性"尊重の立場から削除された。

次に自治体行政は,その大部分を占める機関委任事務方式の下,国(主務大臣)－都道府県知事(行政委員会)－市町村長(行政委員会)という「縦系列」の方法で執行されていたが,第一次分権改革により機関委任事務がすべて廃止さ

れ，①自治事務，②法定受託事務（第一号法定受託事務＝別表第一，第二号法定受託事務＝別表第二，地自2条9・10項），および③国の直接執行する事務に3分割・再編され，各事務において条例制定権の範囲や国・行政機関の「関与」の種類などにおいて相異なる規律をうけることになった。このように分権改革の狙いは，国の行政機関をトップとする，府県・市町村の長・関係部局へと下降する縦割り行政を廃し，そのうえで「総合政策主体」としての自治体による「基本構想」にもとづく総合的・計画的行政の実施を求めるものである。このため自治体では，自前の政策を自治立法化・実効化するための政策法務の役割が増大してきた。

　問題は，このような分権改革の理念・原則が行政組織法，および個別法律・行政立法（政・府・省令）や自主法（条例・規則）にもとづく行政活動・自治体運営においてどこまで生かされるかである。すなわち，この「自由度拡大路線」をうけて自治体がどこまで「自由」に「創意」を発揮して，住民の負託に応えるかが問われることになったからである。

4　第二次分権改革と地域主権3法

第二次分権改革

　第一次分権改革のうち残された最大の課題は，戦後一貫して自主財源「3割自治」のままであった自治体財政における「地方税財源充実確保の方策」にあった。これを「打開」するため，2004年，3か年計画で国庫補助・負担金の削減，地方交付税の見直し，および国税から地方税への移譲のための改革という「三位一体改革」（小泉内閣）が提起されたが，結果的には所期の目的を達することができず「失敗」に終わり，次のステージとして2007年4月にスタートしたのが，第二次地方分権改革である。これは第一次分権改革と同様に，地方分権改革推進法‐推進委員会による勧告を経て内閣によって策定された「地方分権改革推進計画」の方式にもとづいて進められ，同委員会による第1・2次勧告（2008・2009）における主な課題は，①行政の推進・二重行政の解消，②国の地方支分部局（出先機関）の見直し，③国の法令・基準によって地方団体をしばる基準（義務づけ・枠づけ）の見直し，および④国から地方団体への財源

移譲である。

地域主権改革と「地域一括法」

2011年民主党政権下では,「地域主権改革」としてこの「分権」路線が継承され,「地域の自主性及び自立性を高めるための改革の推進を図るための関係法律の整備法」(第1次一括法・第2次一括法＝2011,第3次一括法＝2013),および「国と地方の協議に関する法律」(2011) が制定され,国の権限事務の地方団体への移譲・規制緩和の措置が講じられた。

このうち第1次一括法では,「義務付け・枠付けの見直しと条例制定権の拡大」を中心に,上記「第2次分権改革」③のうち(ア)「施設・公物設置管理基準」については,(a)(地方が)従うべき基準,(b)標準,(c)(地方が)参酌すべき基準,および(d)基準に関する規定の廃止(＝地方は自由に基準を規律することができる),という国の法令による基準の「強弱」に従って分類し,自治体における条例制定権が段階的に拡大した。また,③の(イ)「協議,同意,許可・認可・承認の見直し」については,(a)市町村立幼稚園の設置廃止等について都道府県教育委員会の「認可」制から「事前届け出」制へ規制が緩和された。

次の第2次一括法では,国から地方への事務権限については,たとえば(a)家庭用品販売業者への立ち入り検査権が知事から市へ,(b)町・字の区域の新設の告示が府県から市町村へ,それぞれ移譲された。さらに第4次一括法(2014)では,国から地方団体へ,および都道府県から政令指定都市への権限移譲がそれぞれ行われた。その後も,地方分権に関する「一括法方式」は第8次(2018年)まで続いている。

こうした一連の地方分権改革では「自治体の自主性を高める」ため,(a)市町村の基本構想の策定義務の撤廃(旧地自2条5項),(b)議員定数の法定上限の撤廃(旧地自90・91条の改正),(c)法定受託義務に関する条例の議決事項の拡大,(d)予算報告義務・条例の制定改廃の国への報告義務の撤廃等が履行された。

ただこれらの改革でも,地方分権の本丸的課題(上記④3割自治の「克服」・税財源の自主性の強化,上記②地方支分部局などの地方団体への「移管」,および③キャ

リア公務員の地方団体への出向規制など）は全く手がつけられず，未解決のままである。

次に，これまで全国的連合組織（自治体の長・議長の6団体）は，内閣に対して一方的に意見書を提出するのみであったが（地自263条の3），分権改革の「国と地方の協議の場に関する法律」(2011) により，全国的連合組織と国は，共通の政策課題について対等，かつ双方向の議論により調整・解決をめざすため「国と地方の協議」の場を設けることができる。これは，国と地方の対等性を担保するためのしくみの1つであるが，必ずしもその成果をあげていない。

5　分権改革後の自治体の課題——市町村消滅論と災害の復興行政

市町村消滅論と「地方創生」政策

2040年に20〜39歳の女性が全国市区町村の約半数 (896) で5割以上減り，このままでは全国の約3割の自治体で人口1万未満になって「消滅」するおそれがある，という内容の日本創成会議の「レポート」(2014) は各方面にショックを与えた（増田編 2014）。これを契機にして内閣は，2014年9月内閣直属の「まち・ひと・しごと創生本部」の設置，および地方創生担当大臣の任命により，包括的な地域政策をスタートさせた。また，政策を推進するための法律＝「まち・ひと・しごと創生法」にもとづいて，内閣はその「総合戦略」と人口問題に関する「創生長期ビジョン」を決定した。これを承けて全国の地方自治体は，これらの各地方版（5カ年計画）を策定し，内閣は自治体へ地方交付税などの財政支援および人材養成支援を行った（15年〜17年度補正・予算で，地方創生型交付金，地方創生加速化交付金，地方創生推進交付金を措置）。

ただ，これら地方交付税による財政支援については商品券などの交付が中心で，内外の観光客誘致には一定の効果があるものの，「ばらまき」や「一過性」の感はぬぐえず，しかも分権改革においては，地方からの募集提案方式にもとづく国の「選択と集中」決定のため自治体間の競争をあおるのみ，という厳しい批判が自治体サイドからも報告されている（小磯ほか 2018）。というのは，これらの地方交付税を中心とした財政支援・地域政策では，大都市と地方の格差・首都圏一極集中の是正という当面の課題解決にほとんど役立たず，返って

「2020年」に向けて「ひと・もの・しごと」が一層「一極」集中化し，加速することが予測されるからである。

他方では日本列島各地で，最近の熊本地震（2016年4月）・西日本豪雨（2018年8月）をはじめとする地震，集中豪雨，台風など大規模の自然災害が毎年のように頻発し，多くの住民の生命・身体・健康や住宅・社会インフラなどを直撃している。こうした災害の発生は，住民の人的・物的被害に対する復旧・復興行政のほか，日常的行政にもさまざまな負担・課題を提起している。このうちとくに，被災者の生活再建のための基礎となる被害調査・罹災証明の手続や住宅再建，避難所・仮設住宅の建設・運営，支援物資の配送，避難（準備・指示）情報のあり方，および「共助」としてのボランティア活動への依存が問題となっている。また，国による財政・物的支援対策が「突出」し被災自治体の対応が後手に回り，そのため国の行財政への依存傾向（予備費・基金などで対応できず年度途中の「補正」予算の編成）が強まってきている。こうして各地の自治体においては，完全復興まで多大な人的労力，物的・財政的負担を要するため緊急事態的「例外状態」が常態化し，「分権的自治」の確立をめざす自治体にとっては大きな「壁」となっているのである。

📖 理解を深めるために

石田雄，1998，『一語の辞典 自治』三省堂.
　「自治」（関連言葉をふくむ）という言葉を「辞典」スタイルで集めてその意味，語源，関連言葉との「違い」などを歴史的・比較調査して丁寧に解説しながら説き明かした高著である。

宇賀克也，2015，『地方自治法概説 第6版』有斐閣.
　本書は単著として，最新の法令の制定改廃，判例，行政実務，学説，外国の法令などをコンパクトに紹介・分析し体系的に編成した，もっともスタンダードな代表的な地方自治法のテキストである。

佐々木高雄，2004，「『地方自治の本旨』条項の成立経緯」『青山法学論集』46（1・2）．
　本論文は，憲法92条の「地方自治の本旨」の成立の経過を内外の原資料にもとづいて丁寧に分析し，日本側の「翻案」にあたった佐藤達生氏の見解に由来する通説的「団体自治」「住民自治」説の問題点を解明し，マッカーサー草案87条の「charter」，すなわちアメリカ流のホームルール的憲章の制定権こそが，「地方自治の本旨」の意

義であるとする画期的研究．

杉原泰雄ほか編，2003，『資料現代地方自治──「充実した地方自治」を求めて』勁草書房．
岡田彰・池田泰久編，2009，『資料から読む地方自治』法政大学出版局．
　前者は中堅の研究者によって組織される「現代地方自治研究会」が，後者は行政学者が，それぞれ憲法・地方自治・分権に関する内外の重要な歴史的資料・文献を選択し適切な解釈を加えている資料集であるが，それにとどまらず，地方自治に関する総合的な基礎的文献でもある．

成田頼明，1964，「地方自治の保障」宮沢俊義『日本国憲法体系 第5巻──統治の機構2』有斐閣；室井力編，1977，『文献選集 日本国憲法12──地方自治』三省堂．
　アメリカ・ドイツにおける地方自治に関する憲法規定，およびその歴史的展開を分析しつつ，現行憲法第8章の「地方自治の本旨」に関しては通説的見解とよばれる，ワイマール憲法時代の人権保障の「定説」であった制度的保障説を確立し，もって戦後の公法学における地方自治権の本質に関する議論をリードした論文である．

村上順・白藤博行・人見剛編，2011，『新基本法コンメンタール 地方自治法』日本評論社．
　文字どおり第二次分権改革にもとづく2011年までの改正地方自治法についての，自治体行政・自治体法学会関係の中堅の学者らによるコンメンタールで，地方自治法の条文解釈・運用を「住民自治体」の視点から統一的に論じようとする最新の研究書である．

参考文献
小磯修二・村上裕一・山崎幹根，2018，『地方創生を超えて──これからの地域政策』岩波書店．
増田寛也編，2014，『地方消滅──東京一極集中が招く人口急減』中央公論新社．

【中川義朗】

第1章　地方自治の原理（本旨）とその展開

▌コラム1：憲法92条「地方自治の本旨」＝憲章制定権？

　憲法92条「地方公共団体の組織及び運営に関する事項は，地方自治の本旨に基づいて，法律でこれを定める」との規定に相当する総則的規定は，46年2月13日提示のマッカーサー草案（総司令部案）では設けられておらず，幣原内閣の松本烝治憲法問題調査委員長の下，入江俊郎法制局次長とともに，法制局第一部長という立場でマッカーサー草案の「翻案」に携わった佐藤達夫らが，その地方自治の個別規定（86条から88条）だけでは不十分であり，何らかの地方自治に関する「リーディング・プリンシプル」規定の必要性を痛感し新たに導入したもの，とされてきた。この「本旨」という言葉の選択に際して，佐藤は指導原理，隣保協同の精神（旧慣）などいろいろな候補があったが，結局「自明のこと」を意味する「本旨」になった，と述懐している（同「憲法第八章覚書──その成立の経過を中心として」自治庁記念論文）。

　これに対して最近の制憲史の再検討から，「本旨」についてアメリカ流の「ホームルール（自治）憲章」（charter）の意味であるという見解（＝憲章制定権説）が提唱され（佐々木高雄・前掲論文），注目されている。すなわちこの見解は，「本旨」規定は，佐藤のいうような，日本側の独自の発想にもとづくものではなく，むしろマッカーサー草案第87条の「住民ハ，……国会ノ制定スル法律ノ範囲内デ彼ラ自身ノ憲章ヲ作成スル権利ヲ奪ハルルコトナカルベシ」との部分にその根拠があり，この規定部分を，後続の，首長制・住民の直接公選制（マッカーサー草案86＝現憲93条），自治立法権・自治行政権（87＝94条），および地方特別法に対する住民投票制（88＝95条）の各規定を包括し，かつリードする「役割」を担うべく現行憲法92条に配置換えしたうえで，地方自治に関する「基本原理」を意味する「本旨」（principle）という表現にした，というものである。したがって，この「本旨」は「自明のこと」，あるいは「白紙的概念」，また後の制憲議会答弁（金森徳次郎）や『註解日本国憲法・下』（法学協会編）において位置づけられ，一般に支持されてきた「住民自治・団体自治」といった意味ではなく，むしろアメリカ的自治団体（タウン・シティ・カウンティなど）の創設や組織・運営のしくみを住民自治方式で制定する「ホームルール憲章」（charter）の意味である，とするものである。その際に，マッカーサー草案87条では「住民」が主語になっていることを重視する。

　この見解に対しては，当初の「charter」（マッカーサー草案87条では「憲章」と，3月6日の憲法改正草案要綱90条では「条例」と翻訳される）が，なぜ「条例及び規則」または現行の「条例」を意味する「regulation」に代えられたのか，さらにこの「charter」が住民による自治団体創設の基本ルールの意味だとすれば，現行憲法の下，自治団体の立ち上げからその基本的組織・運営方式まで法律により全国画一的に定められており，「憲章」独自の意義と効果を発揮する余地が限られている点をどうみるか，といったさまざまな問題がある。さらに，最近の自治基本条例（熊本市など）や議会基本条例

制定の動きの拡大や，国際的レベルの国連憲章（1945）やヨーロッパ自治憲章（1985）・世界地方自治憲章草案（1998・2000）など「本旨」＝憲章制定権説に親和的な傾向がみえる反面，わが国では「児童憲章」（1951）のように，法的拘束力を有しない抽象的な「宣言」にとどまる，といった一般的位置づけをどう克服するかが，検討を要する点である。

　このように制憲過程の検証は，地方自治に関する総則的規定の「本旨」の解釈のあり方をめぐって「一石」を投じたばかりでなく，また市町村優先主義・補完性，住民近接性，および自治体の全権限性といった，現代的な自治諸原則を「本旨」のなかに取り込むことが可能かどうか，という発展的問題もクローズアップさせており，憲法・地方自治規定についてもまだまだ解明すべき課題が残されている。（中川義朗）

第2章　地方公共団体の種類と特色

　本章では，地方公共団体の種類と，それぞれがもつ特徴について説明する。地方公共団体は普通地方公共団体と特別地方公共団体に分かれる。普通地方公共団体には，基礎的団体としての市町村とそれらを包括する広域団体としての都道府県がある。市町村のなかにも，その規模に応じて通常の市町村よりもより広い権限をもつ中核市や政令指定都市などのバリエーションが存在する。また，特別地方公共団体には，特別区としての東京23区や地方公共団体がつくる組合などが存在する。
　現代の地方公共団体は，少子高齢化の進展や住民ニーズの多様化などさまざまな課題を抱えている。これらの課題に対処するため，市町村合併や市町村相互の連携等，諸々の制度的対応がなされてきている。地方自治における行政組織の基本的な枠組みを理解するとともに，それらの組織の将来的なあり方を展望できるだけの基礎知識を身につけてもらうのが本章の目的である。

1　地方公共団体の種類

地方公共団体の歴史

　地方公共団体の誕生は，明治維新（1868）で誕生した明治政府が整備した地方自治制度にさかのぼる。明治4（1871）年の廃藩置県により，各地に地方政府が分立するという江戸時代の藩制度は解体され，中央集権国家としての日本が誕生した。当初，3府（東京・京都・大阪）302県と非常に多数の府県が設置され，知事・県令には旧藩主が任命されたが，やがて近代国家としての統治構造を整えるために，各種の地方制度が整備されていく。
　明治新政府は，江戸時代の町や村を再編するかたちで，統治体制を構築していった。旧来の町村は明治4（1871）年の戸籍法制定に伴う「区」の設置，明治5（1872）年の「大区小区制」の施行により一度は廃止されたが，明治11

(1878) 年の「三新法」(郡区町村編制法・府県会規則・地方税規則) で再度復活した。さらに明治22 (1889) 年に「市制・町村制」、翌明治23 (1890) 年には「府県制」・「郡制」が施行され、ここに、日本で初めて「地方公共団体」が誕生することとなる。この時の地方行政の統治機構は、府県－郡－市町村という三層の構造であった。

当時の府県は、地方自治を担任する自治体というよりも、むしろ国の地方出先機関という性格が強かった。府県の知事も、国の官僚が任命されるという「官選知事」であり、府県は中央政府の政策を全国に浸透させていくための行政機関という位置づけであった。

市と町村については、市制と町村制という別々の制度として施行された。市は、大規模な地方公共団体として、議事機関である市会が置かれ、市会議員が選挙により選出される。そして市長は、市会が推薦する3名の候補者のなかから国の内務大臣が任命するという制度になっていた。なお、東京・京都・大阪の3市については、その重要性に鑑み、知事が市長の職務を担当するという市制特例が定められていたが、後にその制度は撤廃され、ほかの市町村同様に市長が置かれることとなった。他方、町村については、設置当初から町村会（議会）が選出した町村長を知事が許可するしくみとなっており、市に比べ比較的地方の自治が認められていたといえる。ただし、当初の選挙は、普通選挙ではなく納税額に応じた不平等選挙であり、地元の名士・名望家などの意向が強く反映されるものであった。

府県・市町村については現在も存在しているが、当時はこの両者の中間に郡という制度があった。郡には郡長と郡会（議会）が置かれ、独自の地方公共団体として位置づけられてはいたものの、実際には国や府県の出先機関という性格が強かった。この郡という制度については、府県や市町村と重複する部分も多かったため、大正時代に廃止されている。

市町村の自治は、明治後半から大正時代にかけて拡充が進むこととなった。大正15 (1926) 年には、選挙権の拡大による市会町村会選挙への男子普通選挙制度の導入や、内務大臣による市長の任命制の廃止など、より市町村の自治が強まる枠組みが導入されている。しかしながら、戦時体制が進むなかで、昭和18 (1943) 年には東京市が東京府に統合されるかたちで新たに東京都が設置さ

れたり，市長が内務大臣の任命制に戻るなど，再び市町村の自治権も制約を受けるようになる。

　戦後，日本はアメリカの占領下に入り，GHQ の指導下で地方自治の充実強化をはかることとなった。都道府県の知事は住民の選挙で選出されるようになり（公選知事），参政権もすべての成人男女に拡充された。昭和22（1947）年には日本国憲法と地方自治法が施行され，これによって現在の都道府県，市町村の制度が確立することとなったのである。

普通地方公共団体

　地方公共団体は，「普通地方公共団体」および「特別地方公共団体」に分かれている（地自1条の3）。このうち，普通地方公共団体は都道府県および市町村を指し，特別地方公共団体は特別区，地方公共団体の組合および財産区を指している。

　まずは普通地方公共団体をみてみよう。普通地方公共団体たる都道府県・市町村には，すべて執行機関と議会が設置されている。執行機関の長としての都道府県知事や市町村長，そして議会の議員は，いずれも住民による直接選挙によって選ばれ，その任を担うこととなる（憲93条）。

　市町村は，もっとも基礎的な団体として，地域における事務および法令にもとづく事務を処理する（地自2条2項）。では，この市・町・村の違いは何であろうか。市町村のうち，市と町については，それになるための要件が定められている（地自8条）。まず，市になるためには，①人口50,000以上，②中心市街地の区域内の戸数が全戸数の6割以上，③商工業その他の都市的業態に従事する世帯の人数が全人口の6割以上，④そのほか都道府県の条例で定めるもの，という法定要件を備えていなければならない。

　他方，町になるための要件については，都道府県が各々条例で定めることとされている。都道府県によって条件はさまざまであるが，多くの場合，市の要件に準じて人口要件（3,000人〜10,000人），中心市街地要件，業態要件などが定められている。たとえば，東京都の区域内において村が町になるためには，①人口10,000以上かつ最近5年間人口増加の傾向にあること，②中心市街地の区域内の戸数が総戸数の4割以上か，連たん区域（中心部に関連する区域）の戸数

の総戸数の6割以上であること，③商工業その他都市的業態に従事する世帯の人数が総人口の6割以上であること，④交通機関および通信機関等が設けられ，土木，保健衛生，警防，教育および文化等の施設があること，という要件が定められている。なお，村についてはとくに明文上の規定はない。

　続いて，普通地方公共団体のうち都道府県をみてみよう。都道府県は，市町村を包括する広域の団体であり，①市町村のエリアより広域にわたる事務，②市町村の連絡調整，③規模や性質により市町村が処理することが適当でない事務などを処理することとされている（地自2条5項）。都・道・府・県の呼称については，市町村と異なり，人口要件等で変わるわけではない。もともと「県」の呼称は，古来から「あがた」の読みで地方の名称で使われていたものを，明治維新の際，藩の代わりに置く地方行政組織の名称として採用したものである。「道」については，古くから使われていた区域分けとしての「東海道」・「山陽道」などの呼称について，明治維新後に「北海道」が追加されたものを，そのまま地方公共団体の名称として使用している。また「府」については，みやこを意味する言葉として，明治政府にとって重要な拠点である東京・京都・大阪の3か所に使われることとなった。このうち東京府については，戦時中に東京市との統合によって改組され，そのときに「都」という呼称が使用されて今日に至る。このように，都・道・府・県という異なる呼称が使われてはいるが，基本的に都道府県はすべて同格である。

特別地方公共団体

　地方公共団体の区分のうち，もう1つが特別地方公共団体である。特別地方公共団体には，特別区，地方公共団体の組合，財産区がある。

　このうち特別区とは，いわゆる「東京23区」のことを指す（地自281条）。戦時中，東京市と東京府が統合されて東京都が設置されたが，戦後，この旧東京市のエリアに存在した行政区が23に再編され特別区となった。この特別区は，1947年の地方自治法施行直後は，基礎的な自治体であるとして区長の公選も行われていたが，1952年の法改正により都の内部団体に位置づけられ，区長も都知事の同意により区議会が選任する制度となる。その後，特別区は長きにわたって自治権拡充のための努力を続け，1974年には区長公選が復活，2000年に

は再び基礎的な地方公共団体として位置づけられることとなった（地自281条の2）。

　特別区は，基本的には市と同様の事務を処理することとされている。ただし，大都市地域であることに鑑み，通常であれば市町村によって行われる事務の一部，たとえば消防事業・交通事業・上下水道などについては，特別区ではなく都が直接行っている。また，通常であれば市町村が収納する固定資産税などの税についても，都がそれをかわりに徴収し，それを財政調整交付金として都から各特別区に分配するしくみも存在するなど，通常の県と市との関係に比べて，都の権限が強く，特別区の権限が相対的に弱くなっている。一方で特別区は，通常の市であれば設置の義務がない保健所の設置を義務づけられているという特徴もある（地域保健法5条）。

　第2の特別地方公共団体として，地方公共団体の組合があげられる。これは，複数の普通地方公共団体および特別区が，単独で実施すると非効率であったり負担が大きい事務について，共同処理するために設置するものである。

　地方公共団体の組合には，一部事務組合と広域連合の2種類が存在する（地自284条）。一部事務組合は，各地方公共団体の事務の一部を共同で処理するために設置される。消防事業・上下水道・ゴミ焼却場・し尿処理場・火葬場などの事務を行うものが多い。広域連合も，一部事務組合同様，事務を共同で処理するものであるが，その事務を広域にわたり総合的かつ計画的に処理するための広域計画を策定することとされているなど，より連携が強化されている。

　なお，地方公共団体の組合としては，役場事務組合，全部事務組合に関する規定もかつて存在した。これらは市町村のうち町村のみが設置できるものであり，執行機関たる役場の事務を共同で処理するという趣旨のものである。これらの組合が設置された場合，役場事務組合においては町村議会を残して執行機関は消滅することとなる。さらに全部事務組合の場合は，議会も執行機関もすべて消滅することとされていた。これらは複数の町村を1つに統合するという制度であるが，町村しか設置できないこと，そもそも同様の趣旨として市町村合併が存在することなどから，実際にはこれらの組合が活用されることはないまま，2011年の地方自治法の改正により条文から削除されることとなった。なお，このときの改正により，同じく特別地方公共団体としての地方開発事業団

（複数の地方公共団体が共同設置し，公共工事を実施するもの）も同様に削除されるなど，地方自治制度の整理が行われている。

特別地方公共団体の3つ目の区分である財産区は，市町村や特別区の一部で財産や公の施設などをもつものである（地自294条）。山林，畑，土地，温泉などの財産や公の施設について，その管理や処分などを地区独自で行うために設置されるのが財産区である。財産区には，都道府県の条例により議会や総会を設けたり，市区町村の条例で管理会を設置することができる。

2 基礎的団体の実態と課題

地方分権改革と機関委任事務

かつて，地方自治法のなかに「機関委任事務」という事務区分が存在していた。この機関委任事務は，国が法令により都道府県や市町村の機関に事務を委任するものである。ただし，地方公共団体がこの事務を行うときは，都道府県や市町村の固有の立場ではなく，国の出先機関という位置づけになり，国の指揮監督を受けることとされていた（旧地自150条）。この機関委任事務の存在が，国と地方の関係を，国が上位で地方がそれに服従するという上下関係に固定化してしまっていた。

> 地方自治法　旧150条の規定（現在は廃止）
> 普通地方公共団体の長が国の機関として処理する行政事務については，普通地方公共団体の長は，都道府県にあっては主務大臣，市町村にあっては都道府県知事及び主務大臣の指揮監督を受ける。

しかし，1990年代以降の全国的な「中央集権から地方分権へ」という流れの高まりのなかで，機関委任事務に対する批判も強まることとなった。2000年の地方分権一括法の施行によって機関委任事務は廃止されることとなり，国と地方の関係も，それまでの上下関係から対等・協力の関係へと変わることとなった。それに伴い，機関委任事務も自治体の事務としての自治事務と法定受託事務に振り分けられ，その対象とならないものについては事務自体が廃止されたり，国が直接執行することとなった。

図2-1 地方公共団体の総職員数の推移

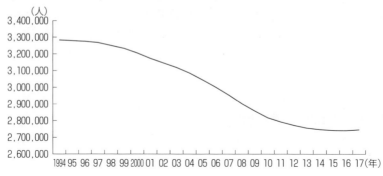

出所：総務省「平成29年 地方公共団体定員管理調査」。

　しかし，これまでのわが国における地方分権には権限や財源といった十分な裏付けが不足しており，中央から地方への単なる仕事の押し付けになっている感も否めない。地方公共団体の財政基盤も依然として脆弱であり，国からの補助金や地方交付税交付金に財源の多くを依存する状態から抜け出せていないという課題を抱えている。

　また，地方公務員の数自体も，1990年代以降の公務員の処遇に対する批判やバッシングを受けるなかで大きく減少することとなった。とくに2005年には，地方公共団体が5年間の「集中改革プラン」を策定し，一層の定員削減や給与の適正化を推進するという指針が国から示された。その結果，1994年にはおよそ328万人だった地方公務員の数は，2017年には274万人と，20数年の間に50万人以上も減少している（図2-1）。近年では，災害時などの対応に支障が出るなど，余りにも行き過ぎた削減に疑問が呈され，一般行政部門の職員数はやや増加に転じているが，それでも十分な人員が確保できているとは言い難い。業務量は増えているにもかかわらず，人員は削減されていることで，地方公共団体の職員が仕事に追われ，専門的知識を身につけたり政策形成能力の向上に努めたりするための時間を確保できないというのが現状である。

　仕事の量は増えているにもかかわらず，地方公務員の数はかつてに比べ大幅に減っている。それによって増大する事務の負担を補うため，近年急増しているのが，臨時や嘱託職員などの非正規職の公務員である。これらの非正規公務

員は，正職員に準ずる事務を行っている場合も多いにもかかわらず，給与の額は低く身分も安定していない。この問題に対処するため，2017年，地方公務員法や地方自治法が改正され，新たに会計年度任用職員制度の導入等（地公22条の2，地自203条の2），非正規公務員の任用・労働条件の改善に向けた取組が行われつつある。

市町村中心主義と平成の大合併

　市町村などの基礎的な地方公共団体は，規模の大小にかかわらず，財産管理，事務処理，行政執行，「法律の範囲内」での条例制定など，自治行政に関する基本的な権能はすべて備えている（憲94条）。とくに福祉や子育て，防災など，地域に密着した施策の実施については，市町村が中心的な役割を担うことが望ましい（市町村中心主義）。しかしながら，実際には市町村の規模の大小により，すべての事務について充実したサービスが提供できるとは限らない。小規模な市町村においては，技術職などの採用も少なく，専門的サービスの提供には限界がある。また，限られた人員ですべての事務を処理しなければならず，長期的視野に立って政策を立案するだけの人材も不足しがちであるという問題を抱えている。「平成の大合併」が推進された背景には，このような市町村が抱える課題もあった。

　わが国においては，過去に数回，市町村合併の大きな波があった（表2-1）。もっとも最初に行われた大規模な合併は，明治22（1889）年の明治の大合併である。この合併は，先述の市制・町村制の施行と合わせ，江戸時代からの町や村を統合して，新たに地方公共団体をつくり出すことが目的であった。

　次に行われた大規模な合併が，昭和28（1953）年から始まる昭和の大合併である。このときは，地方自治の充実強化の流れのなかで市町村の事務が増大することに伴い，分権の受け皿として市町村規模の拡充が図られた。この昭和の大合併は，1956年に施行された「新市町村建設促進法」が失効する1961年頃まで続いたとされる。

　昭和の大合併の余波がおおむね収束した昭和40（1965）年，「市町村の合併の特例に関する法律（合併特例法）」が制定された。同法は10年の時限立法であり，その後10年ごとに3回延長されたが，その間，合併は遅々として進まな

第2章　地方公共団体の種類と特色

表2-1　日本の市町村数の変遷

年　月	西暦	市	町	村	計	備　考
明治21年	1888	―	71,314		71,314	
明治の大合併						
明治22年	1889	39	15,820		15,859	市制町村制施行（明治22年4月1日）
大正11年	1922	91	1,242	10,982	12,315	
昭和20年10月	1945	205	1,797	8,518	10,520	
昭和22年8月	1947	210	1,784	8,511	10,505	地方自治法施行
昭和28年10月	1953	286	1,966	7,616	9,868	町村合併促進法施行
昭和の大合併						
昭和31年4月	1956	495	1,870	2,303	4,668	新市町村建設促進法施行
昭和36年6月	1961	556	1,935	981	3,472	新市町村建設促進法一部失効
昭和37年10月	1962	558	1,982	913	3,453	市の合併の特例に関する法律施行
昭和40年4月	1965	560	2,005	827	3,392	市町村の合併の特例に関する法律施行
昭和50年4月	1975	643	1,974	640	3,257	市町村の合併の特例に関する法律の一部を改正する法律施行
昭和60年4月	1985	651	2,001	601	3,253	市町村の合併の特例に関する法律の一部を改正する法律施行
平成7年4月	1995	663	1,994	577	3,234	市町村の合併の特例に関する法律の一部を改正する法律施行
平成11年4月	1999	671	1,990	568	3,229	地方分権の推進を図るための関係法律の整備等に関する法律一部施行
平成の大合併（～2010）						
平成17年4月	2005	739	1,317	339	2,395	市町村の合併の特例等に関する法律施行
平成18年3月	2006	777	846	198	1,821	市町村の合併の特例に関する法律経過措置終了
平成22年4月	2010	786	757	184	1,727	市町村の合併の特例に関する法律施行
平成26年4月	2014	790	745	183	1,718	―

出所：総務省ウェブサイト「市町村合併資料集」。

かった。しかし，90年代の地方分権の流れと呼応するかたちで1999年に合併特例法が改正されて以降は，国の主導のもとで強力に合併が推し進められることとなる。国によるこの合併推進の流れは，2005年に施行された「市町村の合併の特例等に関する法律（合併新法）」においても継続し，最終的に同法が改正さ

れる2010年まで続いた。この1999年から2010年までの間に行われた合併が「平成の大合併」とよばれている。平成の大合併以前には3,200以上存在していた市町村の数は，合併期間の終了時には1,700程度に減少することとなった。

　平成の大合併がこれほど進んだ背景には，合併を進める国の「アメとムチ」の政策があったといわれる。合併する市町村に対しては，国からアメとしてさまざまな優遇策が提供された。たとえば，合併後の新市建設に使用できる有利な起債（借金）である「合併特例債」，合併による交付税の減少分について10年間同額を維持することで激変緩和をはかる「合併算定替」などがその例としてあげられよう。一方で，ムチの政策としては，2003年から2006年まで進められた「三位一体の改革」のなかで，国が地方交付税や国庫補助金を大幅に削減したことがあげられる。「地財ショック」とよばれるこの締め付けのなかで，財政難に苦しむ多くの市町村が合併を選択することとなった。

　平成の大合併における優遇措置が終わりを迎え，今後，年々厳しさを増す予算のなかで地方公共団体の未来をどのようにつくりあげていくのか，市町村合併の真価がいまから問われることとなる。

大都市制度

　地方公共団体の区分のうち市については，さらに中核市・政令指定都市というバリエーションが存在する（表2-2）。これらは，一定以上の規模の大きな都市に対して都道府県からさまざまな権限を移譲したり，都道府県を介さず国に直接申請等ができるようにしたものである（関与の特例）。

　このうち中核市は，市のなかでも人口20万以上の大規模な地方公共団体が指定を受ける（地自252条の22）。中核市においては，一般の市の権限に加え，福祉や都市計画における権限が移譲されるほか，保健所の設置も義務づけられる。かつては中核市の要件は人口30万以上であり，人口20万以上は別途「特例市」という制度が設けられていた。しかし，20万と30万の間の線引きの意味合いは薄かったため，2015年に特例市の制度が廃止されると同時に中核市の人口要件が20万に引き下げられ，事実上両者は統合されることとなった。

　政令指定都市（政令市）は，中核市よりもさらに規模が大きく，権限もより強化された市である。政令市は，人口50万以上の市かつ政令で指定されている

表2-2 政令指定都市一覧

都　市	人　口 (H27国勢調査)	政令指定都市 移行年月日	指定政令
大阪市	2,691,185	昭和31年9月1日	昭和31年政令第254号
名古屋市	2,295,638	昭和31年9月1日	昭和31年政令第254号
京都市	1,475,183	昭和31年9月1日	昭和31年政令第254号
横浜市	3,724,844	昭和31年9月1日	昭和31年政令第254号
神戸市	1,537,272	昭和31年9月1日	昭和31年政令第254号
北九州市	961,286	昭和38年4月1日	昭和38年政令第10号
札幌市	1,952,356	昭和47年4月1日	昭和46年政令第276号
川崎市	1,475,213	昭和47年4月1日	昭和46年政令第276号
福岡市	1,538,681	昭和47年4月1日	昭和46年政令第276号
広島市	1,194,034	昭和55年4月1日	昭和54年政令第237号
仙台市	1,082,159	平成元年4月1日	昭和63年政令第261号
千葉市	971,882	平成4年4月1日	平成3年政令第324号
さいたま市	1,263,979	平成15年4月1日	平成14年政令第319号
静岡市	704,989	平成17年4月1日	平成16年政令第322号
堺　市	839,310	平成18年4月1日	平成17年政令第323号
新潟市	810,157	平成19年4月1日	平成18年政令第338号
浜松市	797,980	平成19年4月1日	平成18年政令第338号
岡山市	719,474	平成21年4月1日	平成20年政令第315号
相模原市	720,780	平成22年4月1日	平成21年政令第251号
熊本市	740,822	平成24年4月1日	平成23年政令第323号

出所：総務省『指定都市一覧』(2016年)。

　ことが法律上の要件である（地自252条の19）。ただし，実際に政令市の指定を受けているのは，以前は100万程度の人口の都市であった。この要件はその後緩和されたが，現在でも指定を受けるには人口80万程度は必要といわれている（平成の大合併時には，合併により人口70万を超えた市が特例的に政令市の指定を受けることができた）。

　政令指定都市になると，都道府県の権限の多くが移譲され，強い自立性をもつようになる。また，市内をいくつかのエリアに分けた区を設置することも定められている（地自252条の20）。ただし，政令市の区については，あくまでも

市の行政上の区域分けに過ぎず，特別区のような独立の地方公共団体（公法人）というわけではない。区長などが置かれる場合も，市役所の職員が人事異動で任命されることとなる。

　政令指定都市は，現在20市存在する。一番はじめに政令市に指定を受けたのは，戦前から存在する横浜市・名古屋市・大阪市・京都市・神戸市のいわゆる旧五大市である。現在では，札幌市や福岡市など，旧五大市を上回る人口を抱える市も複数存在している。

　政令市には都道府県の権限が移譲されることから，しばしば「都道府県と同格」と称されている。しかし，実際には都道府県から独立するわけではなく，あくまでも広域団体としての都道府県に包括される基礎的団体であることにはかわりはない。この点が「特別市」と異なる点である。特別市とは，都道府県の区域外として完全に独立した都市の制度である。海外では，韓国のソウルやドイツのベルリンなど，都市のみで県や州と同格の特別市が存在する。日本においても，1947年の地方自治法制定時には特別市の規定が存在していた。このときは，旧五大市が特別市の制度導入に向けて働きかけを行う一方，人口の集中する大都市圏を失うこととなる府県側はそれに激しく反発し，両者が対立することとなった。その結果，1956年の地方自治法改正に伴い特別市の規定は削除され，かわりに導入されたのが政令指定都市の制度なのである。

　政令指定都市の制度開始から60年余りの間，徐々に増加してきた政令市ではあるが，今後日本が人口減少社会に突入していくことに鑑みれば，80万人という人口要件の緩和がない限り，新たな政令指定都市の誕生は難しいといえよう。

3　広域団体の実態と課題

道州制構想

　道州制とは，都道府県よりも広域の行政機関としての道・州を設置するという構想である。先述のとおり，道という区域分けは古くから使用されていた地方行政上の区分であり，日本全体を10程度の広域的な行政ブロックに分けるという考え方は伝統的に馴染みのあるものだったといえる。すでに大正14（1925）年の加藤高明内閣における「行政刷新に関する意見書」において，府県の合併

や府県を廃して道州制を導入する提案がなされており，また，昭和2（1927）年には，田中義一首相の諮問機関である行政制度審議会が州庁設置案を提言していた。

戦後，1947年に地方自治法が施行され，都道府県が知事公選の完全自治体とされたが，それから10年後の昭和32（1957）年，第4次地方制度調査会が「地方」設置案を提言した。これは都道府県を廃止して全国を7ないし9ブロックに分け，地方公共団体の性格と国家的性格を併せもつ「地方」を設置するというものである。地方には議決機関としての議会を置くとともに，地方長は国家公務員とするという案であった。この案に対して，都道府県側は反発し，さらに官選知事の復活により戦前の中央集権体制に逆戻りするものであるとの批判も強かったため，法案提出には至らなかった。また，1960年代の高度経済成長の時代には，関西や東海地方の経済界を中心に府県合併構想が求められ，これを受けて第10次地方制度調査会が「府県合併に関する答申」を出した。また，1970年前後にも経済界が道州制による新しい国づくりを提言している。

2000年代に入ると再び道州制議論が活発になる。2004年，小泉首相が第28次地方制度調査会に対して道州制のあり方について諮問を行い，2006年にそれに対する答申がなされた。同答申では，市町村合併の進展や広域的な行政課題の増加のなかで，国と地方の政府のあり方を再構築することの必要性が指摘され，その具体策として道州制の導入が適当であるとされた。さらに，国の地方支分部局の管轄区域に準拠した3つの区域例として，全国を9道州・11道州・13道州に区分するという具体案も示されている。

その後，2009年に政権交代が起こり，民主党政権が誕生した。この政権は，基礎的団体である市町村の強化の必要性を主張しており，広域団体の権限の強化には消極的であったため，道州制の議論は急速に沈静化することとなった。その後，再び政権交代で自公連立政権が誕生した後も，道州制の導入促進に関する動きはいまだみられない。しかしながら，これまで何度も繰り返されてきたように，今後の社会情勢の変化のなかで，再度道州制の議論が活発化する可能性もあろう。

都道府県と政令指定都市との関係

　都道府県と政令指定都市との関係のなかで近年注目されたのが、「大阪都構想」である。政令市として全国で2番目に人口規模が大きい大阪市と、全国で下から2番目に面積が小さい大阪府とは、長年にわたって互いに競い合うことが多く、その結果、両者の実施する施策が「二重行政」として非効率の指摘を受けることも多かった。また、市域を越えて都市圏が広がる大阪地域において、大阪府が推進しようとする広域的な施策と、大阪市が進める政令市としての施策が必ずしも整合しないことも多かった。そこで、東京都にならって大阪府を大阪都に変え、大阪都内部の市町村を廃止して特別地方公共団体である特別区を設置しようというアイデアがもちあがったのである。

　この大阪都構想は、先述の二重行政による非効率の排除と広域的な施策の推進という目的のほか、特別区の区長・区議を公選することで、民意をより反映しやすくしようという狙いもあったとされる。一方で、基礎的団体としての大阪市を広域団体に吸収してしまおうという構想自体が、市町村中心主義に反し自治をないがしろにするものではないか、との批判も受けることとなった。

　大阪都構想自体は、最終的に2015年に大阪市で行われた住民投票において接戦の末に反対多数で否決されることとなった。しかし、この構想の高まりのなかで、2014年の地方自治法改正によって、政令市の区の役割を条例で定め議会の同意を得て選任される特別職の総合区長を置くことができる「総合区」の制度や、政令市と都道府県の事務処理の連絡調整（二重行政の解消）を行うための「指定都市都道府県調整会議」の制度が設けられるなど、既存の大都市制度のあり方に一石を投じたという点で評価できよう。

4　自治体間の協力システム

合併と広域連携

　地方自治法が定める市町村による広域連携の制度には、先述の特別地方公共団体としての一部事務組合や広域連合のほか、連携協約、協議会、機関等の共同設置、事務の委託、事務の代替執行などがある。一部事務組合や広域連合は、市町村とは別の法人を設置して共通の事務を処理するものであり、その他

の方式は，そのような特別の法人はつくらずに相互に連携して事務を行う方式である。

　明治維新以降，国の地方政策は，一貫して基礎的団体（市町村）の整理統合による団体自治の規模拡大をめざしてきたといってよい。その方向性は，あるときは市町村合併に向かい，またあるときは市町村による広域連携を志向した。全体的にみると，まずは合併を進め，合併の流れが一段落すると今度は広域連携を進める，というように交互に政策が展開されてきている。

　日本における最初の大きな合併は，明治の大合併である。この合併の帰結として市制・町村制が施行され，地方公共団体としての市町村が誕生することとなった。このうち，町村制のなかに町村がつくる組合の制度が規定されている。これは，明治の大合併において十分な規模を確保できなかった町村に対して広域連携の手段を提供するものであった。1911年には，市にも組合制度の適用範囲が拡大されている。

　終戦後の1952年，地方自治法改正により，協議会・機関等の共同設置・事務の委託という広域連携の方式が導入された。さらにその翌年の1953年から1961年まで，昭和の大合併が続くこととなる。

　昭和の大合併の終了後は，合併の推進は当分の間見込めないという見通しのもとで，再び広域連携に舵が切られた。1969年には，当時の自治省（現総務省）が「広域市町村圏振興整備措置要綱」を策定し，広域市町村圏に係るさまざまな政策を展開した。さらに，1974年には複合的一部事務組合の制度が，1994年には広域連合の制度が地方自治法改正により創設されている。

　その後，1999年から平成の大合併がはじまる。平成の大合併の期間中は合併の方に注目が集まり，広域連携の流れは小康状態をみせていたが，平成の大合併が落ち着きをみせ始めた2000年代後半，またもや国が広域連携に動き出す。2008年，総務省は従来の広域市町村圏にかかる要綱を廃止するとともに，新たに「定住自立圏構想」を打ち出した。さらに2015年には，前年から進められている国の「地方創生」の取組と呼応するかたちで，定住自立圏よりも規模の大きい「連携中枢都市圏構想」が提唱されている。

　以上のように，日本では合併と広域連携が振り子のように交互に繰り返し政策課題としてクローズアップされてきている。現在は，平成の大合併のあとを

受けて，広域連携に注目が集まっている時期である。今後とも，都道府県や市町村間の連携を進めるための新たな制度が創設・整備されていく可能性があるだろう。

定住自立圏と連携中枢都市圏

現在の地方公共団体における圏域の広域連携のしくみとしては，先述の「定住自立圏構想」と「連携中枢都市圏構想」があげられる。両者は類似した構想ではあるものの，その対象とする市町村の規模において違いが見受けられる。

定住自立圏は，2008年の「定住自立圏構想推進要綱」策定を受けて，2009年度から展開されているものである。これは，中心市と近隣市町村が相互に役割分担し連携・協力することで圏域全体として必要な生活機能等を確保する「定住自立圏構想」を推進し，地方圏における人口定住の受け皿を形成するものである。これを進めるためには，まず，中心となる市が「中心市宣言」を行うことで，圏域における定住自立圏形成に向けた中心的な役割を担う意思を表明する。そして，中心市と密接な関係を有する周辺の市町村との間で，議会の議決を経たうえで個別に「定住自立圏形成協定」が締結される。この協定のなかで，人口定住のために必要な生活機能を確保するための中心市と周辺市町村の相互の役割分担が定められる。さらに，中心市は「定住自立圏共生ビジョン」を策定し，そのなかで圏域の将来像や具体的な取組内容およびその成果を決めていくこととなる。

定住自立圏構想における中心市は，人口5万人程度以上（少なくとも4万人超），昼夜間人口比率1以上（昼間人口が夜間人口よりも多い），原則として三大都市圏（首都圏・中京圏・近畿圏）以外であることの要件がある。一方で，取組においては市町村の自主性が尊重され，手続に際して国への事前申請や国の承認は不要とされている。2018年10月の段階で全国134の市が中心市宣言を行い，123の圏域で定住自立圏が形成されている。

連携中枢都市圏構想については，2013年，第30次地方制度調査会の「大都市制度の改革及び基礎自治体の行政サービス提供体制に関する答申」のなかで地方中枢拠点都市を核とする広域連携の必要性を提言したことから始まる。翌2014年8月，国は「地方中枢拠点都市圏構想推進要綱」を策定するが，同年中

に閣議決定された「まち・ひと・しごと創生総合戦略」を受けて2015年1月に要綱を改正し,「連携中枢都市圏要綱」という名称を使用することとなった。

　この連携中枢都市圏も,基本的には定住自立圏同様,中心となる市が宣言を行うとともに周辺の市町村との間で文書をかわして連携・協力をしていくこととなる。ただし,連携中枢都市圏は定住自立圏と比べて以下の点が異なっている。まず,中心となる市に求められる要件として,昼夜間人口比率1以上,三大都市圏以外であるという条件に加え,原則として政令指定都市または中核市であることが求められている。すなわち,定住自立圏における中心市と比して,連携中枢都市の人口規模はそれを大きく上回り,相当の規模と中核性を備える都市圏の中心としての役割を果たすことを求められているのである。また,連携中枢都市が行う宣言は「連携中枢都市宣言」であり,構成市町村との間で締結されるのは地方自治法252条の2に規定されている「連携協約」であるという点についても,定住自立圏とは異なっている。連携協約の締結は,地方自治法に裏付けのある政策合意を行うということを意味しており,構成団体はその合意にもとづき各種の政策に取り組む義務を負うことになる。さらに,連携協約を締結した地方公共団体間で紛争が生じた場合には,都道府県知事や総務大臣が任命する自治紛争処理委員が間に入って解決を図るしくみが法的に整備されている。また,連携協約の締結後,圏域の市町村で行う取組をまとめた「連携中枢都市圏ビジョン」が策定されることとなる。

　この連携中枢都市圏については,2018年4月現在で28の圏域が設置されており,今後圏域内の連携強化に向けてさまざまな施策に取り組んでいくこととされている。

都道府県による広域連合

　自治体間の連携システムとしてもっとも広汎に利用されているのは,特別地方公共団体としての市町村の組合であろう。消防事業や上下水道,し尿処理,医療など,単独の市町村では負担が大きい事務について,構成市町村で組合を設立して取り組むケースが多い。たとえば,消防については市町村の仕事とされているが,火災は日常的に発生しているわけではない。大規模な市であればいざ知らず,中小規模の市町村では,いつ何件発生するか分からない火災に備

図2-2 関西広域連合組織図

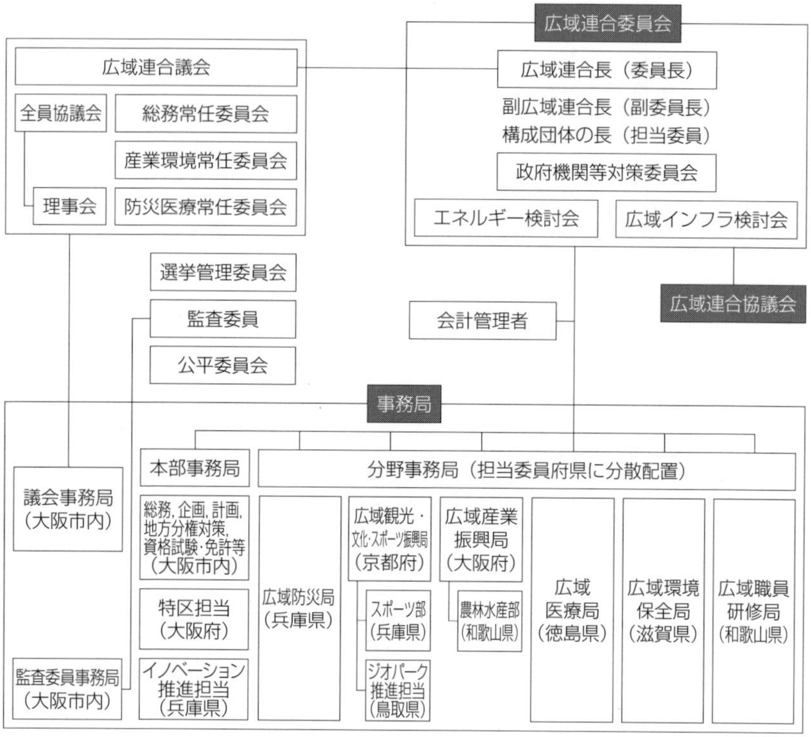

```
                                    ┌─広域連合委員会─┐
         ┌─広域連合議会─┐            │ 広域連合長（委員長）│
         │              │            │ 副広域連合長（副委員長）│
全員協議会│ 総務常任委員会│            │ 構成団体の長（担当委員）│
         │ 産業環境常任委員会│         │ 政府機関等対策委員会│
    理事会│ 防災医療常任委員会│         │ エネルギー検討会 広域インフラ検討会│

         選挙管理委員会
         監査委員           会計管理者         広域連合協議会
         公平委員会

                        ┌─事務局─┐
                  本部事務局    分野事務局（担当委員府県に分散配置）
議会事務局     総務,企画,計画,  広域観光・   広域産業
（大阪市内）   地方分権対策,    文化・スポーツ振興局 振興局
               資格試験・免許等（京都府）   （大阪府）
               （大阪市内）                          広域    広域環境  広域職員
               特区担当       広域防災局  スポーツ部 農林水産部 医療局  保全局   研修局
               （大阪府）     （兵庫県）  （兵庫県） （和歌山県）（徳島県）（滋賀県）（和歌山県）
監査委員事務局 イノベーション             ジオパーク
（大阪市内）   推進担当                   推進担当
               （兵庫県）                 （鳥取県）
```

出所：関西広域連合パンフレット。

えて消防隊員を育成し，消防車を各所に備えておくのは負担が大きい。そのため，複数の市町村が一部事務組合や広域連合を設置し，消防事業を行うケースが多くみられる（そのほか，近隣の市に消防事務を委託するケースも存在する）。

　このように，地方公共団体の組合は主に市町村レベルで活用されているが，制度的には都道府県もこれらの組合の構成員になることが可能とされている。実際に，現在設置されている「関西広域連合」は，複数の都道府県を中心に構成されている。同連合は2010年に設置され，2018年4月現在，関西地方の多くの府県（滋賀・京都・大阪・兵庫・奈良・和歌山）と政令指定都市（京都市・大阪市・堺市・神戸市），中国・四国地方の一部の県（鳥取・徳島）で構成される日本一巨大な地方公共団体となっている。同連合の処理する事務についても，広域

計画の策定，広域防災，観光・文化・スポーツの振興，産業振興，医療の確保（緊急医療用ヘリの共同運行等），環境の保全，准看護師や調理師などの免許事務，共同の職員研修など，実に幅広い（図2-2）。

府県をまたがる広域連合については，先述の道州制構想を想起しがちである。この点についても，関西広域連合自身が有識者による道州制のあり方研究会を設置して研究を進めていた。2014年に出された同研究会の最終報告書においては，広域連合の制度について高く評価するとともに，府県を越える広域自治体の必要性やその形態等について地域の個性を生かせるような枠組みを地域が自ら柔軟に選択できるようにすることが重要であると結論づけている。

5　少子化・高齢化の行く末

少子高齢化と人口減少社会の到来

太平洋戦争が終了した1945年に7,200万人程度だった日本の人口は，戦後急速に増加し，2000年代には1億2,800万人まで到達した。現在は人口減少社会に突入しているといわれるが，その問題が顕在化したのは2010年代に入ってからとごく最近である。ただし，日本においては年齢階層別の人口構造がいびつとなっており，今後の急速な人口減少は避けがたい問題である。

図2-3，図2-4は，国立社会保障・人口問題研究所による人口ピラミッドである。1965年のピラミッドは，上の方（高齢者）の数に比べて，下の方（若者）の数が多くなっている。一方，2015年の人口ピラミッドをみると，「ピラミッド」という下が大きく上に行くにつれて少なくなっていくというイメージとは裏腹に，上部が大きく下部が少ないかたちとなっている。これはすなわち，「少子化」による出生数の減少と，「高齢化」による高齢者の増大が同時並行的に起こっていることをあらわすものである。これまでわが国においては，出生数の減少を高齢者の平均寿命の伸びが補うことでみかけ上の人口が維持されていたが，今後は急速に人口減少が進んでいくであろうことが分かる。

人口減少問題は，それに歯止めをかけるための策を講じたとしても，その策の効果があらわれるまでに10年～20年単位の時間がかかるという問題がある。いずれの地方公共団体においても，今後当分の間，人口は減り続けるという前

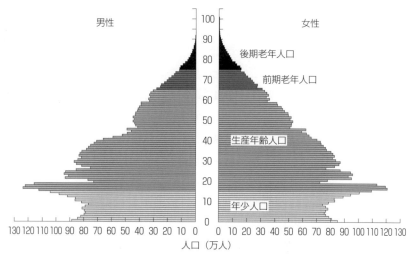

図2-3　1965年の人口ピラミッド

出所：1965〜2015年：国勢調査，2020年以降：「日本の将来推計人口（平成29年推計）」。

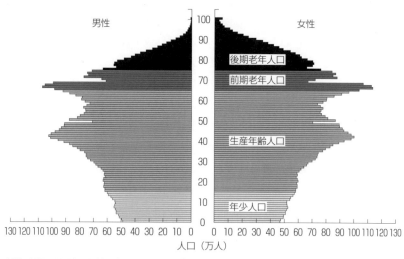

図2-4　2015年の人口ピラミッド

出所：1965〜2015年：国勢調査，2020年以降：「日本の将来推計人口（平成29年推計）」。

提をもとに,将来人口をどのように維持・安定化させていくかという長期的な視野をもって取り組んでいく必要があろう。

地方創生と「消滅可能性都市」

2014年,国は「まち・ひと・しごと創生法」を制定するとともに,国のまち・ひと・しごと創生「長期ビジョン」と「総合戦略」を策定した。また,地方公共団体に対しても,2015年度中に「地方人口ビジョン」と「地方版総合戦略」の策定を求め,都道府県すべてと99.8％の市区町村が人口ビジョンと総合戦略の策定を行った。現在,この地方版総合戦略にもとづき,各種の地域振興策が進められている。この一連の地方活性化の流れは「地方創生」とよばれている。

そもそも地方創生とは,人口減少に歯止めをかけると同時に,東京一極集中を是正し地方を活性化することで,活力ある日本社会を維持することをめざすものである。国の総合戦略においては,①地方における安定した雇用を創出する,②地方への新しい人の流れをつくる,③若い世代の結婚・出産・子育ての希望をかなえる,④時代に合った地域をつくり,安全なくらしを守るとともに,地域と地域を連携する,という4つの基本目標が掲げられている。この国の総合戦略をふまえて,地方公共団体は自らの人口ビジョンと総合戦略を策定し,各々の地域特性に応じた独自の取組で地方振興に取り組むこととされた。とくに総合戦略については,従来の総合計画とは異なり,策定にあたってビッグデータ等を活用すること,KPI（Key Performance Indicators＝重要業績評価指標）とよばれる数値目標を設定しPDCAサイクルによる効果の検証を行うこと,策定にあたっては通常の「産・官・学」に加えて「金（金融機関）・労（労働団体）・言（メディア）」などの協力・参画を求めることなどの方向性が国から示された。

地方公共団体の地方創生の取組を支援するため,国は財政支援,情報支援,人材支援という「地方創生版三本の矢」を打ち出した。財政支援については,地方版総合戦略にもとづく取組を支援するため,地域活性化・地域住民生活等緊急支援交付金（地方創生先行型）,地方創生加速化交付金,地方創生推進交付金,地方創生拠点整備交付金など,さまざまな交付金が予算措置されている。

また，情報支援については，ビッグデータを活用した戦略策定や，その後の政策立案を支援するためのツールとして，「地域経済分析システム」（RESAS）を2015年から稼働させた。さらに人材支援として，地方創生コンシェルジュの設置，地域活性化伝道師の紹介などが行われている。

　そもそもこの地方創生が政策課題として浮上してきた背景には，2014年に元総務大臣の増田寛也を代表とする研究機関「日本創成会議」が2013～14年に出した一連の報告書，通称「増田レポート」にある。この増田レポートのなかで，日本全国の市区町村のうち約半数にあたる896の地方公共団体について「消滅可能性都市」という指摘がなされた。この消滅可能性都市の考え方は，出産をするメインの世代である20～30代の女性の数に着目したものである。このような若年女性が，雇用を求めて地方から首都圏に流出することで，地方で子どもの数が減少していく。2010年と2040年の予測値を比較して，若年女性の数がマイナス50％を超える（半減する）市区町村について，増田レポートは消滅可能性都市とよび，警鐘を鳴らしたのである。この増田レポートは，全国の市区町村，とくに消滅可能性都市と名指しされたところに大きなショックを与えることとなった。

　現在，各地方公共団体で，地方版総合戦略にもとづきさまざまな政策が展開されている。地方創生が従来のような一過性の地域振興策で終わるか，地方に雇用を創出し人口減少に歯止めをかけられるかどうか，それらが今後長期にわたって問われることとなる。

📖 理解を深めるために

井出英策，2017，『財政から読みとく日本社会――君たちの未来のために』岩波書店．
　日本の財政問題について，財政とは何か，現在の危機的な財政状況がなぜ生まれたのかなどを初学者向けに分かりやすく解説。

金井利之，2018，『行政学講義――日本官僚制を解剖する』筑摩書房．
　行政組織による統治について，公務員のみならず住民一人ひとりが官僚制とどのように向き合うべきかを論じる。

西尾勝，2007，『地方分権改革』東京大学出版会．
　地方自治の転機の1つとなった2000年の地方分権一括法施行と機関委任事務の廃止

について，改革の当事者が詳しく解説。

増田寛也編，2014，『地方消滅——東京一極集中が招く人口急減』中央公論新社．
　日本の少子高齢化・人口減少に警鐘を鳴らし，消滅可能性都市の指摘とその対抗策を論じる。地方創生の取組が始まるきっかけとなった一冊。

【澤田道夫】

■ コラム2：自治体戦略2040構想

　地方自治の現場で現在注目されているのが「自治体戦略2040構想」である。これは、2017年10月から総務省の主催により始められた「自治体戦略2040構想研究会」で議論されているもので、2018年7月には第二次報告まで行われている。

　同報告では、2040年までのわが国が抱える課題について、子どもの数の減少、介護需要の増大、インフラ・公共施設の老朽化、空地の増加による都市のスポンジ化、労働力の不足などを指摘する。そして、これらの課題に対応するための自治体行政の基本的な考え方について、次のように提言している。

　まずあげられるのが「人口縮減時代のパラダイムへの転換」である。そこでは、これまでの行政のあり方を抜本的に見直し、AIやロボティクスを活用する「スマート自治体」をめざすことや、行政・地域・住民相互の協力関係を構築する「プラットフォーム・ビルダー」として役割を果たす自治体へと転換していくことの重要性が述べられている。

　また、基礎的団体としての市町村については、市町村単体ですべての行政機能を備える「フルセット主義」から脱却し、大規模な市を中心とした圏域単位でのマネジメントを行うことや、都道府県・市町村という二層制を柔軟化し、都道府県が積極的に市町村の補完・支援に取り組んでいくことなどが提言されている。さらに、東京・埼玉・千葉・神奈川の「東京圏」でも、医療・介護のサービスの供給や首都直下型地震時の広域避難などについて圏域全体でのマネジメントが必要であると指摘している。

　同報告の特徴は、人口減少にもはや歯止めがかからないことを前提としたうえで、日本全体の力が低下するなかでこれからの都道府県・市町村の行政がどのようにあるべきかが論じられているという点にある。フルセット主義からの脱却など、いままである種タブーであったところにまであえて踏み込んで今後の自治行政のあり方を論じているという点について重要な意義をもつといえよう。

　しかしながら、人口縮減時代における行政のパラダイム転換が、単に職員を減らしてAIで補うだけでよいのか、公共私の協働のためのプラットフォーム・ビルダーについては現在ですら当然の役割なのではないかなどの疑問は残る。また、市町村の圏域単位でのマネジメントや、都道府県による市町村の補完についても、行政組織としての「団体自治」はそれで維持できたとしても、そこに暮らす人々の住民意思の反映という意味合いでの「住民自治」の強化にはどのようにつながるのか、不明な点も多い。

　いずれにしても、この「自治体戦略2040構想」の提言も含め、住民一人ひとりがこれからの地域のあり方について考えていくことがますます重要となるだろう。（澤田道夫）

第3章　国と地方公共団体の関係

　国と地方との関係，地方自治のあり方，あるいは「地方分権」が問われて久しい。さらに「転換期」とも称されて（も）久しいこれらの現状ないし到達点は，どのようなものなのだろうか。昭和24（1949）～25（1950）年に「市町村優先主義」などを示した「シャウプ勧告」，またそれを受けた「神戸勧告」でも示されていた配分論は，今日でもその意義を失ってはいない。基礎的自治体への権限委譲は，依然として途半ばといえるだろう。このうち，自主財政権の保障が一向に進んでいないことは，わが国の「分権改革」の根本的な障害であると考えられるが（**第6章参照**），ここではこうした自主財政権の保障問題には触れない。
　本章ではとくに，平成7年5月に成立（平成13年に失効）した「地方分権推進法」以降のこの四半世紀にわたる「分権改革」の動向，さらには平成11年7月の「地方分権一括法」の制定以降の国と地方公共団体間での事務配分問題を概観し，地方自治法（以下，地自法）上での国と地方公共団体の関係の大枠について確認する。

1　分権改革と地方自治

分権主体としての都道府県・市町村

　最大判昭38・3・27刑集17巻2号121頁（以下，昭和38年大法廷判決）が明らかにした憲法上の「地方公共団体」の要件とは，単に法律で地方公共団体として取り扱われているということだけでは足らず，a「事実上住民が経済的文化的に密接な共同生活を営み，共同体意識をもっているという社会的基盤が存在し」（以下，「要件 a」），b「沿革的に見ても，また現実の行政の上においても，相当程度の自主立法権，自主行政権，自主財政権等地方自治の基本的権能を附与された地域団体であることを必要とする」（以下，「要件 b」）というものである。

区長公選制が採用される以前の東京都の特別区（地自法上の特別地方公共団体）が憲法上の「地方公共団体」にはあたらないことが判示されたことは，地自法上の地方公共団体（地自1ないし3条ほか）のなかに，憲法上の地方公共団体として評価され得るものとそうではないものとが区分されることを意味する。
　現行地自法上の特別地方公共団体（特別区，地方公共団体の組合，財産区）のうち，少なくとも特別区は，要件bの観点からすれば，憲法上の地方公共団体として評価することが可能である。普通地方公共団体（都道府県，市町村）についてもおそらく同様だろう。
　もっとも，普通地方公共団体のうち都道府県に関しては，明治憲法下の「府県制」・「官選知事」制度の沿革から，市町村ほどに確たるものとはいえないとする見方もある。それでも多くの学説は，都道府県と市町村の双方を憲法上の地方公共団体と理解している。

分権改革と地方自治
　地方公共団体のすべてが，憲法上のそれである必然性はない。
　しかし，憲法上の地方公共団体が「地方自治の本旨」（憲92条）のもとで，住民自治と団体自治の双方の保障を不可欠とした，国とは別個の行政主体であるのなら，こうした憲法原理にそくした自治のあり方が当然に求められる。
　端的には，国が地方公共団体の事務に不当に介入しないように，あらかじめ事務配分を明確化すること，またその事務執行への関与を制限することである。同様に，国と都道府県，国と市町村との関係とあわせて，都道府県と市町村とのかかわりにも留意すべきことになる。
　憲法上の地方公共団体の要件として昭和38年大法廷判決が求めた要件bについて，都道府県と市町村の存立は国の意思次第といえるのだろうか。自主財政権の保障が一向に進んでいないことにわが国の「分権改革」の根本的な挫折が顕著にあらわれているとしても，現実に国は，自主立法権の「附与」主体として，どのような「分権改革」を主導してきたのだろうか。

地方分権推進法，地方分権一括法と補完性原則
　平成7年5月に成立した「地方分権推進法」（平成13年に失効）によって，地

方分権改革推進委員会が設置された。さらに市町村の配置分合，とくに平成11年7月の「地方分権一括法」（「地方分権の推進を図るための関係法律の整備等に関する法律」。同法は改正のための立法であるため，地自法を軸とした475法律の改正・廃止を定めるものである）の成立に伴う「市町村の合併の特例に関する法律（旧合併特例法）」の改正にもとづく，いわゆる「平成の大合併」によって，市町村の「効率化」も図られた（平成11年3月末の時点で3,232あった市町村数は，合併の期限である平成22年3月末には1,727にまで縮減・集約された）。

また，平成20年5月18日には，地方分権改革推進委員会の第1次勧告（「生活者の視点に立つ『地方政府』の確立」）が，次いで同年12月8日には，同委員会の第2次勧告（「『地方政府』の確立に向けた地方の役割と自主性の拡大」）が出された。第2次勧告では，地方分権改革を「住民に身近な行政に関する企画・決定・実施を一貫してできる限り地方自治体にゆだねることを基本として，『地方政府』の確立を目指しつつ，国と地方の役割分担を徹底して見直す取組み」としてとらえている。そのうえで同勧告は，「2つの柱」として，「義務付け・枠付けの見直し」と「国の出先機関の見直し」を掲げた。

「中央政府」とパラレルにとらえうるであろう「地方政府」の「確立」という理念への評価はひとまず措くとしても，同勧告が「地方政府の確立」に際して，「自治立法権の確立が不可欠である」ことに触れた点は重要だろう。より具体的には，「地方自治体の条例制定権を拡充し，法制的な観点からも地方自治体の自主性を強化し，政策や制度の問題も含めて自由度を拡大するとともに，自らの責任において条例を制定し，行政を実施する仕組みを構築することが必要である」ことが説かれている。

平成22年6月22日に閣議決定された「地域主権戦略大綱」では，「都道府県と市町村の間の事務配分を『補完性の原則』に基づいて見直しを行い，可能な限り多くの行政事務を住民に最も身近な基礎自治体が広く担うこととする」とされた。

その後，平成23年4月成立の「地域の自主性及び自立性を高めるための改革の推進を図るための関係法律の整備に関する法律」（いわゆる「第1次一括法」）によって，義務づけ・枠づけの見直しが図られ，42法律が改正された。これ以降も，数次にわたる「一括法」による法律の改正が進み，直近では平成30年6

月成立の「第8次一括法」が，国から地方公共団体または都道府県から中核市への事務・権限の移譲や地方公共団体に対する義務づけ・枠づけの見直し等の関係法律の整備を行うために15法律を一括改正（2法律は重複）している。

2　自治事務と法定受託事務への事務区分の再編

2000年4月施行の地自法改正と機関委任事務の廃止

　旧地自法下では旧2条2項によって，団体事務（自治事務）に次の3つの区分が認められていた。すなわち，①公共事務（固有事務ともいう。条文上は「その公共事務」。つまり本来の目的に属する事務とその前提となる団体の組織・財政に関する事務である），②（団体）委任事務（条文上は，「法律又はこれに基づく政令により普通地方公共団体に属するもの」。地方公共団体の機関に委任された事務とは異なり，あくまで国またはほかの公共団体からの委任にもとづいて行う事務である），③行政事務（権力的・規制的な事務とされ，条文上では「その区域内におけるその他の行政事務で国の事務に属しないもの」である。当該地方公共団体による自主的な処理が可能となるが，条例化が必要となる）である。しかし，この団体事務（自治事務）の3つの区分には，それほどの実益はなかったといわれている。

　それよりもむしろ，団体事務（自治事務ともいう）と機関委任事務とが区別されていたことの方が重要である。

　旧地自法2条2項で機関委任事務は，「法律又はこれに基づく政令により地方公共団体の長その他の機関に委任された国，他の地方公共団体その他の公共団体の事務」として定義されていた。実際に地方公共団体では，その機関（首長，委員会・委員など）に，国の事務（たとえば旅券交付），ほかの地方公共団体の事務（たとえばほかの地方公共団体の税の徴収），地方公共団体以外の公共団体の事務（たとえば土地区画整理組合の組合員に対する市町村長による滞納処分）が継続して委任されてきた。

　機関委任事務は自治事務とは対照的に，条例制定権の対象にはならない。よって，法律がとくに委任した場合を除いて条例制定はできない。普通地方公共団体の長が国の機関として処理する機関委任事務については，知事は主務大臣，市町村長は知事または主務大臣の指揮監督を受ける（旧地自150条）。長に

機関委任事務の処理に違法があるか，あるいは怠る場合には，裁判所の判決をもって行うことを命ずる裁判に訴える制度である職務執行命令訴訟が認められていた（平成3年地自法改正で151条の2で規定。それ以前は146条。現在は廃止されている）。

自治事務と法定受託事務

　2000年4月施行の地自法改正によって，地方公共団体の事務はそれまでとはまったく異なった自治事務と法定受託事務の2つに再編された。

　地自法2条8項は，自治事務について，「地方公共団体が処理する事務のうち，法定受託事務以外のものをいう」と定義する。したがって，法定受託事務の定義がより重要になる。

　地自法2条9項は，法定受託事務について2つの区分を規定する。同項1号で規定される「1号法定受託事務」すなわち「法律又はこれに基づく政令により都道府県，市町村又は特別区が処理することとされる事務のうち，国が本来果たすべき役割に係るものであつて，国においてその適正な処理を特に確保する必要があるものとして法律又はこれに基づく政令に特に定めるもの」（たとえば国政選挙，旅券交付，生活保護，国道管理，戸籍にかかる事務など）と，同項2号で規定される「2号法定受託事務」すなわち「法律又はこれに基づく政令により市町村又は特別区が処理することとされる事務のうち，都道府県が本来果たすべき役割に係るものであつて，都道府県においてその適正な処理を特に確保する必要があるものとして法律又はこれに基づく政令に特に定めるもの」（たとえば都道府県議会選挙や知事選挙に関し市町村が処理することとされている事務など）である。

　地自法2条2項が規定する「地域における事務」には，自治事務のみならず，法定受託事務も含まれる。ここでは，関与を制限する観点からその区分が図られている点が重要である。

　自治事務については地方公共団体の自主性が尊重され，国等の関与は制限される。他方で法定受託事務については，国または都道府県が「本来果たすべき役割に係るもの」であるため，国または都道府県にとって「その適正な処理を特に確保する必要がある」以上，関与のしくみはより強いものになる。かつて

の機関委任事務のように，委任によって事務化が図られるわけではなく，法定受託事務は「法律又はこれに基づく政令に特に定めるもの」であるから事務自体が法定化されている（第1号法定受託事務については地自法別表第一，第2号法定受託事務については地自法別表第二を参照）。

3　関与法定主義，関与の類型と手続

基本的な関与類型

地方分権改革推進委員会の第2次勧告によって，一般法上での関与の基本類型とルールが勧告され，地方分権一括法による平成12年の地自法改正を経て，現行地自法上での普通地方公共団体に対する国，または都道府県の関与の「類型」・基本原則・手続の適正化ルールに関する規定が整備された。

まず自治事務については，地自法245条各号のうち，「助言又は勧告」，「資料の提出の要求」，「是正の要求」，および「普通地方公共団体との協議」が基本的な関与の類型となる。残る「同意」，「許可，認可又は承認」，「指示」および「代執行」は，例外的に認められる関与類型である。

基本的な関与類型のうち，「助言又は勧告」，「資料の提出の要求」，および「普通地方公共団体との協議」は非権力的な関与の手法である。「普通地方公共団体との協議」も同様の性質と解される。他方，「是正の要求」，「是正の指示」，「同意」，「許可，認可又は承認」などは法的な拘束力を有する「公権力の行使」としての関与の手法と解され，後述する「国地方係争処理委員会」への審査の申出の前提となるため重要である。

関与の意義と種類

関与の意義を規定する地自法245条は，「普通地方公共団体に対する国又は都道府県の関与」について，「普通地方公共団体の事務の処理に関し，国の行政機関又は都道府県の機関が行う次に掲げる行為をいう」と規定し，以下の行為を列挙する。すなわち，「イ　助言又は勧告」，「ロ　資料の提出の要求」，「ハ　是正の要求（普通地方公共団体の事務の処理が法令の規定に違反しているとき又は著しく適正を欠き，かつ，明らかに公益を害しているときに当該普通地方公共団体に対し

表3-1 事務の種類と是正の勧告・要求・指示の対応

事務の種別	国の関与	都道府県の関与	
都道府県の自治事務	是正の要求	✕	✕
都道府県の法定受託事務	是正の指示	✕	✕
市町村の自治事務 市町村の第2号法定受託事務	都道府県の執行機関に対して是正の要求を行うよう指示 緊急の必要があれば，自ら是正の要求	国の指示がある場合，是正の要求	是正の勧告 是正の指示
市町村の第1号法定受託事務	都道府県の執行機関に対して市町村に対する是正の指示に関する指示，緊急の場合には，自ら是正の指示	是正の指示	
条例による事務処理の特例により市町村が処理する事務	都道府県知事を通じて是正の要求（当該事務が都道府県の自治事務の場合）もしくは是正の指示（法定受託事務の場合）	是正の要求もしくは是正の指示	

出所：中川義朗編『これからの地方自治を考える』法律文化社，2010年，59頁［高橋洋執筆］。

て行われる当該違反の是正又は改善のため必要な措置を講ずべきことの求めであつて，当該求めを受けた普通地方公共団体がその違反の是正又は改善のため必要な措置を講じなければならないものをいう。）」，「ニ　同意」，「ホ　許可，認可又は承認」，「ヘ　指示」および「ト　代執行（普通地方公共団体の事務の処理が法令の規定に違反しているとき又は当該普通地方公共団体がその事務の処理を怠つているときに，その是正のための措置を当該普通地方公共団体に代わつて行うことをいう。）」の7つ（同項1号），さらに「普通地方公共団体との協議」（同2号）である。

つまりこれらの8つが関与の基本類型であり，同条第3号によって，「前二号に掲げる行為のほか，一定の行政目的を実現するため普通地方公共団体に対して具体的かつ個別的に関わる行為（相反する利害を有する者の間の利害の調整を目的としてされる裁定その他の行為（その双方を名あて人とするものに限る。）及び審査請求その他の不服申立てに対する裁決，決定その他の行為を除く。）」として，基本類型外の関与を規定している。

これらのうち「是正の要求」については，245条の5以下で「是正の要求」，「是正の勧告」，「是正の指示」に分けられる。事務の種別に従うと，表3-1のように区分される。

関与の基本原則と関与法定主義

　関与法定主義について定める地自法245条の2は，「普通地方公共団体は，その事務の処理に関し，法律又はこれに基づく政令によらなければ，普通地方公共団体に対する国又は都道府県の関与を受け，又は要することとされることはない。」と規定する。

　関与の基本原則について定める地自法245条の3は，第1項で，比例原則を明示している。すなわち，「国は，普通地方公共団体が，その事務の処理に関し，普通地方公共団体に対する国又は都道府県の関与を受け，又は要することとする場合には，その目的を達成するために必要な最小限度のものとするとともに，普通地方公共団体の自主性及び自立性に配慮しなければならない。」と定める。

　そのうえで，事務の種別に応じて関与の類型を整理している。

　地自法245条の4ないし254条の8は，法定受託事務における関与法定主義の具体化である。関与の類型にそくして，自治事務とあわせて整理すると，**表3-2**のように整理可能である。

　このうち「代執行」については，地自法245条の8第1項によってその対象が地方公共団体の長が管理する法定受託事務に限られ，さらに本条各項で規定される措置以外の方法による是正が困難かつ放置することで「著しく公益を害することが明らか」な場合にのみ，用いられる手法とされている。

法定受託事務の処理基準

　法定受託事務について「各大臣は，その所管する法律又はこれに基づく政令に係る都道府県の法定受託事務の処理について，処理基準を定めることができる」（地自245条の9第1項）。この処理基準について「各大臣は，市町村が当該第一号法定受託事務を処理するに当たりよるべき基準を定めることができる」（3項）が，当該「処理基準は，その目的を達成するために必要な最小限度のものでなければならない」（5項）。

　この処理基準の法的性格については，一般に法的拘束力を否定されるが，地方公共団体がこれと異なる処理をした場合「違法」と評価されることもありうるとの見解がある。

表3-2　関与の類型

	自治事務	法定受託事務
助言または勧告	○	○
資料の提出の要求	○	○
同　意	法令に基づき国がその内容について財政上または税制上の特別措置を講ずるものとされている計画を普通地方公共団体が作成する場合等国または都道府県の施策と普通地方公共団体の施策との整合性を確保しなければこれらの施策の実施に著しく支障が生ずると認められる場合以外　×	○
許可，認可，または承認	「普通地方公共団体が特別の法律で法人を設立する場合等」それ以外の方法ではその処理の適正を確保することが困難である場合以外　×	○
指　示	国民の生命，身体または財産の保護のため緊急の必要がある場合以外　×	○
代執行	×	○
協　議	国と普通地方公共団体の計画相互間の調整等，施策の調整が必要な場合以外　×	自治事務に同じ
基本類型外の行為	×	将来において設けない

注：表中の「×」は，関与の類型が否定されている部分。将来の立法において設けない趣旨とされる。
出所：中川義朗編『これからの地方自治を考える』法律文化社，2010年，61頁〔高橋洋執筆〕。

4　国と地方公共団体との紛争の処理

国地方係争処理委員会の権限と組織

　総務省に設置される「国地方係争処理委員会」(以下，委員会)は，平成11年の地方分権一括法による地自法改正で設けられた地自法250条の7にもとづく組織である。

　その権限は，「普通地方公共団体に対する国又は都道府県の関与のうち国の行政機関が行うもの（以下，国の関与）に関する審査の申出につき，この法律の規定によりその権限に属させられた事項を処理する」ことである。非常勤の5人の委員（うち2人は常勤とすることができる）によって構成される（250条の8。委員については250条の9，委員長については250条の10，会議については250条の11を参照）。

委員会の審査対象

　委員会が行う審査の対象は，①「国の関与のうち是正の要求，許可の拒否その他の処分その他公権力の行使に当たるもの」(地自250条の13第1項。ただし，245条の8で規定される代執行の手続における「指示」は除く)，②「申請等が行われた場合」の「国の不作為」(同条2項)，③国と地方公共団体の「協議に係る当該普通地方公共団体の義務を果たしたと認めるにもかかわらず当該協議が調わないとき」(同条3項)である。

委員会の審査手続

　地方公共団体は，国の関与があったとき，それに不服がある場合，当該関与があった日から30日以内に審査の申出をしなければならない（地自250条の13第4項）。
　委員会は，地方公共団体に対する国の関与が「違法」であるか，「普通地方公共団体の自主性及び自立性を尊重する観点から不当」であるかを審査する（法定受託事務の場合には，地自250条の14第2項により違法性の審査のみを行う）。ここでは関係行政機関の参加（地自250条の15），証拠調べ（地自250条の16），審査の申出の取下げ（地自250条の17）の手続も規定される。
　委員会が違法または当該不当を認める場合には，「国の行政庁に対し，理由を付し，かつ，期間を示して，必要な措置を講ずべきことを勧告するとともに，当該勧告の内容を当該普通地方公共団体の長その他の執行機関に通知し，かつ，これを公表しなければならない」（地自250条の14第1項）。これらの「審査及び勧告は，審査の申出があつた日から90日以内に行わなければならない」（同条5項）。
　勧告を受けた行政庁は，「勧告に即して必要な措置を講ず」べき義務を負う（地自250条の18第1項）。

委員会による調停

　委員会は，審査の申出があった場合に「相当であると認めるときは，職権により，調停案を作成して，これを当該国の関与に関する審査の申出をした普通地方公共団体の長その他の執行機関及び相手方である国の行政庁に示し，その

受諾を勧告するとともに，理由を付してその要旨を公表することができる」（250条の19第1項）。

国の関与に関する訴訟の提起と審理手続

委員会への審査の申出の前置によって提起可能となるのが，地自法251条の5が規定する国の関与に関する訴えである。この訴えは行政事件訴訟法上の機関訴訟にあたる（同条8・9項）。

地自法251条の5第1項は，「審査の申出をした普通地方公共団体の長その他の執行機関」が，①「委員会の審査の結果又は勧告に不服があるとき」，②「国の行政庁の措置に不服があるとき」，③「当該審査の申出をした日から90日を経過しても」委員会が「審査又は勧告を行わないとき」，④国の行政庁が「措置を講じないとき」のいずれかに該当する場合，「高等裁判所に対し」て，「訴えをもつて当該審査の申出に係る違法な国の関与の取消し又は当該審査の申出に係る国の不作為の違法の確認を求めることができる」と規定する。

この場合の訴えの期間は，①の場合，「委員会の審査の結果又は勧告の内容の通知があつた日から30日以内」，②の場合，「委員会の通知があつた日から30日以内」，③の場合，「当該審査の申出をした日から90日を経過した日から30日以内」，④の場合，「委員会の勧告に示された期間を経過した日から30日以内」である（地自251条の5条2項）。

当該訴えは，「当該普通地方公共団体の区域を管轄する高等裁判所の管轄に専属」する（同条3項）。原告が当該訴えを提起した場合には，「直ちに，文書により，その旨を被告に通知するとともに，当該高等裁判所に対し，その通知をした日時，場所及び方法を通知しなければならない」（同条4項）。当該高等裁判所は，「速やかに口頭弁論の期日を指定し，当事者を呼び出さなければならない。その期日は，同項の訴えの提起があつた日から15日以内の日とする」（同条5項）。当該訴えにかかる「高等裁判所の判決に対する上告の期間は，1週間」であり（同条6項），当該高等裁判所が「国の関与を取り消す判決」を下した場合には，「関係行政機関に対しても効力を有する」（同条7項）。

国の関与に関する訴訟例

　まず，地自法251条の5第1項にもとづく委員会決定を不服とする訴訟が，平成28年2月1日に沖縄県知事によって提起されたことがある。本件で問題とされたのは，沖縄県知事が沖縄防衛局長に対して行った辺野古公有水面埋立承認の取消しである。同局長は当該承認取消しを取り消す裁決を求める審査請求を行ったうえで執行停止を申し立て，国土交通大臣が当該審査請求に対する裁決があるまでの間，当該承認取消しの効力を停止する旨の執行停止決定を行った。知事は，当該執行停止決定が，地自法250条の13第1項による審査の対象となる国の関与に該当し，これに不服があるとして審査の申出を行った。委員会は，平成27年12月28日付で当該執行停止決定は審査対象外であり，審査申出が不適法であるとして却下したため，知事は，地自法251条の5第1項にもとづく訴訟提起へと至った。この訴訟では判決にまで至らず，和解の成立によって訴訟が取り下げられている。

　次に，同じく辺野古公有水面埋立承認の取消処分について，当該処分の取消しに係る違法確認訴訟が提起された事例がある。平成28年7月22日に国土交通大臣は，沖縄県知事を被告として，是正の指示に従わず，埋立承認の取消しを取り消さないことの不作為の違法確認訴訟を提起した。福岡高判平28・9・16判時2317号42頁は，知事による埋立承認取消処分は，埋立承認処分に裁量権を逸脱・濫用した違法があるといえないにもかかわらず行われたものであるなどを理由に，違法なものであると判示している。そして，本件での是正の指示が適法であり，被告である知事が，適法な本件での是正の指示に従わずに，埋立承認取消処分を取り消さないことは違法で，原告である国土交通大臣の請求に理由があると判断した。知事はこの判決を不服として同月23日に上告した。

　最判平28・12・20判時2327号9頁は，この原審の判断を支持した。最高裁は，公有水面埋立法にもとづく都道府県知事による埋立ての承認は法定受託事務であり，本件での埋立承認取消しが法令の規定に違反しているのであるから，被上告人は，沖縄県に対し，これを是正するために講ずべき措置に関し必要な指示をすることができ，本件での是正の指示は適法であること，そして上告人は，本件指示にかかる措置として本件での埋立承認取消しを取り消す義務を負うとする。さらに最高裁は，地自法251条の7第1項にいう不作為の違法

にあたるとの結論を導くにあたって，本件での是正の指示の対象とされた法定受託事務の処理は，上告人が本件埋立承認を職権で取り消したことであり，また，本件での是正の指示に係る措置の内容は本件埋立承認取消しを取り消すという上告人の意思表示を求めるものであること等を勘案すると，本件での是正の指示がされた日の1週間後である平成28年3月23日の経過により，同項にいう「相当の期間」が経過したものと認められるとも判示している。

両判決を通じて問題となるのは，裁判所による判断代置審査のあり方である。

辺野古公有水面埋立承認の職権取消処分は，公益判断にもとづく知事による裁量権行使である。本件では是正の指示といった地自法上の関与の制度を媒介として，事実上，大臣による知事の裁量権の剥奪が認められることになった。さらには裁判所も，職権取消に係る裁量権行使についての司法審査で判断代置審査を行い，埋立承認取消しを取り消す義務を負うことを追認した。大臣も裁判所も，その役割や責任の範囲を逸脱した判断を行っていると評価せざるをえない。

5　都道府県と市町村との紛争の処理

自治紛争処理委員による調停等

都道府県の市町村への関与の類型も，国から都道府県への関与の場合に同じく，「助言又は勧告」，「資料の提出の要求」，「是正の要求」，「同意」，「許可，認可又は承認」，「指示」，「代執行」，「普通地方公共団体との協議」，および「具体的かつ個別的に関わる行為」となる。関与の基本原則も同様に妥当する（前述）。

地自法は，「普通地方公共団体相互の間又は普通地方公共団体の機関相互の間の紛争の調停」と「都道府県の関与」に関する審査等をなす「自治紛争処理委員制度」（地自251条ないし252条）を設けている。これは旧地自法251条の自治紛争調停委員制度を改正したもので，新たに都道府県の関与に対して市町村が不服を有する場合の審査申出に関する審査，勧告等を行う機能を加えて，名称変更を行ったものである。

自治紛争処理委員（以下，委員）は，「都道府県の関与」に関する審査，連携

協約（252条の2第1項）に係る紛争を処理するための方策の提示，審査請求（143条3項）または地自法の規定による審査の申立てもしくは審決の申請に係る審理を処理するための非常勤の委員である。

委員は3人で，総務大臣または都道府県知事は，「あらかじめ当該事件に関係のある事務を担任する各大臣又は都道府県の委員会若しくは委員に協議」して，それぞれ「事件ごとに」任命する（251条）。

委員による調停，審査，勧告

当事者の文書による申請にもとづく場合，または職権によって，委員を任命し，委員による調停に付することができるのは，「都道府県又は都道府県の機関が当事者となるものにあつては総務大臣，その他のものにあつては都道府県知事」である（地自251条の2）。

審査の対象は，①都道府県の関与のうち是正の要求，許可の拒否その他の処分その他公権力の行使にあたるもの（代執行手続に係るものは除く）（地自251条の3第1項），②都道府県の不作為（同2項），③「協議の申出が都道府県の行政庁に対して行われた場合において，当該協議に係る当該市町村の義務を果たしたと認めるにもかかわらず当該協議が調わないこと」（同3項）である。

委員は，国地方係争処理委員会の審理手続に準じて，申出から90日以内に勧告等の措置を行う。勧告の内容は，自治紛争処理委員から総務大臣に報告される（251条の3第8項）。また，総務大臣は勧告を受けた都道府県の行政庁に対して，勧告に即して講じた措置についての説明を求めることができる（同条11項）。勧告があった場合に都道府県は，「勧告に即して必要な措置を講ず」べき義務を負うことになる。

都道府県の関与に関する訴えの提起

委員による審査の申出をした市町村長その他の市町村の執行機関が，①「自治紛争処理委員の審査の結果又は勧告に不服があるとき」（同項1号），②勧告を受けた「都道府県の行政庁の措置に不服があるとき」（同項2号），③「申出をした日から90日を経過しても，自治紛争処理委員が……審査又は勧告を行わないとき」（同項3号），④都道府県の行政庁が勧告を受けた措置を講じないと

き（同項4号）に，「高等裁判所に対し」，「当該申出に係る違法な都道府県の関与の取消し又は当該申出に係る都道府県の不作為の違法の確認を求めることができる」（地自251条の6第1項。同条2項は提訴の期間について規定する）。

📖 理解を深めるために

日本地方自治学会編, 2018, 『地方創生と自治体』敬文堂.
　研究者等による研究成果を収録する「地方自治叢書」の最新刊（29冊目）。同シリーズは同学会での議論をふまえたもので，国・地方関係を基底としながら，自治体が抱えるさまざまな問題や課題についての専門的な研究成果を収録・蓄積する。

松本英昭, 2017, 『新版 逐条地方自治法 第9次改訂版』学陽書房.
松本英昭, 2018, 『要説 地方自治法――新地方自治制度の全容 第十次改訂版』ぎょうせい.
　地方自治法のコンメンタールの定番。また，同著者による地方自治制度に関する詳細な解説書。地方自治法と関連法律とのかかわり等をもふまえており，地方自治の実務に携わる際には必携。

法学セミナー編集部・小林武・加藤裕・本多滝夫・紙野健二・井上禎男・森川恭剛・徳田博人, 2018, 『沖縄・辺野古と法』［電子書籍］日本評論社.
紙野健二・本多滝夫編, 2016, 『辺野古訴訟と法治主義――行政法学からの検証』日本評論社.
　前者は，沖縄・辺野古をめぐる問題について，憲法学・行政法学・刑事法学の観点から研究者と実務家が広く解説・検討した成果。後者は，辺野古をめぐる国と沖縄県との行政訴訟についての行政法研究者による法的論点の検証成果であり，訴訟等に関する主な資料も収録する。

【井上禎男】

■コラム3：沖縄基地問題と自治

　国の関与に関する訴訟例として，本章で沖縄の事例を示した。
　その冒頭で取りあげた平成28年2月1日に知事によって提起された委員会決定を不服とする訴訟は，平成27年7月27日の内閣閣議了解にもとづいて国土交通大臣が行った，知事による埋立承認取消処分の効力を停止する執行停止決定についての取消しを求める取消訴訟である。つまり，国の関与の取消しを求める訴えである。福岡高裁那覇支部の和解は平成28年1月29日に勧告され，3月8日に成立した。この和解は当該取消訴訟についてのみならず，平成27年11月17日に国土交通大臣が知事を被告として地自法245条の8第3項にもとづいて提起した，埋立承認取消処分を命ずる判決を求める代執行訴訟にも対応するものであった。
　知事が執行停止決定を行い，大臣が代執行訴訟を提起する間の同年11月2日に，執行停止決定が違法な国の関与であるとして知事は，地自法250条の13第1項にもとづいて委員会に審査を申し出ていた。同年12月24日に下された委員会決定は，地自法250条の13第1項の審査対象に該当せず，却下するというものであり，28日付で通知された。
　なお，知事は同月25日に，平成27年7月27日の大臣による執行停止決定の取消訴訟と執行停止の申立てを那覇地裁に提起しているが，福岡高裁那覇支部が示した前記の2つの訴訟についての和解に従い，この那覇地裁係属の取消訴訟も取り下げられた。
　ところが，平成28年3月7日になって国土交通大臣は，地自法245条の7第1項にもとづき知事に対して，7日以内の本件埋立承認取消処分の取消しを指示した。しかし，この是正の指示には理由の明記がなされていなかった。知事はこの是正の指示が違法であるとして委員会に審査を申し出たが，同月16日に大臣は，同7日付での是正の指示を撤回し，地自法249条1項にもとづき，理由を付してあらためて7日以内の埋立承認処分の取消しを指示した。知事は7日付の是正の指示の審査を取り下げて，委員会に対して16日付の是正の指示についての審査を申し出た。
　平成28年6月17日の委員会決定は，現在の国と地方の関係を「あるべき姿から乖離している」と指摘し，「普天間飛行場の返還という共通の目標に向けて真摯に協議することが問題解決の最善の道」とする結果を出した（同月20日に通知）。国の是正の指示の適法性を判断しなかったこの委員会決定については，評価が分かれるところだろう。しかし，委員会はあくまでも「法的な観点」から判断を示しており，その判断を看過することはできない。県はこの委員会決定をふまえて同月24日に，国にあらためて協議を行う要請を行った。しかし7月22日になって国土交通大臣は，地自法251条の7第1項にもとづき福岡高裁那覇支部に，知事を被告とする不作為の違法確認訴訟を提起した。
　この訴訟についての高裁判決と最高裁判決が，本文で続けて示した2つである。
　本文でも触れたように，先に示した代執行訴訟に係る福岡高裁那覇支部の和解条項には，委員会の違法適法の判断を前提とした「1週間以内」での県からの提訴（地自251

条の5第1項1・4号）が明記されていた。そうすると，和解条項に該当しないとして県が提訴しなかったことは，むしろ自明の判断といえる。つまり，委員会での適法違法が判断されなかったにもかかわらず，国側が「違法ではない」という前提に立つこと自体に無理がある。加えてこの代執行訴訟に関しては，そもそも地自法245条の8に規定される代執行の要件を充足していたのかも疑問である。ほかに是正の措置があったにもかかわらず，国はあえて代執行に訴えた。つまり，245条の8所定の「代執行等」について，唯一，代執行によらなければ「是正を図ることが困難であ」ったのか，翻ってみれば，この点での国の関与のあり方も問われるべきだろう。

　しかし，県が和解条項に従って提訴しないという判断を行った期限としての「1週間以内」を過ぎた時点で，地自法251条の5第2項1・4号の規定にもとづき，委員会からの通知があった日から「30日以内」に県が提訴しなかった場合の不作為の違法確認訴訟として，国は当該訴訟を提起したことになる。

　高裁・最高裁の両判決が，裁量に対する司法審査のあり方と不作為の違法確認訴訟における「相当の期間」の起算点の問題の検討に終始したことは問題だが，それ以上に，裁判所自らが和解条項の有効性を位置づけなかったこと，さらには委員会の判断とその後の県の対応を考慮せずに無視したことは，より強く批判されるべきだろう。

　国と県との争訟についてはさらに，平成29年7月24日に県が，普天間飛行場代替施設建設事業に係る岩礁破砕等行為の差止請求事件について，那覇地裁に訴えを提起するとともに，沖縄県知事の許可を受けることなく岩礁破砕等行為をしてはならないとの仮処分命令を求める申立てを行っている（第一審：那覇地判平30・3・13判時2383号3頁，控訴審：福岡高判平30・12・5裁判所Web，平成30年12月19日に県が上告申立て）。また，平成30年11月29日に県は，国土交通大臣が行った公有水面承認取消処分の執行停止決定を不服として，国地方係争処理委員会に審査申出書を提出している。

　なお，国と県との関係のみならず，沖縄では県と市町村との間での問題も生じている。沖縄県議会は2018年10月26日に「辺野古新基地建設の賛否を問う県民投票条例案」を可決し，同月31日に同条例は公布された。公布から6か月以内，具体的には2019年2月24日の実施が決定した。なお，同条例にもとづく県民投票には法的拘束力はない。

　同条例3条は，知事による投票の執行，13条は実際の投票事務が地自法の規定にもとづいて県内の各市町村によって実施される旨を定める。県は，県民投票事務を自治事務として位置づけるが，投票事務の経費は，市町村ではなく県の負担による。その根拠は地方財政法28条にあり交付金または委託金での交付によるが，その際には「協議」を要する。さらに条例13条が依拠する地自法の規定は，条例による事務処理特例制度を定める252条の17の2であるが，当該制度によって都道府県が主導し，市町村に住民投票の事務・権限を移譲する場合には，市町村の意見の反映が求められ，条例制定に際しても「協議」を要することになる（地自252条の17の2第2項）。県民投票条例制定の協議は，2018年9月に文書による県からの打診にもとづき，ここで留保を示した自治体が8

つあったものの、明確な反対の意見は示されなかった。

　これ以外に条例制定に係る「協議」が行われたのかは知り得ないが、その後、市町村の義務に属する投票事務の処理に係る経費について、市町村議会が削除・減額の議決をした場合、市町村長は理由を示して再議に付さなければならず、それでも市町村議会が削除・減額の議決をした場合には、市町村長は問題となっている経費を支出することができるとすることを規定する地自法177条との関係が問題となった。

　県下の複数の自治体の議会が削除・減額の議決を行い、こうした議決を受けて、2019年1月時点で、宮古島市長、宜野湾市長、沖縄市長、石垣市長、およびうるま市長が県民投票を実施しないことを表明するに至った。地自法177条の文言では、市町村長は問題となっている経費を「支出することができる」とあり、「支出するものとする」あるいは「支出しなければならない」とは書かれていない。そのため、あくまでも市町村議会と長との関係において、市町村の自治の問題として、長が議会の議決を尊重した判断をすることは同条の枠内では排除されない。

　しかし、県民投票は、地自法252条の17の2第1項にもとづくものであり、市町村が負う義務は県域での投票の実施に係る義務である。そうすると、市町村独自の判断はできないと考えるべきである。しかも県条例にもとづく県民投票が県民の意向をきくという性格を有する以上、市町村民ではなく県民としての唯一の意思表示の機会を市町村としては必ず確保しなければならないし、その義務がある。177条の枠内のみで正当化できるものではない。

　県は県民投票の投票事務に必要な予算を否決した、あるいは採決する予定の議会がある市町村に対し、地自法245条の4にもとづく投票の円滑な実施を求める旨の「技術的助言」を行った。法定受託事務ではなく自治事務であることからすれば、県はその関与を「是正の勧告」にとどまると解し、少なくとも最初に義務的執行を拒否した宮古島市長に対して「勧告」を実施した。県が県下の前記5市に対し不作為の違法確認訴訟に進むことも想定可能であったが、また、あくまでも県は県民投票の実施日を2019年2月24日から動かさないことを一貫して表明していたので、その場合、県民としての一度限りの意思表明の機会を奪うことになる。

　その場合には、県民の「権利」行使のために、あるいは地自法177条の枠内であっても市町村の義務的執行となることをより明確にするために、条例13条での市町村への移譲に係る例外規定を新たに根拠化し、県自らが執行することができるような条例改正を行うべきであろう。投票権を行使できなくなるおそれのあった前記5市の市民は、事後的な損害賠償請求では救われない。そのため、投票実施前の段階での予防訴訟の提起や予算計上の義務存在確認訴訟を提起した仮処分の求め等の動きも生じた。しかし、市町村の議会と最終的には市町村長の判断によって、こうした何らかの法的な手立てを市民に負担させることを地自法は予定していない。

　他方で、適正な法令解釈のために、総務省は県からの照会に早い段階で応ずることが

不可欠であったし、さらには政治的な意図や動機による法令解釈が行われる事態をも回避するため、県と県下自治体間との間でのより密な「協議」も不可欠であったといえる。

　その後、県民投票条例は13条に係る前記の改正ではなく、従来の「賛成」もしくは「反対」の二択に「どちらでもない」を加えた三択とする選択肢の改正案を2019年1月29日の県議会臨時会で賛成多数で可決した。当該改正は法的な解釈を詰めるためのものではなく、政治的決着を図るためのものであった。この条例改正を受けて前記5市では、市議会臨時会での議決等を経て、2月1日時点ですべてが参加に転じた。その結果、県下全市町村での2月24日の県民投票の実施が確定した。(井上禎男)

第4章　地方公共団体の組織——長と議会

　本章では，地方公共団体の組織について検討する。地方公共団体の組織に関する基本構造（二元代表制ないし首長制，執行機関法定主義と執行機関多元主義，組織画一性ないし法定画一主義）をふまえたうえで，とくに二元代表制をになう地方公共団体の組織，すなわち，地方議会および長について，地方自治法がどのように規律しているかを説明する。
　また，二元代表制のもとでは，地方議会と長が場合によっては対立することが予定されているが，この両者の対立の調整を地方自治法がいかに図っているのかについても説明を行う。

1　地方公共団体の組織の基本構造

二元代表制ないし首長制

　憲法93条は，「地方公共団体には，法律の定めるところにより，その議事機関として議会を設置する」（1項），「地方公共団体の長，その議会の議員及び法律の定めるその他の吏員は，その地方公共団体の住民が，直接これを選挙する」（2項）と定めている。この規定は，地方公共団体に置かれる組織として，議事機関としての議会と執行機関としての長を置き，それらを住民の直接選挙で選ぶことを定めたものである。このように，議事機関と執行機関（の構成員）の双方を住民の公選により選出するしくみを二元代表制という。また，地方公共団体の長は住民の直接選挙で選ばれることから住民に対して直接責任を負うため，この点を強調して，二元代表制は首長制（首長主義）ともいわれる。二元代表制（首長制）は，議院内閣制を採用する国の統治機構とは異なる地方自治制度の大きな特徴の1つであり，大統領制との近接性を指摘されることもあるが，後述するように，議会による長に対する不信任議決とこれに対す

る長の議会解散権（地自178条）など，議院内閣制の要素も取り入れられており，少なくともアメリカの大統領制とはかなり異なっている。

　地方自治制度において二元代表制が採用されている理由として，①直接公選による住民意思の反映と民主的な政治行政の運営，②議会と長との相互牽制による均衡と調和（機関対立主義），③議会から独立した長による計画的・効率的な行政運営，などがあげられている（三野 2015: 52）。

執行機関法定主義と執行機関多元主義

　執行機関法定主義　地方自治法第7章（138条の2〜202条の9）は，執行機関について規定している。執行機関は，「当該普通地方公共団体の事務を，自らの判断と責任において，誠実に管理し及び執行する義務を負う」（地自138条の2）機関である。そして，執行機関は，地方公共団体の長のほか，法律の定めるところにより置かれる委員会または委員である（地自138条の4第1項）。このように，執行機関は，法律の定めるところにより設置されるものであり，条例で設置することはできない（執行機関法定主義）。執行機関法定主義の理由は，執行機関の設置は，地方公共団体の組織の根本に関する事項であるからとされる（宇賀 2017: 301）。

　執行機関多元主義　執行機関の組織は，地方公共団体の長の所轄の下に，それぞれ明確な範囲の所掌事務と権限を有する執行機関によって，系統的に構成されなければならないとも規定されており（地自138条の3第1項），複数の執行機関が存立することが予定されている（執行機関多元主義）。執行機関多元主義が採用された理由は，政治的中立性や専門技術的判断が求められる事務を執行し，1つの執行機関への権限集中を回避するためである（三野 2015: 55）。

　このように，地方自治法は，教育，選挙，人事，監査，警察など，処理にあたって政治的中立性や専門技術的判断が求められる事務については，地方公共団体の長およびその部局で処理することが望ましくないと考え，長およびその部局から独立した機関による処理を定めている。もっとも，執行機関は，相互に連絡を図り，「すべて，一体として，行政機能を発揮するようにしなければなら」ず（地自138条の3第2項），執行機関相互の間にその権限につき疑義が生じたときには，長が「これを調整するように努めなければならない」（地自138

条の3第3項)。

組織画一性ないし法定画一主義

憲法92条は,「地方公共団体の組織及び運営に関する事項は,地方自治の本旨に基いて,法律でこれを定める」と規定しており,これを受けて,地方自治法が制定されている。そして,地方自治法は,「全国的に統一して定めることが望ましい国民の諸活動若しくは地方自治に関する基本的な準則に関する事務」(地自1条の2第2項)は国が担うとして,地方公共団体の組織について画一的に法定している。たとえば,普通地方公共団体には,法律の定めるところにより,その執行機関として委員会または委員が置かれることとされている(地自138条の4第1項)。このように,地方自治法が地方公共団体の組織について画一的に法定していることを組織画一性ないし法定画一主義という。

もっとも,組織画一性ないし法定画一主義は,自治組織権の観点から問題であるとの指摘を受け,段階的に緩和されてきている。すなわち,たとえば,かつての地方自治法は,都道府県の内部部局(局部)の総数・種類・所管事項について,きわめて詳細に規定しており,都道府県知事が条例で局部数を増加させるときは,あらかじめ自治大臣(当時)と事前に協議しなければならないなどと定めていたが,その後,都道府県における局部の設置・改廃については,総務大臣に対する届出義務があるとされ,現在では,完全に条例制定事項とされるに至っている(地自158条1項)。

2　地方議会

地方議会の位置づけ

憲法93条1項は,「地方公共団体には,法律の定めるところにより,その議事機関として議会を設置する」と規定し,地方自治法89条は,「普通地方公共団体に議会を置く」と定めている。このように,憲法ないし地方自治法上,普通地方公共団体において,議会は必置機関として位置づけられている。

もっとも,町村においては,条例で議会を置かず,選挙権を有する者の総会(町村総会)を設けることができる(地自94条)。現在,町村総会の例はないが

(町村制施行時の例として，神奈川県足柄下郡芦之湯村（大正14年4月時点で，人口36人，有権者数6人）の例があり，地方自治法施行後の例として，東京都八丈支庁管内宇津木村（昭和26年1月時点で，人口65人，有権者数38人）の例があるのみである），とくに小規模な町村においては，地方議会議員のなり手が少なく，無投票となる事例も生じていることから，町村総会があらためて注目されている（**コラム4**参照）。

地方議会の議員

定数 都道府県議会および市町村議会の議員定数は，いずれも条例により定められる（地自90条1項・91条1項）。

選挙権・被選挙権（**第7章**参照） 地方議会議員の選挙については公職選挙法が適用される（公選2条）。

日本国民たる年齢満18年以上の者で引き続き3か月以上市町村の区域内に住所を有する者は，その属する地方公共団体の議会の議員の選挙権を有する（地自18条，公選9条2項）。議員の被選挙権は，当該地方公共団体の選挙権を有する者で（したがって，3か月以上，当該地方公共団体の区域内に住所を有する者でなければならない）年齢満25年以上の者に認められる（地自19条1項，公選10条1項3号・5号）。

議員の身分喪失 地方議会の議員は，主に以下の場合にその身分を喪失する。

(1) 4年の任期満了

議員の任期は4年であるが（地自93条1項），この任期満了に伴って議員はその身分を失う。

(2) 自らの意思による辞職

議員は，議会の許可を得て辞職することができる（地自126条）。この許可を得たとき議員はその身分を失う。

(3) 直接請求としての議会の解散請求が成立した場合

日本国民たる普通地方公共団体の住民で，選挙権を有する者は，直接請求の1つとして，その属する普通地方公共団体の議会の解散を請求することができる（地自13条1項・76条1項）。一定の条件がみたされると（**第7章**参照），議会の

解散請求が成立し，このとき議員はその身分を失う（地自78条）。

(4) 直接請求としての議員の解職請求が成立した場合

　日本国民たる普通地方公共団体の住民で，選挙権を有する者は，直接請求の1つとして，その属する普通地方公共団体の議会の議員の解職を請求することができる（地自13条2項・80条1項）。一定の条件がみたされると（**第7章参照**），議員の解職請求が成立し，このとき議員はその身分を失う（地自83条）。

(5) 議会による長の不信任請求議決後に長が議会を解散した場合

　議会が長の不信任を議決し，一定の期間内に長が議会を解散した場合，議員はその身分を失う（地自178条1項）（4参照）。

(6) 議員が懲罰として議会から除名された場合

　議員定数の8分の1以上の者の発議によって（地自135条2項），特定の議員に対する懲罰を動議し，議員の3分の2以上の者が出席する議会において，その4分の3以上の者が除名に同意すると（地自135条3項），当該議員はその身分を失う（地自134条1項・135条1項4号）。

(7) 議会が自主解散を決議した場合

　地方公共団体の議会は自主的に解散を議決することができる（地方公共団体の議会の解散に関する特例法2条1項）。すなわち，議員数の4分の3以上の者が出席し，その5分の4以上の者が同意したときには，議会は解散する（地方公共団体の議会の解散に関する特例法2条2項・3項）。このとき，議員はその身分を失うことになる。

　関係私企業からの隔離（兼業禁止）　地方議会の議員は，当該地方公共団体に対し請負をする者等となることはできない（地自92条の2）。また，地方公共団体の議会の議員における当選人で，地方自治法92条の2に規定する関係を有する者は，管轄する選挙管理委員会に対し，当選の告知を受けた日から5日以内に，上記の関係を有しなくなった旨の届出をしないときは，その当選を失う（公選104条）。このように，地方議会の議員は，地方公共団体に関係する私企業から隔離されることが定められている。この趣旨は，議員の職務執行の公正を図り，もって議会運営の公正を確保することにある。

地方議会の権限

議決権　地方議会は，地方自治法96条1項に列挙された事項について「議決しなければならない」（必要的議決事件）。また，地方自治法96条2項は，条例で指定された事項についても議決事件とすることができる旨を定めている（任意的議決事件）。これらの議決事件については，長およびその他の執行機関は，専決処分が行われる場合は別として，議会の議決を経ずに行動することができず，議決を経ずに行われた行為は無権限者の行為として無効と評価されることになる。

必要的議決事件として，条例の制定および改廃（地自96条1項1号），予算の決定（同2号），決算の認定（同3号）はもちろん，地方税や手数料等の徴収（同4号），一定の契約の締結（同5号），財産の交換や出資または適正な対価なしでの財産譲渡や貸付（同6号），不動産の信託（同7号），一定の権利の放棄（10号），審査請求その他の不服申立て・訴えの提起（同12号）なども列挙されている。国会の議決事項とされているものと比較すると，地方自治法96条1項1号〜3号は，国会と同様の権能であるが，同4号以下には，個別の処分に関する議決も含まれている。このように，地方議会の議決事件の対象は，国会のそれよりも広範囲である。

検閲・検査・監査請求権　地方議会は，当該普通地方公共団体の事務に関する書類等を検閲し，当該普通地方公共団体の長その他の執行機関に対して報告を請求して，当該事務の管理，議決の執行および出納を検査することができる（検閲・検査権）（地自98条1項）。また，地方議会は，監査委員に対して，当該普通地方公共団体の事務に関する監査を求め，監査の結果に関する報告を請求することができる（監査請求権）（地自98条2項）。

調査権　地方議会は，当該普通地方公共団体の事務に関する調査を行い，当該調査を行うためとくに必要があると認めるときは，選挙人その他の関係人の出頭および証言ならびに記録の提出を請求することができる（地自100条1項）。この調査権は，一般に「百条調査権」とよばれ，国会に認められた国政調査権（憲62条）に対応するものである。この「百条調査権」は強力であり，出頭または記録の提出の請求を受けた選挙人その他の関係人が，正当の理由がないのに，議会に出頭せずもしくは記録を提出しないときまたは証言を拒んだ

ときは，6か月以下の禁錮または10万円以下の罰金に処せられ（地自100条3項），また，虚偽の陳述をしたときは，3か月以上5年以下の禁錮に処せられる（地自100条7項）。もっとも，百条調査権は，これまで必ずしも積極的に行使されてきたとはいえない。

不信任議決（4参照）　　地方議会は，議員の3分の2以上が出席する議会において，その4分の3以上の者の同意によって，当該普通地方公共団体の長に対する不信任の議決をすることができる（地自178条3項・1項）。ただし，長が議会の不信任議決に対抗して議会を解散した場合（地自178条1項），解散後初めて招集された議会において，議員数の3分の2以上が出席し，その過半数の同意によって，再び不信任の議決を行うことができる（地自178条3項・2項）。なお，不信任議決を行う理由はとくに制限されていない。

その他の権限　　地方議会の有するその他の権限として，選挙権（地自97条1項），国会等に対する意見書提出権（地自99条），会議規則制定権（地自120条），請願の処理（地自125条），議員の辞職の許可（地自126条），議員の懲罰（地自134条1項），自主解散権（地方公共団体の議会の解散に関する特例法2条1項）などがある。

地方議会の組織・運営

定例会・臨時会，通年議会　　議会は原則として長が招集し（地自101条1項），定例会と臨時会の種類がある（地自102条1項）。定例会は，毎年条例で定める回数招集しなければならない（地自102条2項）。臨時会は，必要がある場合において，その事件に限り招集する（地自102条3項）。すなわち，臨時会は，議長が議会運営委員会の議決を経て，または，議員定数の4分の1以上の議員が，長に対し会議に付議すべき事件を示して招集を請求できる（地自101条2項・3項）。ただし，20日以内に長が臨時会を招集しないときは，議長が招集できる（地自101条5項）。

また，地方議会は，条例により，定例会および臨時会とせず，毎年，条例で定める日から翌年の当該日の前日までの通年を会期とすることができる（通年議会）（地自102条の2第1項）。

本会議　　本会議はすべての議員で組織され，地方議会の最終的な意思決定

を行う議会の基本的組織である。本会議は，地方自治法上は「会議」と位置づけられている。

本会議は，原則として議員定数の半数以上の議員が議場に出席して開かれる（地自113条）。本会議は，公開が原則であるが（地自115条1項本文），議長または議員3人以上の発議により，出席議員の3分の2以上の多数で議決したときは，秘密会を開くことができる（地自115条1項但書）。議会の議事は，出席議員の過半数で決するのが原則である（地自116条1項）。

委員会　議会には，条例で，常任委員会，議会運営委員会および特別委員会を置くことができる（地自109条1項）。常任委員会は，地方公共団体の事務に関する調査を行い，議案，請願等を審査する（地自109条2項）。議会運営委員会は，議会の運営に関する事項，議会の会議規則・委員会に関する条例等に関する事項，議長の諮問に関する事項に関する調査を行い，議案，請願等を審査する（地自109条3項）。特別委員会は，議会の議決により付議された事件を審査するために（地自109条4項），条例で置くことができる。

議長・副議長　議長は，議会の活動を主宰し，議会を代表する者であり（地自104条），副議長とともに議員のなかから選挙により決められる（地自103条1項）。議長および副議長の任期は，議員の任期によるが（地自103条2項），実際には，議会の許可を得て辞職することによって（地自108条本文），1年から2年程度で交代する例が多い。

3　長その他の執行機関・執行機関の附属機関

地方公共団体の長

長の地位等

(1)　長の地位

地方公共団体の長は，当該地方公共団体を統轄し，これを代表するとともに（地自147条），当該地方公共団体の事務を管理しこれを執行する（地自148条）。地方公共団体の長は，特別職の地方公務員である（地公3条3項1号）。地方公共団体の長として，都道府県には知事，市町村には市町村長が置かれる（地自139条1項・2項）。

(2) 兼職禁止

　地方公共団体の長は，衆議院議員または参議院議員，地方公共団体の議会の議員，ならびに，常勤の職員および短時間勤務職員との兼職が禁止されている（地自141条1項・2項）。また，選挙管理委員（地自182条7項），監査委員（地自196条3項），人事委員・公平委員（地公9条の2第9項），教育委員（地方教育行政の組織及び運営に関する法律6条），公安委員（警察法42条2項），地方独立行政法人等の役員（地方独立行政法人法16条1項）との兼職も禁止されている。ただし，一部事務組合の管理者または広域連合の長との兼職は可能である（地自287条2項・291条の4第4項）。

(3) 関係私企業からの隔離（兼業禁止）

　地方公共団体の長は，当該普通地方公共団体に対し請負をする者等となることができない（地自142条）。また，長がこの規定に該当するときは，失職する（地自143条1項）。さらに，地方公共団体の長の選挙における当選人で，地方自治法142条に規定する関係を有する者は，管轄する選挙管理委員会に対し，当選の告知を受けた日から5日以内に，上記の関係を有しなくなった旨の届出をしないときは，その当選を失う（公選104条）。このように，地方公共団体の長は，地方公共団体に関係する私企業から隔離されることが定められているが，この趣旨は，すでに説明した地方議会の議員が関係私企業から隔離される規定（地自92条の2）の趣旨と同様である。

　選挙権・被選挙権　地方公共団体の長の選挙については公職選挙法が適用される（公選2条）。

　日本国民たる年齢満18年以上の者で引き続き3か月以上市町村の区域内に住所を有する者は，その属する地方公共団体の長の選挙権を有する（地自18条，公選9条2項）。地方公共団体の長の被選挙権は，都道府県知事にあっては，日本国民たる年齢満30年以上の者，市町村長にあっては，日本国民たる年齢満25年以上の者が有する（地自19条2項・3項，公選10条1項4号・6号）。したがって，地方議会議員とは異なり，当該地方公共団体の区域に3か月以上住所を有する必要はなく，いわゆる「輸入候補」も可能である。

　長の身分喪失　地方議会の長は，主に以下の場合にその身分を喪失する。

(1) 4年の任期満了

長の任期は4年であるが（地自140条1項），この任期満了に伴って長はその身分を失う。

(2) 自らの意思による辞職

長は，都道府県知事にあっては30日，市町村長にあっては20日前までに，議会の議長に申し出ることによって辞職することができる（地自145条本文）。ただし，議会の同意を得たときは，長はその期日前に退職することができる（地自145条但書）。

(3) 被選挙権の喪失

長が被選挙権を有しなくなったときはその職を失う（地自143条1項）。たとえば，長が選任後に日本国籍を喪失した場合，長が選任後に禁錮以上の刑に処せられ執行中である場合などである（公選11条・11条の2・252条）。

(4) 長の不信任決議後の一定の場合

議会が長の不信任を議決し，一定の期間内に長が議会を解散しない場合，または，議会解散後初めて招集された議会が再び不信任の議決をした場合，長はその身分を失う（地自178条2項）（4参照）。

(5) 直接請求としての長の解職請求が成立した場合

日本国民たる普通地方公共団体の住民で，選挙権を有する者は，直接請求の1つとして，その属する普通地方公共団体の長の解職を請求することができる（地自13条2項・81条1項）。一定の条件がみたされると（**第7章参照**），長の解職請求が成立し，このとき長はその身分を失う（地自83条）。

長の権限

統括・代表権　長は，当該地方公共団体を「統轄」し，これを「代表」する（地自147条）。「統括」とは，執行機関間の総合調整のみならず自治体の事務の中心的位置にあり，最終的一体性を保持することを意味し，「代表」とは，長が外部に対して自治体の行為となるべき行為を行うことができる権限であり，長の行為が法律上直ちに自治体の行為となることを意味する（三野 2015: 66）。

事務管理執行権　長は，普通地方公共団体の事務を管理しおよびこれを執

行する（地自148条）。この長の事務管理執行権を定める地方自治法148条は，包括的な事務処理権限を規定したものである。長の具体的な権限を列挙する地方自治法149条柱書は，「長は，概ね左に掲げる事務を担任する」と規定しており，長の事務処理権限は同条各号に列挙されたものに限定されない旨を明確にしているからである。すなわち，地方自治法149条1号～9号に掲げられている事務は，あくまでも例示列挙であり，ここに列挙されていない事務であっても，法令によりほかの執行機関の権限とされている事務を除き，長の権限として執行できる。

地方自治法149条に列挙されている事務として，たとえば，議案を提出すること（1号），予算を調製しこれを執行すること（2号），地方税等を賦課徴収すること（3号）などがある（なお，同条1号～4号は行政委員会の権限に属せず，長の排他的権限である（地自180条の6））。

規則制定権　長は，法令に違反しない限りにおいて，その権限に属する事務に関し，規則を制定することができる（地自15条1項）。なお，地方議会が制定する自主立法が条例であるのに対して（地自96条1項1号），長が自らの権限に属する事務を処理するために制定する自主立法が（長の）規則である（**第5章**参照）。住民に義務を課しまたは住民の権利を制限するには条例によらなければならないと定める地方自治法14条2項のように，法律で条例の専管事項とされているものもあれば，一定の場合に長の職務代理者を長の規則で定めることを求める地方自治法152条3項のように，法律で長の規則の専管事項とされているものもある（ほかに長の規則の専管事項を定めるものとして，地自171条5項など）。他方で，条例も長の規則も，「法令に違反しない限り」（地自14条1項・15条1項）制定することが可能であるから，条例で規律することもできれば，長の規則で規律することもできる競管事項も存在する（たとえば，行政の内部組織のうち，局・部の下に置かれる課などの設置など）。こうした条例と長の規則のいずれも定めることができる領域において，両者の規律内容が相互に矛盾・抵触する場合，条例が長の規則に優先すると一般的に解されている。なお，条例の委任を受けて長の規則が制定された場合，長の規則が条例に違反できないのは当然である。

その他の権限　長の有するその他の権限として，指揮監督権（地自154条），

処分取消・停止権（地自154条の2），事務組織権（地自155条など），公共的団体の監督権（地自157条），補助機関の任命権（地自162条など），総合調整権（地自180条の4）などがある。

長の補助機関

　長の権限に属する事務は広範であり，これらの事務のすべてを長自らが単独で直接に執行することは現実的に不可能である。そこで，地方自治法は，長の補助機関に関する規定を置いている。すなわち，長の補助機関とは，長の権限に属する事務の執行を補助する長の内部機関であり，以下の機関をいう。

　副知事・副市町村長　都道府県には副知事，市町村には副市町村長が置かれ（地自161条1項本文）（なお，副市町村長は，2006年の地方自治法改正以前の「助役」に代わる職である），その定数は条例で定められる（地自161条2項）。また，副知事・副市町村長を条例で置かないこともできる（地自161条1項但書）。副知事・副市町村長の任期は4年であるが，長は任期中においても解職することができる（地自163条）。

　副知事・副市町村長は，長を補佐し，長の命を受け政策および企画をつかさどり，その補助機関である職員の担任する事務を監督し（地自167条1項），長に事故があるときまたは欠けたときは，その職務を代理（法定代理）するとともに（地自152条1項・167条1項），長の権限の委任を受けることができる（地自153条1項・167条2項）。

　会計管理者　地方公共団体には，職員のうちから長が命じた会計管理者が1人置かれる（地自168条1項・2項）（なお，2006年の地方自治法改正以前は，都道府県にあっては出納長，市町村にあっては収入役が置かれていた）。会計管理者は，地方公共団体の会計事務をつかさどり（地自170条1項），たとえば，現金・有価証券・物品の出納および保管（地自170条2項1号・3号・4号），小切手の振出し（同2号），現金および財産の記録管理（同5号），決算の調製（同7号）などを行う。

　職員　長は一般的な補助機関として職員を置き（地自172条1項），長が職員を任免する（地自172条2項）。職員の身分取扱いに関しては，地方自治法のほか地方公務員法の定めるところによる（地自172条4項）（**第12章参照**）。

組織編成　長の権限に属する事務を体系的に処理するために，内部組織（首長部局）である本庁組織と出先機関等が置かれる。

(1) 内部組織（首長部局）＝本庁組織

　長はその権限に属する事務を分掌させるために必要な内部組織を設けることができるが，長の直近下位の内部組織の設置およびその分掌する事務については，条例で定められる（地自158条1項）。

(2) 出先機関

　長は，その権限に属する事務を分掌させるため，条例で，必要な地に，都道府県にあっては支庁および地方事務所，市町村にあっては支所または出張所を設けることができる（地自155条1項）。これらは，条例で定められた所管区域において（地自155条2項），長の権限に属する事務を全般的に分掌するので，下記の特別出先機関と区別して総合出先機関ないし一般出先機関といわれる。このほか，長は，法律または条例の定めるところにより，保健所や警察署など，長の権限に属する事務のうち特定のもののみを分掌させる特別出先機関を設置する（地自156条1項）。

その他の執行機関（委員会および委員）

　地方自治法は，政治的中立性や専門技術的判断が求められる事務を執行し，1つの執行機関への権限集中を回避するために，執行機関多元主義を採用している（地自138条の4第1項・180条の5第1項〜第3項）。すなわち，こうした趣旨のもとで，都道府県および市町村に置かれる行政委員会には，政治的中立性が強く要求される分野であって長から職権行使の独立性を保障された機関を設けることに意味がある場合として，選挙管理委員会，人事委員会，公安委員会，教育委員会，監査委員などがあり，専門技術的知識が必要とされるため外部の学識経験者の判断にゆだねることが適当な場合として，収用委員会などがあり，利害関係人の直接参加の要請が大きい場合として，農業委員会，海区漁業調整委員会などがある（宇賀 2017: 299-300）（**1 執行機関法定主義と執行機関多元主義**参照）。

執行機関の附属機関

地方公共団体は，法律または条例の定めるところにより，執行機関の附属機関として自治紛争処理委員，審査会，審議会，調査会その他の調停，審査，諮問または調査のための機関を置くことができる（地自138条の4第3項・202条の3第1項）。こうした附属機関を置く目的は，①住民の意見反映，②専門技術的な意見反映，③中立的な判断の必要性などであるが（三野 2015: 69），附属機関は執行機関ではないので，自己の名において対外的に地方公共団体の意思を表示する行為をする権限を有せず，執行機関から諮問を受けて答申することが職務である。

法律で設置が義務づけられている附属機関として，たとえば都道府県の環境保全審議会（環境基本法43条1項）があり，条例で設置される附属機関として，たとえば情報公開審査会（例：佐賀市情報公開条例16条1項）がある。附属機関の設置は，法律または条例の定めるところによるというのが地方自治法の規定であるが（138条の4第3項），実際には，要綱などにより設置される審議会や研究会等が多く存在する。これらは，いわゆる「長の私的諮問機関」と一般的に位置づけられているが，これには民主的正統性の問題，行政責任のあいまいさ，政治的お墨つきやかくれみの化，委員の御用化，事務局主導の運営などの問題点が指摘されている（三野 2015: 70）。

4　長と地方議会との関係——長と議会の抑制均衡システム

長と地方議会との関係

地方自治法は二元代表制を採用し，執行機関としての長と議事機関としての議会の議員の双方を住民の直接選挙により選出することとしている。すなわち，長と議会の両者は，それぞれの民主的正統性を背景にして，相互に独立して職権を行使する一方で，互いに抑制と均衡をはかりながら職権を行使している。そうすると，議決事件や行政運営のあり方をめぐって長と議会が対立することはありえるし，実際珍しくない。そこで，地方自治法は，長と議会の対立を調整する以下のような制度を用意している。

第4章 地方公共団体の組織

長の再議請求権

再議とは，地方議会がいったん議決した事項について，地方公共団体の長の請求により，地方議会があらためて審議しなおす制度である。

一般的再議請求権（一般的拒否権）　地方議会の議決について異議があるときは，長は，その議決の日から10日以内に理由を示してこれを再議に付することができる（再議を請求するかどうか長に裁量がある）（地自176条1項）。議会の議決が再議に付された議決と同じ議決であるときは，その議決は確定するが（地自176条2項），条例の制定・改廃または予算に関する議決については，出席議員の3分の2以上の同意で再議に付された議決と同じ議決をしたときに，その議決は確定する（地自176条3項）。なお，後者の場合，出席議員の3分の2以上の同意が得られない場合，当該議案は廃案となる。

特別的再議請求権（特別拒否権）　以下の3つの場合には，長は，再議に付さなければならない（再議の請求が長の法的義務である）。

(1) 議会の議決等が違法である場合

　地方議会の議決・選挙がその権限を超えまたは法令もしくは会議規則に違反すると認めるときは，長は理由を示してこれを再議に付しまたは再選挙を行わせなければならない（地自176条4項）。再議等がなお違法であると認めるときは，都道府県知事にあっては総務大臣，市町村長にあっては都道府県知事に対し，21日以内に審査を申し立てることができる（地自176条5項）。総務大臣または都道府県知事は，審査の結果，議会の議決を違法と認める場合，当該議決等の取消裁定をすることができる（地自176条6項）。なお，当該裁定に不服がある場合，長または地方議会は，裁定があった日から60日以内に，地方裁判所に出訴することができる（地自176条7項）。

(2) 議会が法令上の義務的経費を削除・減額する議決を行う場合

　地方議会が法令により負担する経費等の地方公共団体の義務的経費を削除・減額する議決をしたときは，長は理由を示してこれを再議に付さなければならない（地自177条1項1号）。長が再議に付した後，議会がなお当該経費を削除・減額する議決をしたときは，長は義務的経費にかかる費用を予算に計上してこれを支出することができる（原案執行）（地自177条2項）。

(3) 議会が災害対策経費・感染症予防経費を削除・減額する議決を行う場合

　地方議会が非常災害対策や感染症予防に必要な経費を削除・減額する議決をしたときは，長は理由を示してこれを再議に付さなければならない（地自177条1項2号）。長が再議に付した後，議会がなお当該経費を削除・減額する議決をしたときは，長はその議決を不信任の議決とみなすことができる（みなし不信任議決）（地自177条3項）。

専決処分

　長は，法律または条例上，議会の議決事件とされているものについては，議会の議決がなければ事務を執行できないが，地方自治法が定める一定の場合には，例外的に，長は議会の議決を経ずに専決で処分を行うことが認められている。これを専決処分という。

　法律の規定による専決処分（法定代理的専決処分）　①議会が成立しないとき，②定足数の例外を定める地方自治法113条但書の場合においてもなお会議を開くことができないとき，③長において議会の議決すべき事件について特に緊急を要するため議会を招集する時間的余裕がないことが明らかであると認めるとき，④議会において議決すべき事件を議決しないときは，長は専決処分をすることができる（地自179条1項）。

　長はこの専決処分をした場合，次の議会においてこれを報告し，承認を求めなければならないが（地自179条3項），仮に承認を得られなかったとしても，専決処分の法的効力は否定されない。もっとも，条例の制定・改廃または予算に関する処置について承認を得られなかった場合は，長は必要な措置を講じ，議会にその旨を報告しなければならない（地自179条4項）。

　議会の委任による専決処分（任意代理的専決処分）　議会の権限に属する軽易な事項で，議決によりとくに指定したものは，長が専決処分をすることができる（地自180条1項）。この専決処分をしたときは，長は議会に報告しなければならない（地自180条2項）。

長の不信任議決

　二元代表制のもとでの長と議会の関係は機関対立主義ともいわれるが，両者

の政治的対立を住民の審判によって解消するための制度が長の不信任議決およびこれに対する長の議会解散権である。

　地方議会は，議員数の3分の2以上の者が出席する議会において，その4分の3以上の者の同意をもって，長に対する不信任を議決することができる（地自178条3項）。不信任の議決を行う理由は問われない。不信任が議決された場合，直ちに議長はその旨を長に通知しなければならず，長はこの通知を受けた日から10日以内に議会を解散することができる（地自178条1項）。この期間内に議会を解散しなかった場合，長は失職する（地自178条2項）。

　また，議会解散後初めて招集された議会において，議員数の3分の2以上の者が出席し，その過半数の者の同意をもって再度不信任の議決がなされた場合，長は議長からの通知により失職する（地自178条2項）。

　なお，長が議会を解散できるのは，地方議会による不信任議決に対して行う場合（地自178条1項）とみなし不信任議決（地自177条3項）に対して行う場合に限定されている。

5　地方議会の「活性化」のための課題

政務活動費をめぐる問題

　地方公共団体は，条例の定めるところにより，議会の議員の調査研究などに必要な経費として政務活動費を交付することができる（地自100条14項）。この政務活動費に対しては，近ごろその不正使用をめぐるニュースが繰り返し報道されるなど，地方政治における「政治とカネ」の問題が注目を集めている。すなわち，各地の市民オンブズマンが，政務活動費の適正な使用を求めて，情報公開条例にもとづき政務活動費の使いみちを示す資料の開示を求めたり，開示された資料を調査し，不正使用が疑われる場合には，住民監査請求（地自242条）・住民訴訟（地自242条の2）を用いて，受給した政務活動費の返還を求めたりしている（情報公開については**第10章**，住民監査請求・住民訴訟については**第8章**参照）。

　とくに，政務活動費の使途を示す資料の情報公開をめぐっては，市民オンブズマンによる活動と情報公開条例の制定とがあいまって，全面的な非公開→収

支決算報告書の開示→領収書の収支決算報告書への添付（領収書の開示）というように，開示の対象となる文書が拡大し，透明性が高まっている（現在ではすべての都道府県において領収書を添付する運用がなされている）。もっとも，領収書の公開が実現したといっても，1つの議会で年間数千枚から数万枚に及ぶという領収書のコピーを得るためには，莫大な謄写費用を要する。また，政務活動費を用いた国内外の視察の報告書の質・量が問題とされることがあるように，政務活動費が実質的に有効に使われているかどうかは領収書からは判断できない。そこで，領収書や政務活動費を用いた視察の報告書などの政務活動費の情報は，情報公開請求をまたず地方公共団体のウェブサイトなどで公開されることが望ましいという意見もある。

政治倫理条例

政治倫理条例とは，地方公共団体の議会議員ないし長の職務執行の公正を図り，自治体運営の公正性・透明性を高め，もって自治体の施政に対する住民の信頼を確保することを目的とする条例である。わが国では，1983年に大阪府堺市で制定されたのを皮切りに，全国の多くの地方公共団体で制定されている。その内容は，それぞれの地方公共団体により異なるが，おもに議員ないし長の資産の公開，（地方自治法の規定を超える範囲における）議員ないし長に関係する私企業からの隔離などである。

もっとも，資産の公開に対しては，議員ないし長という地位を利用した資産の形成の有無を事後的にチェックするにすぎず，利権の追求活動それ自体を規制し，政治腐敗を予防するものとなっていないという問題が指摘されている。また，関係私企業からの隔離に対しては，努力規定にとどまっている条例，義務違反に対しての規定を定めていない条例も少なくなく，規律が不十分であるという指摘もある。

📖 **理解を深めるために**

江藤俊昭編，2015，『Q&A 地方議会改革の最前線』学陽書房．
　全国の地方議会で行われた／行われている議会活性化のための諸改革について，事例を交えながら解説が加えられている。

駒林良則，2006，『地方議会の法構造』成文堂．
　法律学的な研究の蓄積が乏しい地方議会に焦点をあて，地方議会に関する法制度のありようとあり方について理論的かつ緻密に分析を加えている．

野村憲一，2016，『いちばんやさしい地方議会の本』学陽書房．
　地方議会に特化して制度のありようについてわかりやすく解説したものである．地方議会の広報誌を読む際や地方議会を傍聴する際に参照したい．

馬渡剛，2010，『戦後日本の地方議会──1955〜2008』ミネルヴァ書房．
　戦後の全都道府県議会に着目して，豊富なデータにもとづきつつ，対知事関係，与野党関係，政策立案能力等について分析を加えている．

村松岐夫・伊藤光利，1986，『地方議員の研究──［日本的政治風土］の主役たち』日本経済新聞社．
　著名な政治学者・行政学者による地方議員の行動のありように関する研究である．地方議員7万5,000人という豊富なデータにもとづいて実証的な分析を行っている点に特徴がある．

吉田利宏，2016，『地方議会のズレの構造』三省堂．
　地方議会に対して一般的に指摘されている問題点を「ズレ」ととらえて，なぜそうした「ズレ」が起こってきたのか，どうすればこの「ズレ」を修正できるのかについて，分析がなされている．

参考文献
宇賀克也，2017，『地方自治法概説 第7版』有斐閣．
三野靖，2015，「自治体の組織と自治組織権」人見剛・須藤陽子編『ホーンブック地方自治法 第3版』北樹出版，52-76．

【児玉　弘】

コラム4：人口減少社会における地方議会のあり方

　急速な少子高齢社会・人口減少社会の到来によって，地方議会の議員のなり手が減少している。とくに，小規模市町村における議員のなり手不足は深刻で，2015年の統一地方選挙の町村議会議員選挙における無投票当選者数の割合は20％を超えている（定員に満たない事例さえある）。こうした背景から，離島を除いて全国最少人口の高知県土佐郡大川村（人口約400人）が，2017年に町村総会の設置の検討を行った。その後，総務省・町村議会のあり方に関する研究会「町村議会のあり方に関する研究会　報告書」（2018年3月）（以下，報告書）が，「住民が一堂に会する町村総会については，現在，実効的な開催は困難である」と結論づけたことなどを受けて，大川村は，町村総会に関する調査・研究を終え，議会維持をめざすことを明らかにしたが，議員のなり手不足の問題はなお残っている。そこで，このコラムでは，報告書をもとに人口減少社会における地方議会のあり方を考えてみたい。

　議員のなり手不足の要因として報告書があげているのは，議員活動に係る時間的制約の大きさ（平日昼間の議会運営が一般的），低額な議員報酬（人口1,000人以上10,000人未満の市町村においては月額200,000円を下回る），地方自治法上の法規制や各企業等の就業規則などによる兼業規制などである。すなわち，一般的なサラリーマンが地方議会議員として活動することは困難であるし，サラリーマンから地方議会議員に転身するにしても議員報酬が低額であることから議員報酬のみで生計を立てていくのが困難である。

　そこで，とくに町村においては，現行の地方自治法において認められている町村総会の設置が検討されるわけであるが，三度の市町村合併を経て，個々の町村の規模も相当程度拡大してきたなかで，住民が非常に少なく，選挙権を有する者が一堂に会して会議を開く町村総会については，現在，実効的な開催は困難である，と報告書は結論づける。

　それでは，議員のなり手不足の対策はどのようにすべきなのであろうか。報告書は，以下の2つのモデルを提示する。1つは，少数の議員によって議会を構成し，議員は専業的な活動を行うものである。議員には，長とともに市町村の運営に常時注力する役割を求めるとともに，豊富な活動量に見合った議員報酬を支給し，議員活動そのものによって生計を立てることを可能にする。これに加えて，議員とは異なる立場で住民が議事に参画することによって，議会に求められる多様な民意の反映という機能も維持する。このような議会の姿は「集中専門型」と位置づけられる。

　もう1つは，本業を別にもちつつ，非専業的な議員活動を可能とするものである。議会の権限を限定するとともに議員定数を増加することによって，議員1人あたりの仕事量や負担を緩和するとともに議会に参画しやすい環境整備として議員に係る規制を緩和し，議会運営の方法を見直す。議員が多数存在することで，議会全体として，地域課題の的確な把握や多様な視点からの監視機能の発揮が期待できる。このような議会の姿は「多数参画型」と位置づけられる。

さて，読者のみなさんは，人口減少社会における地方議会のあり方として，「集中専門型」と「多数参画型」のどちらが望ましいと考えられるであろうか。（児玉 弘）

第5章　自治立法権

　本章では、「自治立法」としての条例について、それがどのような場合に違憲・違法となるのかという「統制」の側面を中心に検討しつつ、いわゆる「政策法務論」を意識して、「政策実現」の側面から条例を制定する場合に、どのような点に留意すべきなのかということも検討する。

　とくに、今日の条例論では、一連の分権改革を経て、これまで十分に注目されてこなかった「法律実施条例」という条例類型が、重要な検討課題として認識されつつある。そこで、条例の統制に関しては、従来の条例論をふまえて、法律実施条例の特徴とそれに相応しい統制論の可能性を探る。また、条例制定に関しては、「立法事実」という議論に着目して、それが近時の合憲性・適法性審査において重要性を増していることを示しながら、立法事実の適切な取扱い方を示す。最後に、「自治体の憲法」といわれる自治基本条例の実践例をみてゆく。

1　自治立法権の意義と課題

「自治立法」とは

　今日では、「自治（自主）立法」という用語が定着している。この用語によって、①地方議会により制定される条例は、民主的意思形成過程を経ている点で、行政立法とは性質を異にし、実質的に法律に準ずるものであること（条例の「準法律性」）を表現する場合と、②地方公共団体は憲法上国家と並ぶ「統治団体」であり、そのような地方公共団体に憲法94条および92条が「立法」権を授権したということを表現する場合がある。かつては、地方公共団体は全体として「行政」作用を担うから、地方公共団体の定立する法は「広い意味での行政立法」であると説明されることがあった。自治立法という用語は、そのような理解と対比的に用いられるもので、それ自体に少なからぬ意味がある。

なお，①の側面からすれば，自治立法に含まれるのは条例のみで，②の側面からすれば，自治立法には条例のみならず，長や委員会の制定する規則も含まれ得る。本章では，どちらの側面からも自治立法たる条例を中心に扱う。

自治立法としての条例（論）の意義

条例制定権の根拠を憲法のどの条項に求めるかには争いがある。92条の「地方自治の本旨」に条例制定権の根拠を求め，94条は確認的規定に過ぎないという説と，自治「立法」を憲法上認めるには41条の例外をとくに認める規定が必要であるから，この点を明示している94条こそが条例制定権の根拠であるという説がある。どちらにせよ重要なことは，条例制定権の根拠は憲法自体にあり，条例の制定に特別の法律の授権や媒介を必要としないということである。したがって，地方自治法において条例の制定を規定する14条1項は，単に憲法による条例制定権の保障を「確認」したに過ぎないものと理解される。

条例論の意義は，1つには，憲法や法令との関係で条例を「統制する」という側面にある。すなわち，解釈論として，条例の憲法適合性や法令適合性を論じることである。他方で，政策実現のための手段として条例を「用いる」という側面も条例論の意義として見逃せない。実際に，環境アセスメント条例や情報公開条例，近時では空き家対策条例など，条例は少なくない分野で国の法令・施策に先んじる地方公共団体独自の政策を実現してきた。そして，この側面に着目した「（公共）政策法務」論が1つの学問として確立しつつある。つまり，条例を「統制する」理論と「用いる」理論は相補的に発展してきたといってよく，条例論と政策法務論は相互に不可欠の要素となっている。

条例論の今日的課題

第一次分権改革が条例論を「量的にも質的にも多様かつ豊富」にしたことは異論がないであろう。

第1に，第一次分権改革では，国の事務である機関委任事務が廃止され，地方公共団体の事務である自治事務と法定受託事務という新たな事務区分が創設された。その結果，地方公共団体において処理されるあらゆる事務は地方公共団体の事務となったため（地自2条2項），それらの事務について条例制定権が

及ぶことになり，条例制定権の範囲が量的に拡大することとなった。

　第2に，第一次分権改革では，自治事務でありながらも，法令によって地方公共団体の行政運営を細かく拘束するという問題（いわゆる「立法的関与」の問題）は残された。そこで，第二次分権改革では，個別法令が定めていた地方公共団体に対する事務の「義務づけ」や事務の執行方法・執行体制の「枠づけ」が撤廃・緩和された結果，一定の領域において，条例の制定範囲が拡大した。

　これらの一連の改革は，自治事務や法定受託事務といった，すでに法令によって一定程度規律されている（規律密度が比較的高い）領域にも条例の制定を可能とするものでもあった。そのため，従来十分に注目されてこなかった「法律実施条例」などの条例類型（3　**条例制定権の限界①――条例の類型**参照）が，今日の重要な課題として認識されつつある。この意味で，これらの改革は条例論の質的な多様化ももたらしたといえる。

　第3に，第一次分権改革では，国と地方公共団体の役割分担が見直され，明確化された（地自1条の2第2項，2条11項・12項・13項）。そのため，学説では，改革以前よりも条例制定権の範囲を広く認めようとする点において共通認識が形成されている。しかし，それだけにとどまらず，たとえば，法律と条例との関係について，適法か違法かといった二者択一的議論から「どの範囲でどちらの法規範が優先されるのか」といった議論への転換を説くものもあらわれており，これは条例論に関する従来の認識をその根幹から改めることを迫るものといえる。要するに，今日の条例論においては，一連の分権改革による条例（論）の量的拡大と質的多様化のなかで，根本的な認識の転換という課題が問われているものといえる。

2　憲法と条例

　条例は実質的に法律に準ずるものであるため，憲法の規定に反してはならない（憲98条1項）という制約が生じる。具体的には，①憲法がある事項の規律について「法律」に留保している場合，そもそもそのような事項を条例で規律することは認められるのかという問題と，②条例で規律することは認められるものの，当該条例の規定が憲法に反していないかという問題がある。

憲法の定める「法律」事項と条例

　憲法29条2項は財産権の内容は「法律」で定めると規定している。そのため，ある条例がため池の堤とうを使用する財産上の権利を厳しく制限しているのは，29条2項に反するのではないかが問題となった。これについて最高裁（最大判昭38・6・26刑集17巻5号521頁）は，憲法29条2項の「法律」に条例が含まれるか，すなわち，条例による財産権の制約が認められるかについては正面から答えず，堤とうの使用行為は「憲法，民法の保障する財産権の行使の埒外にある」として，結論において当該条例による制限を合憲・適法とした。この判決に対する学説の評価は一致していないが，少なくともこの判決以後，条例の「準法律性」と自由権を規制する条例（青少年保護条例や公安条例など）が認められていることとのバランス等から，憲法29条2項の「法律」には条例も含まれるとの見解が一般化した。

　憲法31条は罪刑法定主義を定める。したがって，法律の委任なく，条例が単独で刑罰を定めることができるかが問題となる。最高裁（最大判昭37・5・30刑集16巻5号577頁）は，あくまでも法律の委任が必要であることを前提として，この問題を条例による刑罰を定める旧地方自治法14条1項及び5項が白紙委任ではないかといった委任の程度の問題として扱った。したがって，この限りにおいて，判例は，刑罰の設定は法律の授権が必要であって，憲法31条の「法律」には条例は含まれないとの判断を示したものといえる。もっとも，その委任の程度は，条例の「準法律性」から，委任命令ほどの個別具体性が求められるのではなく，より緩やかに解して，「相当な程度に具体的であり，限定されて」いればよいとした。他方，近時では，第一次分権改革の趣旨をふまえて，法律による罰則の委任の程度は一般的かつ包括的でよいとする見解や，そもそも条例制定権を認める94条が直接，条例の実効性の担保のために罰則制定権を授権しているとの見解が見直されている。

　憲法84条も租税法律主義を定めており，ここでいう「法律」に条例が含まれるかが問題となる。神奈川県臨時特例企業税事件で最高裁（最判平25・3・21民集67巻3号438頁）は，地方公共団体の課税権が憲法上保障されていることを明確に述べる一方で，「憲法上，租税法律主義（84条）の原則の下で」，強行規定である地方税法の定めに反する条例は違法・無効であるとした。この「租税法

律主義（84条）の原則の下で」というのは、租税の賦課における法律の留保（憲法84条の「法律」には条例は含まれず、法律によってはじめて課税権が認められること）を意味するのではなく、地方税条例に対する法律の優位を示すに過ぎないと理解されている。

　これらの判例は、たしかに、条例の「準法律性」から直ちに憲法が定める「法律」に条例も含まれると結論づけるものではない。しかし、判例においては、「法律」に条例が含まれるか否かは具体的な結論との関係ではそれほど重要な意味をもっていないように思われる。すなわち、憲法の定める「法律」に条例が含まれるとした場合も、条例が法律により厳格な制約を受けるとなれば、結果的に「法律」に条例が含まれない場合とそれほど変わりはない（神奈川県臨時特例企業税事件最高裁判決）。反対に、「法律」には条例が含まれないとした場合も、柔軟な解釈により、含まれる場合と結論はそれほど変わらないこともある（罪刑法定主義に関する昭和37年の最高裁判決）。そのため、結局は、以下の実体的な人権規定等に関する違憲審査が、憲法と条例との関係で重要な意義を有することになる。

条例の違憲審査

　条例の規定が憲法に反していないかは、法令の違憲審査と同じ問題である。すなわち、通常、憲法上の人権は、当該人権の性質、人権を制約する法律の目的、その制約の程度、そして目的と手段の関連性や具体的均衡などが審査される。

　また、上記の審査においては、立法の必要性、合理性（目的と手段との合理的関連性）を支える事実として「立法事実」が重要な役割を果たすことが指摘されている。この立法事実とは「法律を制定する場合の基礎を形成し、それを支えている－背景となる社会的・経済的－事実」を意味する。したがって、立法事実が欠ける又は不十分である場合には、法律の必要性、合理性を支える基礎が失われることになる。裁判所も法律の合憲性審査においては、当該法律の立法過程において「立法事実」の解明・評価等に遺漏がなかったかを問う審査手法を展開するようになっている。このことは当然に、条例にもあてはまる。

　近時注目されるのは、条例による人権の制約が問題となった事案であるにも

かかわらず,ほかの類似の法令を参照して判断した例があらわれたことである。通常,ある条例(または法律)が人権を侵害しているか否かは,憲法上の人権規定と当該条例(法律)との関係のみが問題となるのであって,ほかの類似の法令(または条例)は無関係なはずである。ところが,風俗案内所を規制する条例が憲法上の営業の自由との関係で問題となった事件では,合憲性判断に関する結論は異なるものの,一審から最高裁(最判平28・12・15判時2328号24頁)まで一貫して,当該条例の合憲性判断のなかに,ほかの類似の法令の規制(とくに,当該条例が,風営法(風俗営業等の規制及び業務の適正化等に関する法律)および風営法施行条例による風俗営業所等への規制よりも強度の規制を施している点)が言及されている。

　これは,当該条例の目的と手段の合理的関連性,あるいは手段の相当性・比例性を論証するために,類似の対象を規制する法令の規定を比較的に用いたものといえる。条例の合憲性判断において,手段審査のあり方に新たな視点を与えたものとして注目されてよい。

　反対に,判例のなかには形式的には条例の適法性審査にみえて,その中身としては,違憲審査を行っていると指摘されるものもある。たとえば,高知市普通河川管理条例事件で,最高裁(最判昭53・12・21民集32巻9号1723頁)は,河川法のしくみに依拠して,条例の違法性を結論づけているが,それと同時に条例の制約が財産権を保障した憲法29条との関係で問題であるとも述べており,実質的には条例の憲法適合性が問われたものと理解するものもある。

3　法律(令)と条例

　憲法94条の「法律の範囲内」という文言は「法律に違反しない限り」と読みかえられ,このことが地方自治法14条1項では「法令に違反しない限りにおいて」という文言で明文化されている。また14条1項は「第2条第2項の事務に関し」て条例を制定することができるとも定めている。そのため,法令との関係で条例の統制を議論する場合には,①当該条例の対象となる事務が地方自治法「第2条第2項の事務」の範囲内かという議論(「条例制定権の範囲」)と,②当該条例が「法令に違反」していないかという議論(「条例制定権の限界」)に分

けて論じられる。

条例制定権の範囲

　第一次分権改革後は,「条例制定権の範囲」内かという議論の意義は実際上著しく小さくなったと指摘されている。というのも,地方公共団体が現に処理し,または処理することとされる事務は,法定受託事務であろうとも地方公共団体の事務とされ（いわゆる「現住所主義」），かつ地方公共団体に属する事務であれば条例制定権が及ぶとされたため,結局のところ,地方自治法14条1項のいう地方自治法「第2条第2項の事務」とはすなわち,地方公共団体が現に処理し,または処理することとされているもので,そのすべてに条例制定権が及ぶことになったからである。

　しかしながら,「現に処理する（処理することとされる）」事務が地方公共団体に属する事務であるとしても,観念的には,地方公共団体が既存の法令も条例も規律していない新たな事務を条例により創設することがあり得るから,そのような条例の対象事項が「地方公共団体の事務」であるかは,なお理論的には問題となろう。

　一般的に,地方公共団体の事務に属せず,条例の対象とならないものとしてあげられるのは,外交関係の処理,刑事犯（自然犯）の創設,私法秩序の形成・私法上の基本事項,規律の対象が全国民やほかの地方公共団体の利害にかかわる事項等である。ただし,これらの事項を条例が対象とする場合であっても,それだけで直ちに地方公共団体の事務ではないとするのではなく,どこまでならこれらの事項を地方公共団体が規律できるかについて個別具体的かつ詳細に検討されるべきであろう。

条例制定権の限界①──条例の類型

　「条例制定権の限界」を論じる場合,法令との関係で当該条例がいかなる形式,規制対象,規制態様・程度であるかが重要になってくる。したがって,条例制定権の限界を論じる前に,これらの要素に関して条例を的確に分類することが不可欠となる。

　従来から議論されてきたのは,条例を①「上乗せ」条例,②「横出し」条

例，そして③「裾切り」条例に分類するものである。①上乗せ条例とは，国の法令にもとづいて規制が加えられている事項について，当該法令と同一の目的でそれよりも厳しい規制を定める条例であり，いわば規制の態様・程度に着目したものといえる。法律自体がこれを明示しているものとしては，水質汚濁防止法3条3項がある。②横出し条例とは，国の法令と条例が同一目的で規制を行う場合において，法令で規制が加えられていない項目について規制する条例で，これは規制の対象に着目したものといえる。これについても，水質汚濁防止法29条が規定している。そして，③裾切り条例とは，法令で一定規模または一定基準未満は規制対象外としているときに，その裾切りされた部分を規制対象に含める条例である。

以上，①〜③の分類は，条例が定める規制対象，態様・程度などが法令の定めよりも拡大するとの規制の結果に着目するものである。そして，従来，②の横出し条例は①の上乗せ条例と比べて認められる余地が広い，つまり，条例制定権の限界が比較的緩やかに審査されるとの理解があったため，この分類には実際的な意義があった。

これに対して，第一次分権改革以降は，「条例が法令の要件と効果の関係でどのような関係にあるのか」という点に着目した分類が重要となってきた。そこでは，大きく，ⓐ国の法令のしくみ（要件，効果等の規定）を利用する「法律実施条例」（または「法律規定条例」や「法定事務条例」ともよばれる）とⓑ法令と並行的に規制を施すが，要件，効果ともに法令とは別個独立のものとして設計する「並行条例」とに分けられる。

ⓑの並行条例は，法令とは一応独立して成立することから，実施システムも完結的に整備しなければならない。すなわち，目的，定義，規制手法，違反対応など一式を備えた「フル装備」型の条例となる点に特徴がある。従来からの①〜③の類型論は，実はⓑの並行条例を前提としたものである。

第一次分権改革以降重要性を増しているのは，ⓐの法律実施条例である。これは，第一次分権改革以降，地方公共団体は法令の規律密度の高い領域でも条例の制定が可能となったため，法令のしくみを利用するⓐ法律実施条例の意義が理論上も実際上も高まっているからである。法律実施条例の著名な例としては，墓埋法（墓地，埋葬等に関する法律）10条1項の墓地等経営許可について，

同法が条例による要件・基準設定につき明示(「委任」)していないにもかかわらず，同許可の要件・基準を定める条例である。条例で規定された基準が法律と融合し，法律の一部として作用することを企図するもので，この点で並行条例と異なる。また，ⓐ法律実施条例のなかには，法令による「委任」にもとづいて制定されたものがある。それは，従来は「委任条例」とよばれ，国の政省令と同様に委任命令と解されていたが，第一次分権改革以後は，「委任」を定める法令は国の立法権限を地方公共団体に一部「分任」させたものであるとの理解が示され，自治立法と認識されつつある。

条例制定権の限界②——法令抵触性

条例は「法令に違反」してはならない(憲94条，地自14条1項)ため，「条例制定権の限界」(以下，法令抵触性)が生ずる。この問題の判断基準は，徳島市公安条例事件最高裁判決(最大判昭50・9・10刑集29巻8号489頁)が示した準則を中心に展開してきた。ここでは，この判決の内容と射程(限界)をみてゆく。

この判決は，まず以下のような一般論を示した。

①「条例が国の法令に違反するかどうかは，両者の対象事項と規定文言を対比するのみでなく，それぞれの趣旨，目的，内容及び効果を比較し，両者の間に矛盾牴触があるかどうかによつてこれを決しなければならない」。

次いで，「例えば」として以下のような具体的な判断基準を例示した。

②「ある事項について国の法令中にこれを規律する明文の規定がない場合，当該法令全体からみて，右規定の欠如が特に当該事項についていかなる規制をも施すことなく放置すべきものとする趣旨であると解されるときは，これについて規律を設ける条例の規定は国の法令に違反する」。

③「逆に，特定事項についてこれを規律する国の法令と条例とが併存する場合」であっても，以下の場合には，「国の法令と条例との間にはなんらの矛盾牴触はなく，条例が国の法令に違反する問題は生じえない」。

(ⅰ)「後者(条例)が前者(国の法令)とは別の目的に基づく規律を意図するものであり，その適用によつて前者の規定の意図する目的と効果をなんら阻害することがないとき」，(ⅱ)「両者が同一の目的に出たものであつても，国の法令が必ずしもその規定によつて全国的に一律に同一内容の規制を施す趣旨ではな

く，それぞれの普通地方公共団体において，その地方の実情に応じて，別段の規制を施すことを容認する趣旨であると解されるとき」である。

判決はさらに続けて以下のようにも述べている。

④「両者の内容に矛盾牴触するところがなく，条例における重複規制がそれ自体としての特別の意義と効果を有し，かつ，その合理性が肯定される場合」には当該法令は当該条例を排除するものではない。

以上の①〜③の準則は，以後の判例・学説を支配することになる。この準則が着目しているのは，法令と条例の対象，目的，趣旨，効果であり，とくに，法令の側の趣旨，目的，効果が決め手となっている。要するに，法令の側で各種の条例を許容するか否かを判断する準則といえる。そのため，本判決は，批判の少なくない「法律先（専）占論」（法律が明示的または黙示的に対象としている事項については，法律の明示的委任なしに同一目的の条例を制定しえないとの理解）を修正したものに過ぎないと評価されることがある。

本判決の具体的基準については，②の「ある事項について国の法令中にこれを規律する明文の規定がない」場合とは，横だし条例を念頭においたものと理解されている。ただ，裁判例においては，横出し規制を含む場合であっても，②の準則ではなく，③以下の準則が用いられることが多く，②の準則が実務で十分に機能しているかは定かではない。なお，高知市普通河川管理条例事件最判は，②の場合を念頭に，②の準則に加えて，法令の趣旨解釈によっては，条例の規制には法令による規制との均衡が求められると判示している。

次に，③の「特定事項についてこれを規律する国の法令と条例とが併存する場合」とは，広い意味での上乗せ条例を指すものと理解されている。③の(i)と(ii)を分けるのは，法令と条例との目的が同一か異なるかである。これは，たとえば，道路交通法の道路使用許可と道路法の道路占有許可のように，規制の趣旨目的が異なれば，同一の対象に重複して規制を施すことは一般的に許容されているためであろう。ただし，同一か異なるかの判断は，一部でも重なれば同一といえるのかなど，必ずしも容易ではない。本判決は，本件公安条例の「地方公共の安寧と秩序の維持」という目的は，道路交通法の「道路交通秩序の維持」という目的を包摂し，その意味で両者の目的は部分的に重なるをもって，目的が同一と判断している。

そして、③の(i)は、目的が異なる場合（通常、条例による規制は許容される方向にある）であっても、法令の目的と効果を阻害する場合には違法とする準則である。たとえば、法令の許可対象となっている施設について、条例により、当該地方公共団体の全域でその設置を一律に禁止する場合などは、この準則に該当する可能性がある。

逆に、③の(ii)は、目的が同一の場合であっても、法令が「地方の実情に応じて、別段の規制を施すことを容認する趣旨」であれば、当該条例は適法となるという準則である。本判決では、道路交通法自体が道路使用許可に関して各都道府県公安委員会に「その土地の道路又は交通の状況に応じ」た規制を認めていることをもって、全国的に一律に規制を施す趣旨ではなく、地方の実情に応じた別段の規制を認める趣旨であるとした（また、各地域の公安条例の多くは、道路交通法が制定されるずっと以前から集団行動に対する交通秩序のための規制をもっているため、道路交通法が制定される際には、そのような公安条例の存在が当然に前提にされているとの指摘もある）。

なお、②以下の準則は、あくまでも①の一般論の例示であることに注意が必要である。たとえば、前記の神奈川県臨時特例企業税事件最判は、条例の地方税法抵触性に関して、①の一般論を示したものの、②以下の準則は用いていない。これは、②以下の準則は本判決で問題となった法令と条例との関係にあてはまるが、神奈川県臨時特例企業税事件最判で問題となった法令と条例との関係にはあてはまらないと解されたためである（前者で問題となった道路交通法はそれ自体で規制の根拠となり、条例とは一応別個独立に存在するものであるが、後者で問題となった地方税法は条例に対して何らかの規律を行う「準則法」ないし「枠ぐみ法」である）。その結果、神奈川県臨時特例企業税事件最判では、条例の立法過程・立法事実から条例による規制の「実質」を重視して、①についての判断をおこなった。

また、近時では、④の準則に注目して、分権改革の趣旨に適合するよう本判決を読み直す試みがある。というのも、①〜③の準則はほぼいかなる具体的結論をも導き得るほど、きわめて柔軟に用いることができ、また、①〜③の準則はもっぱら法令の側の趣旨解釈が重要であって、結局、条例制定権の限界は国の立法政策に委ねられるおそれがあることから、分権改革の趣旨に合致しない

といわれている。

　そこで、①〜③の準則が示す法令の趣旨目的の解釈よりも、むしろ④の準則が示すところの「条例における重複規制がそれ自体としての特別の意義と効果を有し、かつ、その合理性が肯定される」か否かが、本判決の重要かつ核心的な基準であると再解釈をするのである。このような解釈により、法令抵触性が条例の合理性や立法事実によっても決せられることになるから、条例の側にも一定の存在感が認められることになる。そのため、このような試みは、「分権適合的解釈」と評価され、学説から少なくない支持を受けているが、検討すべき課題も少なくない。

条例制定権の限界論の新局面
　徳島市公安条例事件で問題となった公安条例は、道路交通法との関係では並行条例（独立条例）である。したがって、一般的に、同事件で最高裁判決が示した準則①〜④は法律実施条例には及ばないものと理解されている。
　仮にそれを借用したとしても、法律実施条例の場合には、規制対象も目的も同一であるから、準則②と③の区分も③の(i)と(ii)の区分も意味が無くなる。結局、ほとんどの場合、準則③の(ii)に帰着し、法令の規制内容が「地方の実情に応じて、別段の規制を施すことを容認する趣旨」であるか否かの問題となる。ところが、とくに自治事務（法定自治事務）の場合、国は地域の特性にとくに配慮しなければならない（地自2条13項）から、法律が自治事務と定めておきながら、「全国的に一律に同一内容の規制を施す趣旨」と解さなければならない場合はそれほど多くないといえる。したがって、ほとんどの法律実施条例は準則③の(ii)をクリアーしてしまうため、準則③の(ii)も意味をなさない。つまり、徳島市公安条例事件最判が示した準則は法律実施条例の法令抵触性審査の基準としては十分に機能しないということになる。
　つまり、ここでの問題は、法律実施条例という新たな類型が第一次分権改革以降その重要性を増しているにもかかわらず、それに相応しい法令抵触性審査の基準が判例上確立していない、ということになる。そのため、このような条例制定権の限界に関する新たな局面に対応すべく、学説では活発な議論が交わされている。法律実施条例は、その規定（基準）が法律と融合し、法律の一部

として作用することを企図するため，法律の「委任」がなければ認められない，または，いわゆる裁量基準としてのみ認められるなど消極的な説が有力であるが，ここでは，法律の「委任」がなくとも認められることを前提に，この問題について包括的かつ精力的に研究している論者の見解を紹介する（北村2018: 71-84）。

　第1に，法律に明文の（「委任」）規定がある法律実施条例については，地方公共団体の立法裁量の限界という観点から，おおよそ以下の基準があげられている。①法律の制度趣旨に反していないか，②規則に白紙委任をしていないか，③平等原則・比例原則に反していないか，④いわゆる「従うべき基準」に反していないか（もっとも，地域の実情に照らして，基準を硬直的に適用することに合理性がない場合には，根拠規定等の制度趣旨に反しない限り，その基準と異なる対応が可能であるとする），⑤行政手続条例などが定めるパブリック・コメント等の手続を適切に講じたか，である。

　第2に，法律に明文の規定のない法律実施条例については以下のような基準により判断される。まず，国が全国画一的に適用をすべく第1決定をしているか否かをみる。次に①そのような第1次決定がされていない場合，それ以外の部分をもって法令が完結的に決定をしたか（していれば条例制定は認められない），さらに，法令が完結的に決定していなければ，法律の制度趣旨に照らして法目的実現のために地域特性適合対応が認められるか否か（認められなければ条例制定は認められない）。②国がとりあえず第1次決定をしただけで，事務を実施する地方公共団体による第2次決定（地域特性適合的対応）を許さない明文の規定があるか（＝第1次決定の修正を認めているか），(i)第2次決定を許さない明文の規定があるとして，その禁止措置は合理的か否か（合理的であれば条例制定は認められない），(ii)第2次決定を許さない明文の規定がない場合であっても，地域特性適合対応を許さない趣旨か（許さなければ条例制定は認められない）。

統制条例（廃止）から県条例による市町村事務の処理へ
　都道府県条例と市町村条例の間にも抵触問題が生じる。第一次分権改革前の地方自治法14条3項及び4項は都道府県が市町村の「行政事務」について都道府県の条例を設けることを認めており，市町村の「行政事務条例」が都道府県

の「行政事務条例」に違反するときは，その限りにおいて無効になると定めていた。これをいわゆる「統制条例」という。もっとも，第一次分権改革では，統制条例は「対等・協力」関係の構築という改革の趣旨にふさわしくないものとして，廃止された。

ただ，統制条例が廃止された後も，地方自治法2条16項後段は「市町村及び特別区は，当該都道府県の条例に違反してその事務を処理してはならない」と定め，同条17項はこの規定に違反する行為は無効であると定めているため，都道府県条例と市町村条例の抵触問題はなおも生じることになる。この点については，上記2条16項の対象となるのは義務賦課・権利制限事務だけであるとする見解，あるいは，2条16項は「事務処理」についての規定であり，「条例制定」には適用されないとする見解，さらには，都道府県と市町村条例が競合する場合，広域的事務および連絡調整事務については都道府県条例が優先されるが，補完的事務については市町村条例が優先されるとの見解がある。

また第一次分権改革では，「市町村優先の原則」に資するように，地域の実情に応じた事務移譲の方法として，都道府県「条例による事務処理の特例」制度が定められた（地自252条の17の2～4）。ただ，地方自治法は，この制度によって移譲可能な事務の種類・範囲を規定していない。そのため，個別法の解釈によっては，都道府県の事務とされているものをこの制度により市町村へ移譲することが許容されない場合があり得る。この点について，さいたま地判平21・12・16判自343号33頁では，墓埋法10条の許可の事務を県から市町村へ移譲することについて，墓埋法の趣旨を検討したうえで，「地域の風俗習慣，宗教的感情，地理的条件等に即した許可又は不許可処分を行うことができるよう，同処分の権限を委譲することが墓埋法の趣旨に反するとはいえない」と判示している。

4　条例のつくり方の課題（立法事実論）

広島市暴走族追放条例事件の最高裁判決（最判平19・9・18刑集61巻6号601頁）には，裁判官の地方公共団体の条例制定能力に対する厳しい評価が示されている（たとえば，多数意見に賛成した堀籠幸男裁判官はその補足意見で，「一般に条例に

については，法律と比較し，文言上の不明確性が見られることは稀ではない」と述べ，藤田宙靖裁判官の反対意見では，多数意見が行う合憲限定解釈は「……本条例の粗雑な規定の仕方が，単純に立法技術が稚拙であることに由来するものであるとの認識に立った場合に，初めて首肯される」としている)。

条例の「稚拙さ」は，本来的には，従来からの法制執務のルールや憲法・法令適合性に関する解釈を厳密に検討することで解消される。近時では，それに加え，条例の必要性や合理性（正当性）を根拠づけるデータ，すなわち「立法事実」（**2 条例の違憲審査**参照）の重要性が説かれている。

そもそも立法事実は，条例制定を正当化する基盤であって不可欠の要素である。立法事実は，法令の違憲審査の判断基準の1つとして展開してきたが，このことは当然に条例の違憲審査にも妥当する。それだけにとどまらず，近時では，適法性（法令抵触性）審査においても，条例の立法事実を重視する見解が主張されおり（**3 条例制定権の限界②——法令抵触性**参照），立法事実の精査は条例の制定においてその重みを増している。

立法事実を検討するにあたっては以下の点に留意する必要があると指摘されている。

第1に，立法事実を検討する視点である。一般的には，条例の必要性，有効性，効率性，公平性および協働性という視点があげられる。これらを総合して，条例の合理性，ひいては憲法・法令適合性が判断されることになる。とくに，必要性と有効性に関する立法事実は，条例の合理性を支える核心といえ，詳細な調査・検討を要する。

第2に，立法事実は，単なるデータや「ナマの事実」の羅列ではなく，条例の必要性等に関連付けられた「意味のある事実」でなければならない。また，条例の有効性を裏付ける立法事実については，現在の事実だけではなく，条例を施行した場合にどのような効果が生じるかを判断する必要があるため，将来の事実の予測（問題・優良事例の減少・増加，問題を示すデータの改善，住民等の満足度の向上の見込み）が不可避である。

第3に，専門家や市民が立法事実を点検したり，議会において参考人等の意見を聴きながら立法事実を明確にする必要がある。というのも，立法事実の収集・抽出には主観性が伴い，また有効性を客観的に判断するためには専門的な

知識を要することもあるため，第三者の視点が必要となるからである。

　第4に，立法事実は，条例制定段階だけではなく，条例施行後も確認・検証することが求められている。時代や社会情勢の変化に伴って当該条例を支えていた必要性や有効性に関する立法事実が変化する場合もあるからである。近時では，多くの地方公共団体で条例の見直しが制度化されている。

5　「自治体の憲法」としての自治基本条例制定の意義

　自治基本条例は，当該地方公共団体の地方自治（住民自治，団体自治）の基本的なあり方について規定し，かつ当該地方公共団体における自治体系の頂点に位置づけられる条例と定義される。このことから，自治基本条例は「自治体の憲法」ともよばれている。

　自治基本条例は2000年に制定されたニセコ町まちづくり基本条例を嚆矢として，全国の地方公共団体に広まった。その直接的な前史は1970年代から始まる都市（市民，自治）憲章に求めることができるが，1990年代に広くみられるようになった，まちづくり条例や環境基本条例も一因をなしており，そのような流れのなかで，1999年に始まる第一次分権改革が自治基本条例の制定とその普及に決定的な役割を果たした。すなわち，この分権改革によって，地方自治・分権の気運が高められたことで，市民参加・協働といった住民自治の充実に関するルールが注目された。それと同時に，そのような地方公共団体内の基本ルールは自らが定めるものという認識が共有されるようになった結果，自治基本条例の制定と普及が進んだといわれている。

　自治基本条例の意義は以下の点にあるとされる。第1に，当該地方公共団体の地方自治の基本的なあり方を明確化し，制度的に安定させることである。長や職員といった地方公共団体の組織が替わっても，条例という形式によって地方公共団体のめざすべき姿が制度として安定したものとなる。第2に，住民の自治意識の向上である。これは，制定すること自体が住民の注目を集めることになる（あるいは集めるかたちで制定される）ため，住民の地方自治への関心を高める作用があるとされる。第3に，個別条例の指針・政策の体系化である。これは，自治基本条例→分野別基本条例→実施条例（一般条例・個別条例）という

ピラミッド体系を構築することで，以前は個別分野ごとにバラバラに制定・実施されていた条例・政策に一貫した指針を与え，全体の体系に整合的な役割分担を可能にするというものである。

　自治基本条例の類型は，どの内容を重視するかにより，「理念重視型」，「住民自治拡充型」，そして「政策指針型」などに区分される。現在の自治基本条例の多くは住民自治拡張型といえ，とくに，住民参加と協働の原理・しくみが基調理念をなしている。したがって，自治基本条例の代表的な内容としては，まず第1に，住民参加と協働のしくみである。第2に，住民の参加・協働の前提となり，それが十分に機能するために不可欠とされる情報共有ないし情報公開の原則である（ニセコ町まちづくり基本条例の骨格をなしているのは「情報共有」と「住民参加」の2大原則であるとされている）。第3に，参加・協働の主体として，しばしば青少年や子ども（ニセコ町まちづくり基本条例11条），さらにはNPOや事業者についても規定する例がある（文京区「文の京」自治基本条例12条，14条）。第4に，いわゆる「コミュニティ自治」を定めるものもある。多くは，コミュニティ自治の重要性や推進を抽象的に規定するものであるが，具体的にコミュニティ組織の設置手続等を規定し，その権限や支援を規定する例もある（愛川町自治基本条例29〜32条）。第5に，自治基本条例の「最高規範性」である（多治見市市政基本条例41条1項では，「この条例は，市の最高規範であり，市は，この条例に従い，市政を運営し，他の条例などを制定し，改正し，廃止し，解釈し，運用しなければなりません」と定め，同条第2項では「この条例に反することは，その効力を有しません」と明確に定めている）。

　もっとも，理論的検討課題は多い。たとえば，「最高規範性」を手続的に担保するために，制定や改正に議会の特別多数や住民投票を付加するとなれば（後者に関しては，米原市自治基本条例30条），長の議案提出権や議会の議決権限との抵触が問題となる（議会の特別多数議決を要件とする場合，特別多数議決事項については地方自治法が独占し，議会の過半数議決を定める地方自治法116条1項に抵触するとの見解が多い。他方で，住民投票を付加する場合については，長による議会への提案の前提手続と位置づければ，長や議会の権限と抵触することはないとされる）。また，「最高規範性」という意義についても，条例間においては「後法は前法に優位する」という限りにおいて優劣を語ることができるものの，それ以上に自

治基本条例が一般的にほかの条例に対して優位することを認めるのは困難であるとの指摘もある。

　以上のように，自治基本条例には，なおも多くの理論的検討課題がある。しかし，反対に，新たな地方自治・住民自治を展開し，理論的な発展をもたらすということも大いに期待される。

📖 理解を深めるために

礒崎初仁，2018，『自治体政策法務講義 改訂版』第一法規.
　網羅的かつ体系的に現在の条例論がまとめられ，条例論をふまえた自治体政策法務論として現在の到達点を示したもの。

岩橋健定，2001，「条例制定権の限界——領域先占論から規範抵触論へ」小早川光郎・宇賀克也編『行政法の発展と変革（塩野宏先生古希記念）下巻』有斐閣，357-379.
　第一次分権改革後において法律実施条例という類型の重要性を理論的に明らかにし，従来の条例論に大きな影響を与えたもの。

北村喜宣，2018，『分権政策法務の実践』有斐閣.
　法律実施条例など分権改革以降注目されている条例類型に関する議論が網羅的に扱われており，現在の最先端の理論が示されているもの。

田中孝男，2018，『条例づくりのきほん ケースで学ぶ立法事実』第一法規.
　近時注目されている条例制定における立法事実の取扱いを，対話形式により，具体的なケースに即して分かりやすく解説したもの。

成田頼明，1964，「法律と条例」（初出）同，2011，『地方自治の保障 著作集』第一法規，167-194.
　古典的な条例論の到達点を示すもので，現在の議論枠組みを提供したもの。

【中嶋直木】

第5章　自治立法権

▌コラム5：自治基本条例における「です」「ます」調

　公用文の文体は「原則として『である』体を用いること」（熊本市公用文に関する訓令10条1号）になっている。ところが，自治基本条例には「です・ます」調が多いことに気づく。ただ，ある研究によれば，前文も本文も「です・ます」調のものもあるにはあるが，多くは，前文のみ「です・ます」調で，本文は「である」調のようである。
　「です・ます」調を採用した理由は，住民に「分かりやすく」「親しみ」をもってもらうためとなっている。これに対しては，意味が曖昧になるとの根強い批判がある。立法の大原則は，「分かりやすさ」「親しみやすさ」も重要であるが，「正確さ」が第一だからである。このことは，厳密な内容規定を要する「住民自治拡充型」の自治基本条例には無視できない問題となる。したがって，前文のみが「です・ます」調で本文は「である」調とした例が多いというのは，理念的な前文では「分かりやすさ」や「親しみ」が優先されるが，厳密な内容規定を要する本文は表現の「正確さ」が優先されているため，と説明されよう。
　ただ，以上のような議論は，「です・ます」調では意味が曖昧になる，ということを前提としているが，「です・ます」調と「である」調の特徴的差異は相手方との関係を意識したものか否かであるにすぎない（意識した前者は「丁寧体」・「敬体」とよばれ，そうでない後者は「普通体」・「常体」とよばれる）。したがって，両者は表現の「正確さ」に差異が生じるといえない，つまり，表現の「正確さ」の問題は文体それ自体の問題ではない，のではなかろうか。むしろ，問題の本質は，「である」調によって確固たる法制執務のルールが形成されてきたため，「です・ます」調では「である」調を前提とした厳格な法制執務のルールを駆使できない，というところにあろう。そうであれば，「です・ます」調を用いる場合には，従来の法制執務のルールとの明確な関係をきちんと定めていればよいことになる（たとえば，「です・ます」調を採用する「高知県南海地震による災害に強い地域社会づくり条例」では，別途「です・ます」調を用いる場合のルールがHP上で示されている）。
　また，「です・ます」調は，住民の参加と協働という自治基本条例の基調理念により適合的ともいえる。「です・ます」調は，住民の主体性を強調する側面もあるように思われ，行政の主体は行政で客体は住民という従来型の地方行政を超えた「協働」の理念を示すに相応しい。その意味では，「です・ます」調は自治基本条例の基調理念をより「正確に」表現するものといえる。（**中嶋直木**）

第6章　自治財政権

　　地方公共団体には，憲法上，自ら財政を処理する権能が与えられている。これを自治財政権という。地方公共団体が自立的に行政を運営するためには，その資金の源たる財源が確保されなければならない。その意味で，自治財政権が保障されることは，きわめて重要である。近年実施された地方自治をめぐる一連の改革は，財政に係る自主性の向上をめざすものでもあった。現在は，依存財源ではあるものの，主体的な取組みに対する財政支援として，地方創生関係交付金が広く用いられている。他方，自主財源に関しては，各地方公共団体の独自性を反映しやすい法定外税を活用すべきであると考えられる。しかし，法制度上の制約から，法定外税の新設には困難が少なくない。法定外税の拡充を図るには立法措置が必要となるため，国による一層の改革が求められる。
　　このほか，いわゆる「ふるさと納税」を通じて地方自治体への幅広い支援が受けられるよう，さまざまな施策が検討・実施されている。財源を確保するために地方公共団体が絶え間ない努力を重ねていることは明らかであろう。

1　自治財政権の意義

　地方公共団体の権能について憲法94条は，「地方公共団体は，その財産を管理し，事務を処理し，及び行政を執行する権能を有し，法律の範囲内で条例を制定することができる。」と規定している。ここで，地方公共団体が「行政を執行する」には，当然に，資金の出納がかかわってくる。その意味で，同条は，地方公共団体に対して，自ら財政を処理する権能を与えていると解される。これを自治財政権という。自治財政権には2つの側面がある。すなわち，財政収入に関する面と財政支出に関する面である。
　ところで，経営を行うにあたっては，一般に，ヒト・モノ・カネといった経営資源が必要であると解されている。ヒト・モノ・カネとは，それぞれ，人的

表 6-1　2016年度歳入純計決算額の状況

区　分	決算額（億円）	構成比（％）
地方税	393,924	38.83
地方譲与税	23,402	2.31
地方特例交付金	1,233	0.12
地方交付税	172,390	16.99
地方債	103,873	10.24
国庫補助負担金	156,871	15.46
その他	162,905	16.06
合　計	1,014,598	100.00

出所：総務省「平成30年版 地方財政白書」13頁（2018年３月）の第５表をもとに筆者作成。

資源・物的資源・財務的資源を意味する。それらを行政主体の活動にあてはめれば，人的資源は公務員，物的資源は公物，財務的資源は財源であるといえよう。必要とされる資金が収入されなければ，地方公共団体は，その活動に際して支出を行うことができない。そのため，財政収入，および，それを生み出す財源を確保することが重要となる。このような観点から，本章では，地方公共団体の自治財政権のうち，財政収入に関する問題を中心に取り扱うこととする。

地方公共団体の収入構造

さて，地方公共団体の収入にはどのようなものがあるであろうか。

表６-１に示されるとおり，地方公共団体の収入のなかでは，地方税，地方交付税，地方債および国庫補助負担金の構成比が大きい。地方公共団体の収入構造を理解するには，これらの各項目の意義を把握しておくことが肝要である。以下において，それぞれ説明する。

地方税　地方税とは，地方公共団体が賦課徴収する租税をいう。表６-１からも読みとれるように，地方税は，地方公共団体の収入の最たるものである。

地方公共団体は，法律の定めるところにより，地方税を賦課徴収することができる（地自223条）。地方税に関して具体的に規定する地方税法が，ここにいう「法律」であると解される。同法によれば，地方公共団体は，条例を定めることにより，地方税を賦課徴収することができる（地税３条１項）。つまり，地

方公共団体は，憲法94条，地方自治法223条および地方税法3条1項にもとづき，「法律の範囲内」で条例を制定することにより，地方税を自律的に賦課徴収することができる。このように，地方税の賦課徴収には条例の制定が必要となることを，租税法律主義（憲84条）にならい，租税条例主義（地方税条例主義）とよぶ。また，地方公共団体自ら地方税を賦課徴収する権能を自主課税権という。これは，自治財政権のなかでもきわめて重要な位置を占める。自主課税権が認められなければ，地方公共団体は，財政に関して全面的に国に依存することとなり，地方自治の理念が没却してしまうからである。

上述のとおり，地方公共団体は，「法律の範囲内」において「のみ」，地方税を賦課徴収することができる。しかし，地方税法は，地方公共団体が地方税を賦課徴収する際の「枠組み」を設定しているにすぎず，その具体的な内容は，各地方公共団体の制定する条例にゆだねられている。また，地方公共団体は，条例を定めることにより，総務大臣に協議しその同意を得て，地方税法に規定されているもの以外の税目を起こすことができる（同法259条，669条，731条。これを法定外税という。法定外税については後述）。このように，地方公共団体が自主課税権を行使するしくみが確保されている。

なお，行政主体の提供する公共サービスから受ける利益に応じて，各種の負担が課されるべきであるとする考え方がある。これを応益負担の原則という。住民との距離がより近い地方行政においては，受益と負担の関係が強く要請される。そのため，地方税は国税に比して応益負担の側面が大きいといわれている。

地方交付税　　地方交付税とは，本来，地方公共団体の税収とすべきものを国税として国が代わって徴収し，一定の合理的な基準によって地方公共団体に再配分する固有財源をいう。「税」の字が付されているが，地方交付税という租税が存在するわけではない。地方交付税は，地方公共団体間の財源の不均衡（税源等の地域的偏在）を調整し，すべての地方公共団体が一定の行政の水準を維持しうるように，財源を保障する見地から設けられた制度である。所得税・法人税の33.1％，酒税の50％，消費税の19.5％，地方法人税の100％が，地方交付税の財源に充てられている（地方交付税法6条1項）。

地方交付税の目的は，地方公共団体の権能を損なうことなく，その財源の均

衡化を図り，地方行政の計画的な運営を保障することにより，地方団体の独立性を強化することにある（同法1条）。また，この目的を実現するために，国は地方交付税の使途を制限してはならないとされている（同法3条2項）。しかし，実際には国の政策的判断の余地がかなり大きく，地方交付税は事実上「補助金化」し，国による政策誘導手段として用いられてきたという（宇賀 2017: 179）。地方交付税の目的に反し，地方公共団体の自主性が損なわれた面は否定できまい。

地方債　地方公共団体は，財政上の必要に応じて，外部から資金を調達する場合がある。このとき，当該債務の履行が1会計年度を超えて行われるものを地方債という。地方公共団体は，予算の定めるところにより，地方債を起こすことができる（地自230条1項）。予算を定めるには議会の議決が必要である（同法96条1項2号）から，地方債の起債には議会の議決を得なければならないことになる。また，地方債を起こすことができるのは，原則として，公営企業（交通事業，ガス事業，水道事業等，地方公共団体の行う企業）に要する経費の財源とする場合等，地方財政法5条各号に掲げる場合に限られる。

地方公共団体による起債について，従前は許可制が採用されていた。しかし，地方財政の自立的な運営を妨げている点が指摘されたことから，2006年度以降は，基本的に協議制となっている（地財5条の3第1項・第2項）。また，地域の自主性・自立性を高める観点から，現在では，一部の起債について協議を不要とし，届出制が導入されている（同条3項・6項）。

国庫補助負担金　国庫補助負担金とは，国が地方財政法の規定にもとづいて地方公共団体に支出する資金である。国庫補助負担金は，使途が特定の目的に限定された特定財源であり，国庫負担金と国庫補助金に大別される（なお，使途が制限されていない財源を一般財源という。上述の地方税および地方交付税は一般財源であり，地方債は特定財源である）。

国庫負担金とは，国と地方公共団体の双方が利害関係を有する事務等について，国が分担する経費をいう。義務教育職員の給与等（地方財政法10条），道路等に係る重要な土木施設の新設・改良等（同法10条の2），災害救助事業等（同法10条の3）に要する経費がその一例である。他方，国庫補助金とは，国が行う施策のために特別の必要があると認める場合等において，地方公共団体に対

表6-2 使途の制限および調達方法による財源の分類

	自主財源 (独自に調達)	依存財源 (他の主体からの交付)
一般財源(使途の制限なし)	地方税	地方交付税
特定財源(使途の制限あり)	地方債	国庫補助負担金

出所:筆者作成。

して交付する補助金である(同法16条)。国庫補助金は多岐にわたるが、具体例としては、都市基盤河川改修事業費補助金や交通安全対策特別交付金等があげられる。

自主財源と依存財源

自主財源とは、地方公共団体が独自に調達することができる財源をいう。先に掲げたもののうち、地方税および地方債が自主財源である。他方、依存財源とは、地方公共団体が、国や他の地方公共団体に依存して調達する財源をいう。先に掲げたもののうち、地方交付税および国庫補助負担金が依存財源である。これらをまとめると、表6-2のとおりとなる。

表6-2のとおり、地方税は、地方公共団体が独自に調達できる財源であるとともに、その使途に制限がない。そのため、地方税による収入が多いほど、地方公共団体は自主的・自立的に行政を行うことができる。かつて歳入に占める地方税の割合が3割しか存在しなかったため、地方自治は「3割自治」といわれていた。直近の統計をみても、地方税の割合は4割に満たない。現在においても、いわば「4割自治」に留まっている。こうした状況を背景として、国から地方公共団体への税源移譲が強く望まれているのである。

また、依存財源を頼りすぎた結果、安易な歳出増加を招くことにもつながったとされている。そこで、依存財源を縮減させるとともに自主財源を充実させ、もって地方公共団体の自主性・自立性を高めることが喫緊の課題となった。これを実現させるために行われた諸改革について、次にみていこう。

2 財政に関する近年の動き

三位一体の改革

　三位一体の改革とは，国庫補助負担金の削減，地方交付税の改革および国から地方への税源移譲を一体的に行う改革である。「経済財政運営と構造改革に関する基本方針 2002」（2002年6月25日閣議決定）によれば，国の関与を縮小するとともに，地方公共団体の権限と責任を大幅に拡大することが改革の目的とされた。これを受け，地方分権改革推進会議による「三位一体の改革についての意見」（2003年6月6日）では，次のような方向性が掲げられた。すなわち，地方公共団体の自立性の向上，財政の持続可能性の向上，地方公共団体間における財政力の格差への配慮である。

　2004年度〜2006年度において実施された改革の内容は，次のようなものである。

　第1に，国庫補助負担金については，国の関与を廃止・縮減し，地方公共団体の裁量を拡大するとともに，国と地方を通じたスリム化を実現する観点から，改革が行われた。その結果として，国庫補助負担金は約4.7兆円が削減された。

　第2に，地方交付税の改革は，地方公共団体における受益と負担の関係の明確化および国と地方公共団体の財政責任の明確化に資するものであり，将来にわたり持続可能な財政調整制度の構築をめざすものであると位置づけられた。当面の改革としては，地方財政計画の規模の縮減を図り，地方交付税総額の抑制を行うべきであるとされた。その具体的な内容は，次の4点に要約できよう。すなわち，①法令や国庫補助負担金を通じた国の関与を廃止・縮減することにより，国・地方を通じた歳出の合理化・効率化を行うこと，②地方独自でコントロール可能な地方単独事業等の縮減を行うこと，③地方交付税の財源保障機能の縮小によって，地方公共団体の行政改革努力や税収等の確保努力を促すこと，④後述の税源配分の見直しにより拡大する地方公共団体間の財政力格差をどのように調整すべきか検討すること，である。その結果，税源移譲による地方交付税不交付団体が増加したことも相まって，地方交付税は総額として

約5.1兆円が削減されるに至った。

　第3に，地方財政の自立および地方公共団体における受益と負担の関係の明確化を実現するうえで，その中核をなすものが税源配分の見直しである。具体的には，多々ある税目のなかでも個人住民税の充実を図るとともに，地方公共団体の有する自主課税権が活用されやすい制度改革が検討されるべきであるとされた。個人住民税には，地域住民が広く負担を分かち合うという考え方（負担分任原則。地自10条2項参照）にもとづいて課される側面がある。そのため，地方公共団体による自主課税権の活用にあたっては，まず，個人住民税の超過課税が検討されるべきであり，その実施を妨げている制度の見直しが必要であるとされた。その結果，国税である所得税から個人住民税へと，約3兆円の税源移譲が行われた。

　この税源移譲の実現は画期的な「成果」であったとして，三位一体の改革を評価する向きがある。たしかに，各地方公共団体は，従前に比して，自主財源に相応の財政支出を強く意識して，行政を運営するようになったといえるかもしれない。しかし，自主財源たる地方税への税源移譲については，個人住民税の納税義務者が多い地域，すなわち，人口の多い都市部においては重要な財源となったものの，過疎化の進む中山間部においては大した財源にはならなかったという（市川 2017: 38）。同時に，依存財源たる国庫補助負担金および地方交付税は大幅に削減されていることから，地方公共団体は，三位一体の改革によって財政の危機に直面し，地方の疲弊ともいうべき状況にもつながった。この点をとらえて，一般に，三位一体の改革は「失敗」であったと評されている。

地域主権戦略大綱

　三位一体の改革が一段落した後も，経済財政諮問会議において，いわゆる骨太の方針が引き続き策定された。しかし，民主党を中心とする連立政権が発足した後は，2009年11月17日の閣議決定により設置された地域主権戦略会議が，地方分権改革を主導するようになる。2010年6月22日に閣議決定された「地域主権戦略大綱」は，この地域主権戦略会議における議論をふまえたものである（宇賀 2017: 198）。

　地域主権戦略大綱のうち，自治財政権に関連するものとしては，地方税財源

の充実確保,直轄事業負担金の廃止,ひも付き補助金の一括交付金化があげられる。

　第1に,地方税財源の充実確保とは,地方公共団体が自由に使える財源を拡充するという観点から,国・地方間の税財源の配分のあり方を見直すことである。地方消費税の充実など,税源の偏在性が少なく税収が安定的な地方税体系を構築することがめざされた。

　第2に,直轄事業負担金の問題については,国と地方の役割分担や今後の社会資本整備等,地域主権の実現に関するさまざまな課題と密接に関連するため,これとの整合性を確保しながら,関連する諸制度の取扱いを含めて検討を行うこととされた。ここに,直轄事業負担金とは,直轄事業(国が自ら行う道路等の建設および維持管理等の事業)について,地方公共団体がその経費の一部を負担するものである。国による事業であるものの,受益者負担の見地から,地方公共団体にも負担が求められている。

　第3に,ひも付き補助金の一括交付金化とは,使途が特定の目的に限定されている補助金を,各地方公共団体が自由に使える一括交付金とすることである。これを実現したものが,2011年度における地域自主戦略交付金の創設である。この制度は,対象事業(社会資本や環境保全施設整備に関する事業等)のなかから地方公共団体が自主的に事業を選択して事業実施計画を作成し,当該事業に要する費用について国が交付金を交付するというものである。同年度は5,120億円が,翌2012年度には8,329億円が,それぞれ内閣府に一括して予算計上された。しかし,2012年に自民党を中心とする連立政権が再度復活したことにより,地域自主戦略交付金は廃止されている。

地方創生関係交付金

　その後,「まち・ひと・しごと創生総合戦略」(2014年12月27日閣議決定)において,地方創生を成し遂げるための3つの基本的視点が提示された。すなわち,①東京一極集中を是正すること,②若い世代の就労・結婚・子育ての希望を実現すること,③地域の特性に即して課題を解決することである。この基本的視点を具体化する施策を掲げるのが,同日閣議決定された「地方への好循環拡大に向けた緊急経済対策」である。これにもとづいて,地域活性化・地域住

民生活等緊急支援交付金（地方創生先行型）が，2014年度補正予算において創設されている。これは，都道府県および市町村が実施する事業のうち，他の地方公共団体の参考となる先駆的事業に対し，国が交付金を交付することにより，地方版総合戦略に関する優良施策の実施を支援する制度である。同補正予算には1,700億円が計上され，「地域商社を核としたマーケットインの一次産業構築・強化事業」（山口県長門市）などの事業に対して交付された。

　2015年度には，「一億総活躍社会の実現に向けて緊急に実施すべき対策」（2015年11月26日一億総活躍国民会議決定）をふまえ，地方創生加速化交付金が創設された。これは，地方版総合戦略に位置づけられた先駆的な取組みの円滑な実施を支援するために設けられたものであり，同年度補正予算において1,000億円が計上されている。地方創生加速化交付金の対象事業は，しごと創生，地方への人の流れ，働き方改革，まちづくりの各分野における事業であり，「駒ヶ根市魅力ある仕事創造・働き方改革推進事業」（長野県駒ヶ根市）など，多数の都道府県・市町村の事業に交付された。

　2016年度当初予算では，地方創生推進交付金が設けられた。この交付金は，地方公共団体による一定の自主的・主体的な取組みのうち，先導的なものを支援するために交付される。2016年度〜2018年度において，それぞれ1,000億円ずつ予算計上されている。さらに，2016年度補正予算では，「未来への投資を実現する経済対策」（2016年8月2日閣議決定）を受けて，地方創生拠点整備交付金が設けられた。この交付金の目的は，地方版総合戦略にもとづく自主的・主体的な地域拠点づくりなどの事業のうち，未来への投資の実現につながる先導的な施設整備を支援することにある。同補正予算において900億円が計上されており，「美郷町移住・定住促進施設整備計画」（宮崎県美郷町）などが同交付金の対象となっている。

　上述の「まち・ひと・しごと創生総合戦略」では，交付金による事業の成果を重要業績評価指標（KPI）によって検証し，改善するしくみ（PDCAサイクル）を確立することとされている。こうした点から，これらの交付金は，使途を狭く縛る個別補助金や，効果検証のしくみを伴わない一括交付金とは異なる，「第三のアプローチ」を志向したものと位置づけられている。

3　自主財源の拡充

　近年行われた改革は，税源移譲を除けば，依存財源たる交付金による財政支援の側面が大きい。しかし，地方公共団体による自立的な地方行政の運営を確保し，もって地方分権を推進するためには，地方公共団体が主体的に調達することのできる自主財源を拡充することが重要である。より一層の税源移譲が行われないなかで，税収を確保するために地方公共団体が実施できることは何か。現行法下において，それは法定税の超過課税（標準税率を超える税率によって課税することをいう。）と法定外税であろう。

　ここでは，法定外税について詳しくみていく。地方税法に規定されるものとは別に税目を起こして課税できるため，超過課税に比して，各地方公共団体の独自性があらわれやすいからである。このほか，自主財源に含めることに躊躇はあるものの，地方公共団体による努力が注目される財源として，いわゆる「ふるさと納税」制度を取り上げることとする。

法定外税

　上述のとおり，法定外税は，地方公共団体による独自の課徴税を可能にする制度である。法定外税には，法定外普通税と法定外目的税の2つがある。これらの意義については，普通税・目的税を理解することが有益である。

　使途を特定せず一般経費にあてる目的で課される租税を普通税といい，最初から特定の経費にあてる目的で課される租税を目的税という（金子 2017: 17）。したがって，法定外普通税とは，法定外税のうち普通税に分類されるものであり，法定外目的税とは，法定外税のうち目的税に分類されるものをいう。

　ここで，地方公共団体が法定外税を賦課徴収するためには，どのような手続が必要なのであろうか。法律の規定をみてみよう。

　新設・変更等の手続　　法定外税を新設・変更するためには，次の2つの手続が必要となる。

　第1に，条例の制定があげられる。地方公共団体が地方税を賦課徴収するには，条例によらなければならない（地税3条1項）。地方税法に定められていな

い税目である法定外税も地方税であるから、当然に、条例の定めが必要となる。

第2に、当該法定外税について、総務大臣と事前に協議をし、その同意を得なければならない（同法259条1項、671条、733条）。この場合において、総務大臣は、以下のいずれにも該当しないときは、当該法定外税に同意しなければならない（同法261条、669条2項、731条2項）。すなわち、①国税または他の地方税と課税標準を同じくし、かつ、住民の負担が著しく過重となること、②地方公共団体間における物の流通に重大な障害を与えること、③このほか国の経済施策に照らして適当でないことである。

かつては、法定外目的税はそもそも認められておらず、また、法定外普通税の新設等に係る手続に関して許可制がとられていた。しかし、地方分権一括法によって地方税法が改正されると、法定外目的税が認められ、また、法定外普通税・法定外目的税ともに総務大臣との事前協議制が採用された。かかる事前協議制につき、総務大臣の同意が必要とされるのであれば従前の許可制と変わらないのではないかという主張がある一方、総務大臣による同意は法定外税の効力要件ではなく手続要件と理解すべきであるとの主張もあるという（宇賀 2017: 172）。法定外税の新設等に関する手続を概観すれば、これは手続要件と理解すべきであろう。総務大臣との協議が整わない場合、地方公共団体は国地方係争処理委員会に審査を申し出ることができるのであり、係争処理委員会による同意すべき旨の勧告にもかかわらず総務大臣が同意しないときは、地方公共団体自身の判断により法定外税の新設等を行うことができるとされているからである（櫻井 2001: 248）。なお、不同意とされた事例に、横浜市勝馬投票券発売税事件（国地方係争処理委員会平成13年7月24日勧告判時1765号26頁）がある。

法定外税の現状　2016年度決算額にもとづけば、法定外税は**表6-3**のとおり実施されている。

2016年度において、法定外税は全国で59件が賦課徴収されており、その税収額は合計で約517億円であった。これは、地方公共団体の地方税に係る税収額のわずか0.13%にすぎず、法定外税が広く活用されているとは言い難い。このような状況に対しては、以下の神奈川県臨時特例企業税条例事件判決（最判平25・3・21民集67巻3号438頁）による影響の可能性を示唆する見解がある（柴 2013: 70）。

表6-3 2016年度法定外税の状況

区分	課税主体		税目	税収額(単位：百万円)
法定外普通税	都道府県	沖縄県	石油価格調整税	1,049
		福井県，愛媛県，佐賀県，島根県，静岡県，鹿児島県，宮城県，新潟県，北海道，石川県	核燃料税	計17,915
		茨城県	核燃料等取扱税	1,215
		青森県	核燃料物質等取扱税	19,708
	市町村	熱海市（静岡県）	別荘等所有税	532
		山北市（神奈川県）	砂利採取税	4
		太宰府市（福岡県）	歴史と文化の環境税	84
		薩摩川内市（鹿児島県）	使用済核燃料税	392
		豊島区（東京都）	狭小住戸集合住宅税	324
		泉佐野市（大阪府）	空港連絡橋利用税	402
法定外目的税	都道府県	三重県，鳥取県，岡山県，広島県，青森県，岩手県，秋田県，滋賀県，奈良県，新潟県，山口県，宮城県，京都府，島根県，福岡県，佐賀県，長崎県，大分県，鹿児島県，宮崎県，熊本県，福島県，愛知県，沖縄県，北海道，山形県，愛媛県	産業廃棄物税等	計6,612
		東京都，大阪府	宿泊税	計2,305
		岐阜県	乗鞍環境保全税	14
	市町村	富士河口湖町（山梨県）	遊漁税	9
		北九州市（福岡県）	環境未来税	534
		柏崎市（新潟県）	使用済核燃料税	991
		伊是名村，伊平屋村，渡嘉敷村（いずれも沖縄県）	環境協力税	30
		箕面市（大阪府）	開発事業等緑化負担税	20

出所：総務省「法定外税の状況」および「法定外税の実施状況」(http://www.soumu.go.jp/main_sosiki/jichi_zeisei/czaisei/czaisei_seido/ichiran01.html, 2018年9月13日最終閲覧）をもとに筆者作成。

　2001年，神奈川県は県臨時特例企業税条例を制定し，道府県法定外普通税を新設した。特例企業税の課税標準には，法人所得の計算上，欠損金を繰越控除しないで算出した金額が用いられている。特例企業税の目的は，法定税である法人事業税につき，地方税法の規定する欠損金の繰越控除を実質的に遮断する効果を生じさせることにあった。最高裁判所は概略次のように述べ，特例企業税条例は地方税法に違反し無効であると判決した。すなわち，欠損金の繰越控除を定める地方税法の規定は強行規定

であるから，条例により欠損金の繰越控除を排除することは，強行規定性と矛盾抵触するものとして許されないとした。

他方で，多くの事例があるわけではないものの，同判決以降も法定外税は新設されている。施行年月日を基準としてみると，法定外普通税として，大阪府泉佐野市の空港連絡橋利用税（2013年3月30日施行），愛媛県伊方町の使用済核燃料税（2018年4月1日施行）がある。また，法定外目的税として，大阪府の宿泊税（2017年1月1日施行），大阪府箕面市の開発事業等緑化負担税（2016年7月1日施行），佐賀県玄海町の使用済核燃料税（2017年4月1日施行），沖縄県座間味村の美ら島税（2018年4月1日施行），京都府京都市の宿泊税（2018年10月1日施行）がある。

地方公共団体は，法定外税の課税客体（課税の対象となる物・行為等）や税率を自由に設定することができる。そのため，地方行政における需要や政策上の必要等，地域の実情に応じて法定外税をさらに活用していくことが期待される。この点につき，神奈川県臨時特例企業税条例事件において，金築誠志裁判官が述べた以下の補足意見は示唆に富む。

> 国税や法定地方税が広く課税対象を押さえているため，これらの税との矛盾抵触を避けて，地方公共団体が法定外税を創設することには，大きな困難が伴うというのが実情かもしれない。しかし，憲法が地方公共団体の条例制定権を法律の範囲内とし，これを受けて地方自治法も条例は法令に違反しない限りにおいて制定できると定めている以上，地方公共団体の課税自主権の拡充を推進しようとする場合には，国政レベルで，そうした方向の立法の推進に努めるほかない場面が生じるのは，やむを得ないことというべきである。

法定外税をさらに拡充するためには，立法措置を講じなければならない。したがって，国による税源に関する改革が，これまで以上に求められることとなる。

ふるさと納税

ふるさと納税の意義　ふるさと納税とは，納税者が地方公共団体に対して寄附を行った場合において，寄附した金額のうち一定の部分を，所得税および個人住民税から控除する制度である（所得税法78条，地税37条の2，314条の7）。

「納税」という語が用いられてはいるものの、任意の地方公共団体に対して実際に納税しているわけではない。法的なしくみとしては寄附金控除である。

「ふるさと納税研究会報告書」(2007年10月) によれば、ふるさと納税の意義は次の3点にある。第1に、納税者の選択である。納税者はその意思にもとづいて「納税」の対象たる地方公共団体を選択することができるため、ふるさと納税は、納税の重要性を自覚する貴重な機会となる。第2に、ふるさとの大切さである。ふるさと納税は、ふるさとの恩に感謝する契機となるのみならず、応援する地域に貢献したいという真摯な思いを実現しうるものである。第3に、自治意識の進化である。寄附金の使途や期待される成果等につき、効果的な情報提供をめぐって地方公共団体間における競争が刺激されることから、ふるさと納税は、寄附を行う／受けるに相応しい地域のあり方を再考する端緒となる。

また、ふるさと納税は「ライフサイクル・バランス論」を内包しているという (佐藤 2008)。これは、生涯を通じた行政サービスの享受と税負担とを均衡させる考え方であり、受益と負担に乖離が生じているとの現状認識にもとづいている。すなわち、子どもや高齢者の世代が地方において行政サービスを享受し生活する一方で、租税は働き盛りの世代の数多くが移り住んだ大都市圏に納められている。これを是正することが、ふるさと納税の必要性の根拠となりうると考えられる。

なお、ふるさと納税を語るうえで避けて通れないものに、寄附に対する「返礼品」がある。これについては後述する。

企業版ふるさと納税　以上は、所得税および個人住民税に関する制度である。他方、法人については、2016年に地域再生法が改正されたことにより、地方創生応援税制 (いわゆる「企業版ふるさと納税」) が創設されている (地域再生法13条の2)。地方創生応援税制は、地方創生の取組みの実効性を向上させるために、地方創生事業に対する民間企業の資金の新たな流れを創出することを目的としている。

ふるさと納税が所得税および個人住民税に係る寄附金控除であったことと同様に、地方創生応援税制も寄附金に関する特例である。その内容は、一定の地方創生事業に対する寄附を行った法人の法人税、法人住民税および法人事業税

について，合計で寄附額の3割に相当する額の税額控除がなされるというものである（地税8条の2の2，9条の2の2，租税特別措置法42条の12の2，68条の15の3）。なお，寄附を行った法人に対する「返礼品」等の利益供与は，明文をもって禁止されている（地域再生法施行規則13条）。

ふるさと納税の功罪　　ふるさと納税制度の創設以降，地方公共団体に対する寄附金の額は年々増加している。この点は，ふるさと納税制度の大きな成果といえる。総務省自治税務局市町村税課「ふるさと納税に関する現況調査結果（平成29年度実績）」（2018年7月6日）によれば，2017年度においては，合計で1,730万件，約3,653億円もの寄附がなされている。ふるさと納税の使途を選択できる地方公共団体は全体の94.5％であり，使途の分野は教育・人づくりが最も多い。

　また，内閣府地方創生推進事務局「地方創生応援税制（企業版ふるさと納税）の寄附実績（平成28年度，29年度）について」によれば，2016年度および2017年度において，法人から合計で1,771件，約31億円もの寄附がなされている。この税制の対象となった事業のうち，受入件数，受入額の双方が最も多い事業分野は，しごと創生（地域産業振興，観光振興，農林水産振興，ローカルイノベーション，人材の育成・確保等）であった。産業や人材への関心が高いことがうかがえる。

　ところで，ふるさと納税について，大阪府泉佐野市の2017年度における寄附受入件数は86万2,082件，受入額は約135億円であり，他の地方公共団体に比べ突出して多い（第2位の宮崎県都農町は，寄附受入件数43万18件，受入額約79億円であり，泉佐野市のおよそ2分の1程度である。）。その理由は「返礼品」にあると推測される。総務省自治税務局市町村税課「ふるさと納税に係る返礼品の見直し状況についての調査結果（平成30年9月1日時点）」（2018年9月11日）によれば，寄附者に対する同市の返礼品は，食肉，海産物，加工食品，和菓子，果物，野菜，酒類，格安航空会社のポイント等多岐にわたり，その返礼割合（寄附額に対する返礼品の調達価格の割合）は5割である。寄附額の半額が返礼品の調達に費消されているのみならず，同市の産業と関連のない物品も多数送付されている。加えて，同市のウェブサイトを閲覧すると，寄附額に応じて「コース」が設定されており，相応の返礼品を選択できることがわかる。これでは，無償の

表6-4　寄附金控除対象団体の要件

寄附金控除の対象となる地方公共団体		総務大臣が指定した都道府県または市町村（合わせて，以下「都道府県等」という）に限られる。
総務大臣による指定等	基準	(1) 寄附金の募集を適正に実施する都道府県等であること。
		(2) (1)の都道府県等が返礼品を送付する場合には，次のいずれも満たしていること。
		①返礼品の返礼割合を3割以下としているもの。
		②返礼品を地場産品としているもの。
		基準は総務大臣が定める。
	指定は，都道府県等の申出により行う。	
	総務大臣は，指定をした都道府県等が基準に適合しなくなったと認める場合等には，指定を取り消すことができる。	
	基準の制定・改廃，指定やその取り消しについては，地方財政審議会の意見を聴かなければならない。	
適用時期		2019年6月1日以後に支出された寄附金について適用される。

出所：「平成31年度税制改正の大綱」（2018年12月21日閣議決定）をもとに筆者作成。

経済的利益の供与である寄附ではなく，返礼品の「購買」と誤解されてしまう。

たしかに，それぞれの地域における特産物を紹介することにより，地場産業の振興に寄与する面はある。しかし，一部の地方公共団体が高い返礼割合を維持し続けるとなれば，過剰な返礼品競争を惹起し，寄附金の争奪戦を招来しかねない。そのうえ，一般に富裕層は都市部に集まることから，返礼品により都市部の住民が一層豊かになるという，地方創生とはかけ離れた結果につながる可能性が指摘されている（渡辺 2017: 48）。2015年度以降，総務大臣は通知を発し，各地方公共団体に「良識ある対応」を求めている。先に掲げたふるさと納税の理念を没却させることのないよう，節度をもって運用することが強く望まれる。

なお，泉佐野市は，肉・米・蟹といった人気の地場産品がないなかで，「アイディア」を積み重ねてきた結果であり，総務大臣による通知は，同市の努力を踏みにじるものであると反論した。寄附が一部の地方公共団体に偏らないしくみや納得できるルールづくりに向け，「アイディア」を出し合うべきであろう。

このような状況に対処するため，2018年12月21日に閣議決定された平成31年

度税制改正大綱では,「過度な返礼品を送付し,制度の趣旨を歪めているような団体については,ふるさと納税(特例控除)の対象外にすることができるよう,制度の見直しを行う」こととされた。制度の概要は,**表6-4**のとおりである。

「ふるさと納税」の理念に則して制度を適切に運用すべきことはいうまでもない。しかし,こうした手法は,総務大臣による指定を通じて国が行う,地方公共団体の自治財政権に対する制約にほかならない。従前の上下・主従の関係を想起させるような,地方分権の流れに逆行する改正であるとする評価すらありうる。より望ましい「ふるさと納税」制度の確立に向けて,国と地方の協議がこれまで以上に必要となろう。

4 財政の健全化・再生

これまでさまざまな施策により,地方財政に対する手当てが模索されてきた。しかし,多くの地方公共団体は,依然として厳しい財政状況にある。地方公共団体が破綻してしまわないために,財政を早期に健全化し,または,再生する必要がある。ここでは,そのための制度をみていこう。

地方公共団体の財政の健全化に関する法律

地方公共団体の財政の健全化に関する法律(地方財政健全化法)は,2007年に制定され,2009年4月から施行されている。同法を制定する起点は,「地方分権21世紀ビジョン懇談会報告書」(2006年7月3日)による,次のような提言である。すなわち,財政破綻の事態を回避するために,透明なルールにもとづく早期是正措置を講じ,それでも是正できない場合には再生手続に移行するという2段階の手続とすべきである。この後,「新しい地方財政再生制度研究会報告書」(2006年12月8日)を受けて法案が作成され,成立に至った。従前において地方公共団体の財政再建制度を規定していた地方財政再建促進特別措置法は,地方財政健全化法の施行とともに廃止されている。

地方財政健全化法の要点は,健全化判断比率の公表等,財政の早期健全化,財政の再生という3つの制度にあるといえる。財政の早期健全化および財政の

再生が，上述の2段階の手続にあたる。また，これらの手続の透明性を確保するための制度として，健全化判断比率の公表等が設けられている。以下，改めて述べる。

健全化判断比率の公表等

地方財政健全化法3条は，地方公共団体の長に対して，次の3点を義務づけている。すなわち，健全化判断比率およびその算定の基礎となる事項を記載した書類を監査委員の審査に付すこと，監査委員の意見を付して健全化判断比率を議会に報告すること，健全化判断比率を公表すること，である。これらは，地方公共団体の長が毎年度，前年度の決算の提出を受けた後，速やかに行われなければならない。ここで「健全化判断比率」とは，①実質赤字比率，②連結実質赤字比率，③実質公債費比率，④将来負担比率をいい，地方財政の早期健全化に必要な財政指標であるとされる。きわめて簡略にいえば，①と②は赤字額の，③は地方債の元利金額の，④は現在の負債額の，それぞれ財政規模に対する割合を意味する。なお，①～③を合わせて「再生判断比率」という。

財政の早期健全化・財政の再生

地方公共団体は，健全化判断比率のうちのいずれかが早期健全化基準以上である場合，財政健全化計画を定めなければならず（地方財政健全化法4条1項），また，再生判断比率のいずれかが財政再生基準以上である場合，財政再生計画を定めなければならない（同法8条1項）。これらの計画は，地方公共団体の長が作成し，議会の議決を経て定められる（同法5条1項，9条1項）。

財政健全化計画を定めている地方公共団体の長は，当該計画の実施状況を議会に報告し，かつ，これを公表するとともに，総務大臣（政令指定都市を除く市町村および特別区の長にあっては都道府県知事）に対して，これを報告しなければならない（同法6条）。また，財政再生計画を定めている地方公共団体の長には，当該計画の実施状況を議会に報告し，かつ，これを公表するとともに，総務大臣（政令指定都市を除く市町村および特別区の長にあっては都道府県知事を経由して総務大臣に），これを報告することが義務づけられる（同法18条）。

財政健全化計画および財政再生計画において策定しなければならない内容

表6-5 財政健全化計画・財政再生計画の策定内容

財政健全化計画	財政再生計画
健全化判断比率が早期健全化基準以上となった要因の分析	再生判断比率が財政再生基準以上となった要因の分析
計画期間	計画期間
財政の早期健全化の基本方針	財政の再生の基本方針
一般会計等における歳入と歳出との均衡を実質的に回復するための方策	次に掲げる計画およびこれに伴う歳入または歳出の増減額 ・歳出の削減を図るための措置に関する計画 ・地方税等の収入につき，通常以上の徴収成績に高めるための計画 ・過年度における地方税等の滞納額に係る徴収計画 ・歳入の増加を図るための措置に関する計画 ・法定普通税の超過課税，または，法定外普通税の賦課による地方税の増収計画
連結実質赤字比率，実質公債費比率または将来負担比率を早期健全化基準未満とするための方策	
各年度の上記方策に係る歳入および歳出に関する計画	上記計画を含む各年度の歳入および歳出に関する総合的な計画
	再生振替特例債の各年度の償還額（当該特例債を起こす場合に限る）
各年度の健全化判断比率の見通し	各年度の健全化判断比率の見通し
その他，財政の早期健全化に必要な事項	その他，財政の再生に必要な事項

出所：筆者作成．

は，表6-5のとおりである（同法4条2項各号，8条3項各号）。

　総務省「平成28年度決算に基づく健全化判断比率・資金不足比率の概要（確報）」（2017年11月30日）によれば，2016年度決算にもとづき，財政再生基準以上となった地方公共団体は北海道夕張市のみであった。同市は，旧地方財政再建促進特別措置法にもとづいて，2006年度に財政再建計画を策定し，同年度からこれを実施していた。2009年度には，地方財政健全化法にもとづいて財政再生計画を策定しており，現在も計画に修正を加えながら，財政再生に向けて確実に歩みを進めている。

📖 理解を深めるために

碓井光明，1999，『要説 自治体財政・財務法 改訂版』学陽書房．
　地方財政に関する法律全般についてまとめられている。刊行から時間が経過してし

まっているため，現行の法令を適宜確認しつつ読み進めてほしい。

碓井光明，2001，『要説 地方税のしくみと法』学陽書房.
　なかなか理解しがたい地方税に関する法制度について学習する際には，本書を基本とするとよい。こちらも，刊行から時間が経過してしまっているため，現行の法制度を確認する必要がある。

渋谷雅弘，2017，「中央政府・地方政府・租税」金子宏監修，中里実・米田隆・岡村忠生編『現代租税法講座 第1巻 理論・歴史』日本評論社.
　地方税の理論的背景を解説した論稿であるものの，地方税にとどまらず租税そのものに対する理解を深めるうえでも欠かすことのできない一篇である（このほか，本書には第一線で活躍する研究者の論稿が多数登載されており，租税法分野全般についても大いに参考となる。内容はやや難しいかもしれないが，ぜひ一読してほしい）。

小西砂千夫，2018，『新版 基本から学ぶ地方財政』学陽書房.
　地方公共団体の財政のしくみについて，現行制度の全体像を学ぶ際には，本書の参照が有益である。経済学からのアプローチは，法学とは違った新たな視点を提供するものであろう。

平岡和久，2017，「シンポジウム・地方創生と財政法 地方財政制度改革の現状と課題」日本財政法学会編『地方創生と財政法』日本財政法学会，33: 9-28.
　地方財政に関する近似の諸改革が整理されている。それぞれの改革がどのような状況のなかで行われたのか，その位置づけや流れを把握したい場合に適した文献である。

参考文献

市川直子，2017，「地方財政制度改革への憲法的視点」日本財政法学会編『地方創生と財政法』日本財政法学会，33: 29-42.
宇賀克也，2017，『地方自治法概説 第7版』有斐閣.
碓井光明，1979，『地方税条例』学陽書房.
金子宏，2017，『租税法 第22版』弘文堂.
小早川光郎，2009，「地方分権と地方財政健全化法——公法学の視点から」日本財政法学会編『自治体財政の健全化』全国会計職員協会，25: 9-19.
櫻井敬子，2001，『財政の法学的研究』有斐閣.
佐藤英明，2008，「『ふるさと納税研究会報告書』とふるさと納税制度」『ジュリスト』1366: 157-161.
柴由花，2013，「新たな法定外普通税は認められにくくなるのか」『税』68(7)：64-71.
白藤博行，2004，「シンポジウム・地方税財源確保の法制度 地方分権改革論と地方税財源問題——最近の自治体再編を中心に，行政法学からの若干の検討」日本財政法学会編『地方税財源確保の法制度』龍星出版，20: 9-26.

関野満夫，2004,「財政システム改革と税源移譲」日本財政法学会編『地方税財源確保の法制度』龍星出版，20: 27-47.
谷山治雄，2002,「税源配分と地方財政」日本財政法学会編『地方財政権』龍星出版，18: 9-17.
保田隆明，保井俊之，事業構想大学院大学ふるさと納税・地方創生研究会編，2017,『ふるさと納税の理論と実践』事業構想大学院大学出版部／宣伝会議.
光本伸江編，2011,『自治の重さ──夕張市政の検証』敬文堂.
渡辺徹也，2017,「所得税 最近の税制改正における寄附金の扱い──大学等への寄附・ふるさと納税・格差問題を中心に」『税務事例研究』156: 28-60.

【吉田貴明】

コラム6：災害復興とふるさと納税

　2018年，さまざまな自然災害が日本列島を襲った。7月豪雨，台風21号，北海道胆振東部地震，台風24号が，各地に甚大な被害をもたらしたことは記憶に新しい。被災地が有するリソースだけでは，災害からの復興は困難をきわめる。たとえば，被災地における地方公共団体の職員は，最小限度とはいえ，平常業務を維持したまま，被害状況の把握や被災者への対応等を行わなければならない。庁舎や備品等に損壊が生じれば，情報の整理や窓口対応さえ十分に実施できない。財政の面においても，厳しい状況の発生は想像に難くない。

　一般に，大規模な災害が発生した場合，各種の租税手続に関して期限の延長が認められる。この場合，納期限の延長や徴収の猶予により，税収は平常時よりも少なくなる。つまり，復興のために多額の支出が見込まれるにもかかわらず，その原資を調達することがより難しくなるのである。そのため，災害復興には，国等による財政支援措置が不可欠であるといえよう。先に例示した災害に関して，国は，予備費を活用して当座の支援を行うとともに，2段階の補正予算を編成し対応するとしている。しかし，補正予算が成立し執行されるまでには，少なからぬ時間を要すると見込まれる。

　そこで，被災地が抱える財政上の困難に関して注目されるのが，ふるさと納税を用いた復興支援である。当然ながら，ふるさと納税を受けた地方公共団体においては，返礼品を調達する資金にも，返礼品の送付作業を行う人員にも，余裕などない。そもそも，ふるさと納税を受け入れる体制を整えることすらできていない。こうした状況のなか，他の地方公共団体やふるさと納税関連のウェブサイトが窓口となって，被災地に対して多額の寄附が集まっているという。このような支援は，まさに，被災地に「貢献したいという真摯な思いを実現」するという，ふるさと納税の理念に合致する寄附にほかならない。

　災害から復興するために，マンパワーや物資もたしかに重要なものではある。しかし，被災地の事情を顧みない独善的な活動が行われることにより，かえって必要な支援が届かない場合もある。このような事態を生み出してしまわないためにも，ふるさと納税を活用し，資金面における支援を検討してもよいであろう。筆者の友人で，ふるさと納税に関する事務を担当していたある市町村職員は，返礼品競争によって制度の趣旨がないがしろにされている状況を「ネットショッピング節税」と皮肉った。災害が頻発するいまだからこそ，無償の経済的利益の供与たる寄附本来のあり方を，わが国にも根づかせるべきではなかろうか。(吉田貴明)

第7章　住民の権利と義務

　私たちは憲法で居住・移転の自由（憲22条）が保障されていることから，全国どの地方公共団体においても居住し，また転居することができる。そして地方公共団体に居住・転居し，その区域内に「住所」（生活の本拠）を有することが認められれば，私たちは，国籍や年齢等を問わず，その地方公共団体の「住民」として住民基本台帳に登録され，その地方公共団体との関係で種々の権利義務を有し，また地方公共団体が提供するさまざまな公的サービスを受けることができる。
　しかし，住民に認められている重要な権利のうち，公の施設の利用権は，すべての住民に対して平等に認められているのに対して，選挙権・被選挙権をはじめとする参政権および条例の制定・改廃請求などの直接請求権の行使は日本国籍を有する18歳以上の住民に限定されており，外国籍の住民には認められていない。以下，住所と住民の意義をふまえて住民の権利を中心に説明する。

1　住民と住所

概説

　地方自治法は，「市町村の区域内に住所を有する者は，当該市町村及びこれを包括する都道府県の住民とする。」（地自10条1項）と規定し，「市町村の区域内に住所を有する」という事実だけを当該市町村（およびそれを包括する都道府県）の住民の要件としている。したがって，自然人はもとより法人も住民であり，自然人については「生活の本拠」（民22条），法人については「主たる事務所の所在地」（一般法人法4条）または「本店の所在地」（会社4条）が住所とされる。また，住民は，国籍や年齢を問わず，外国人であれ未成年者であれ，住所があれば住民に含まれる。この住所の有無の認定について，最高裁は，住所とは，生活の本拠，すなわち，その者の生活に最も関係の深い一般的生活，全生活の中心を指すものであり，一定の場所がある者の住所であるか否かは，客

観的に生活の本拠といえる実体を具備しているか否かにより決すべきものと解するのが相当である（最大判昭29・10・20判時37号3頁）と判示している。

ただし，実務的には，市町村に整備が義務づけられた「住民たる地位に関する正確な記録」（地自13条の2）である「住民基本台帳」に登録され（てい）ることにより住民であることが公証され，この住民基本台帳への登録が選挙権・被選挙権，納税義務，さまざまな福祉サービスの受給資格などの有無を決定する根拠とされる。住民基本台帳制度は，「住民の居住関係の公証，選挙人名簿の登録その他の住民に関する事務の処理の基礎とするとともに住民の住所に関する届出等の簡素化を図り，あわせて住民に関する記録の適正な管理を図るため，住民に関する記録を正確かつ統一的に行う」（住基台帳1条）制度であり，市町村長は転入届等の届出があったときは，その内容が事実かどうかを審査して住民票の記載等を行わなければならない（同施行令11条）が，その場合の市町村長の審査は，届出内容が事実に合致しているか否か，たとえば，転入届の場合は，当該市町村の区域内に住所を定めた事実があるか否かに限定され，転入者が住民の生命・身体・財産等の安全を害する危険性が高度に認められるというような特別の事情があるとして転入届を受理しないことは実定法上の根拠を欠き許されない（最判平15・6・26判時1831号94頁）。

外国人住民

外国人も地方公共団体の区域内に住所があれば当該地方公共団体の住民として認められ，住民の資格を前提に認められている諸権利を有するとともに，さまざまな公的サービスを受けることができる。たとえば，後述する公の施設の利用（地自244条），住民監査請求（地自242条）と住民訴訟（地自242条の2）の提起の資格は，「住民」とされているので，外国人住民にもそれらの権利が認められるが，他方，選挙権・被選挙権（地自18・19条）や直接請求権（地自12・13条）については，「選挙権を有する住民」，すなわち，日本国民を前提としているため，外国人住民には認められない。

従来，外国人住民については外国人登録法が適用され，在留資格の手続が入国管理局と市町村の両方に必要であった。国際結婚の家族等は住民票と外国人登録で別々の証明書しか受けられなかったり，外国人登録とは別に国民健康保

険等の届出が必要であったり，外国人住民の居住実態の正確な把握が困難であった。また，外国人登録制度と住民基本台帳制度で別々の運用や取り扱いが必要であったが，2012年7月の住民基本台帳法の改正により外国人住民にも住民票が作成されることとなり，同時に，外国人登録法は廃止となった。この制度改正により，中長期在留者（在留カード交付対象者）および特別永住者等を対象として住民票が作成されることとなった。在留資格の手続は入国管理局のみで済み，国際結婚の家族等であっても1通に世帯全員が記載された住民票の写しが受けられ，転入届により国民健康保険等の届出もされたとみなされ，現況に即した住民票の記載が可能となった。教育・福祉等においても，正確な情報による行政サービスが提供されるなど外国人住民の利便性が増進し，また住民基本台帳制度への一元化が図られ，各種事務処理の電算化等を通じた効率化・迅速化が図られるなど行政の合理化が進むこととなった。

住所の有無が問題となった事例

前述のように，住民としての要件である住所は生活の本拠とされるが，この生活の本拠の認定をめぐって以下のような興味深い事例がある。

2004年，長野県のT知事が「好きな自治体に住民税を納めたい」として，長野市のマンションを残したまま同県の泰阜村（やすおかむら）に住民票を移し同村選管が選挙人名簿に登録したところ，長野市選管は「村に生活実態はない」として選挙人名簿から抹消しなかったために選挙人名簿の二重登録が生じた問題で，裁判所は，T知事の住所の認定にあたり，泰阜村での滞在日数や知事としての執務状況から，T知事の生活の本拠，すなわち生活に最も関係の深い一般的生活の中心が泰阜村に移転したものとは認められないと判断した（長野地判平16・6・24判例秘書登載）。この住所の認定をめぐる問題には，さらに，市町村民税を課税できるのはどちらの自治体かという問題もあり，住民基本台帳に記録されていなくとも住所を有する場合は，その自治体が課税することができることが認められている（地税294条2～4項）。

大阪市が設置・管理する公園内のテントを起居の場所とする生活を送っていたホームレスの人（X）が，このテントの所在地を住所とする転居届を提出したところ，大阪市が不受理としたため，この不受理処分の取消を求める訴訟を

提起した裁判において，この公園内のテントが生活の本拠たる住所として認められるか否かが争点となった。第１審（大阪地判平18・1・27判タ1214号160頁）は，本件テントの所在地は，「客観的にみて，Ｘの生活に最も関係の深い一般的生活，全生活の中心として，生活の本拠たる実体を具備しているものと認められ」，「その者が当該場所について占有権原を有するか否かは，客観的事実としての生活の本拠たる実体の具備とは本来無関係というべきであ」るとしてＸの請求を認容した。これに対して第２審（大阪高判平19・1・23判時1976号34頁）は，本件テントは，「未だ土地に定着しているものとみることはでき」ず，「Ｘの日常生活は，独立の電気設備もなく，生活基盤として使用する飲料水や洗濯用等の水道設備や排泄設備も，一般市民の用に供するために都市公園の公園施設として設置されている各設備に専ら依存するという便宜的なものである」から，本件テントにおけるＸの生活の形態は，「健全な社会通念に基礎付けられた住所としての定型性を具備していると評価することはでき」ず，生活の本拠としての実体があるとはいえないとしてＸの請求を棄却し，最高裁（最判平20・10・3判時2026号11頁）も高裁の判断を支持した。しかし，生活の本拠，すなわちその人の生活に最も関係の深い所在地の認定は，専ら客観的・具体的な事実によって行われるべきであるから，その判断に「社会通念」という主観的・抽象的な考慮要素を付加したことには問題があると思われる。

　地方自治体レベルの選挙においては，選挙の３か月以上前に転入届が受理されれば選挙人名簿に登録されて投票することができるが，このしくみを逆手にとって，候補者の親族，友人などの支持者が選挙前に候補者が立候補する市町村に転入届を出し投票を済ますと直ちに転出届を出して旧住所に帰るという，いわゆる架空転入が問題となった事例がある。ある町議会議員選挙に際して，現実の住所移転を伴わない大量の架空転入があったにもかかわらず，選挙管理委員会がその調査を怠ったために有権者の１割近い被登録資格のない者を選挙人名簿に登録して選挙が行われたため，このような選挙人名簿にもとづいてなされた選挙の無効が争われた訴訟において，最高裁は，選挙管理委員会には被登録資格の一つである当該市町村の区域内に住所を有するか否かにつき特に慎重な調査を実施して適正な登録の実現を図る義務があるところ，調査が住所の有無を具体的事実にもとづいて明らかにすることなく，単に調査対象者あてに

文書照会をしたり，その関係者の言い分を徴するにとどまるのであって，その実質が調査というに値せず，調査としての外形を整えるにすぎないときには，選挙人名簿の調製手続の全体に通ずる重大な瑕疵があるものというべきであるとして，選挙人名簿の登録の瑕疵は選挙無効原因たる「選挙の規定に違反する」場合にあたらないとして請求を棄却した原判決を破棄，原審に差戻し（最判昭60・1・22判時1144号67頁），原審は選挙管理委員会の調査義務違反を理由に本件選挙を無効とした。

　市町村議会議員の選挙に立候補するためには，住所要件すなわち当該市町村に引き続き3か月以上住所を有すること，正確には，選挙の告示日（選挙人名簿への選挙時登録の基準日）前の3か月以上住所を有することが必要であるが，裁判所は，「生活の本拠たる実体」の有無を電気や水道の使用量など客観的な事実の詳細な調査にもとづいて判断している。地方自治体議会の議員の住所要件が裁判所で争われた例は多いが，生活の本拠の有無の判断が異なる最近の裁判例を紹介する。

　2017年4月の静岡県伊豆の国市議選で当選したG議員について静岡県選挙管理委員会が同市の住民からの申立てにもとづいて行った当選無効裁決の取り消しが争われた訴訟（公選206・207条）において，東京高裁は，伊豆の国市の借家は水道の故障により風呂も洗面所も使用できないなど住居としての基本的な機能が欠けていること，撮影された室内外の写真をみても当該借家は仮住まいとしか評価できないこと，入浴と洗濯および自宅で摂る食事のほとんどは病気療養中の長女が居住する伊豆市でされていること，本件選挙前において当該借家での宿泊割合は4～5割であることを総合考慮すれば，当該借家での生活は，それ自体として完結できるものではなく長女の家での生活があって初めて成り立つものであり，客観的に生活の本拠といえる実体を具備しているとはいえないとして，当選無効の本件裁決に違法はないと判示した（東京高判平30・1・18判例秘書登載）。

　他方，2012年の徳島県藍住町議選で当選したN議員について同町議会が被選挙権を有しないとした決定（地自127条）の取り消しが争われた訴訟において，高松高裁は，Nの本件建物での水道や電気の使用量は一般には通常の社会生活が成り立たないほど極端に少ないものであって，電気や水道の使用量が少ない

のは食事や入浴を外で済ませ湧水を飲み水に使用するというライフスタイルの結果であるとするNの説明は一般の社会通念からするとおよそ了解不可能なものであるものの，Nが本件選挙前3か月間において本件建物にいるNの姿などを撮影した撮影日時入りの写真からすると，Nが当該期間のうち50日程度は本件建物で起居し朝食もとっていたものと認められること，Nが本件建物内に日常生活に必要な家具や調度品を置いており近隣住民とも交流してきたこと等の事情からすると，Nが当該期間において本件建物を起臥の中心的な場所として相応の社会的生活を営んできたと認められるとして，本件資格決定を違法であると判示した（高松高判平29・1・31判タ1437号94頁）。

2　選挙権と被選挙権

住民の権利と義務

「市町村の区域内に住所を有する」ことをもって住民として認定された者は，法律の定めるところにより，その属する地方公共団体の「役務の提供をひとしく受ける権利を有し，その負担を分任する義務を負う」(地自10条2項)。住民が負う義務は，住民税をはじめとする各種の地方税（固定資産税，軽自動車税，都市計画税など），分担金，使用料，手数料(地自223条～229条)や受益者負担金(道路61条，河川70条など)等の納付義務である。他方，住民には「役務の提供」すなわち地方自治体が行うさまざまな公的サービス（ゴミの収集，上下水道，教育・医療・福祉などの分野の事業）を平等に受ける権利が廃棄物処理法，水道法，学校教育法，国民健康保険法，生活保護法など多くの法律で保障されているが，さらに住民としての資格に伴う重要な権利が保障されており，以下，選挙権・被選挙権，直接請求権，公の施設の利用権について説明する。

選挙権

憲法は，地方公共団体の住民には，その属する地方公共団体の長，その議会の議員および法律の定めるその他の吏員を直接選挙する権利を認めている（憲93条2項）。すなわち，住民には，都道府県知事と市町村長，都道府県議会議員と市町村議会議員の4種類の選挙における選挙権が認められている（表7-1）。

表7-1　選挙制度の概要

		選挙権の要件			被選挙権の要件		
		日本国籍	年齢	住所	日本国籍	年齢	住所
衆議院議員		○	18歳以上	×	○	25歳以上	×
参議院議員		○	18歳以上	×	○	30歳以上	×
地方公共団体の議会の議員	都道府県	○	18歳以上	○	○	25歳以上	○
	市町村	○	18歳以上	○	○	25歳以上	○
地方公共団体の長	都道府県	○	18歳以上	○	○	30歳以上	×
	市町村	○	18歳以上	○	○	25歳以上	×

出所：筆者作成（参考，大城 2017: 40-41）。

　他方、「法律の定めるその他の吏員」の例は現在みられず、昭和22年の（旧）教育委員会法が教育委員会の委員について公選制を採用していたのがこれまでの唯一の例であるが、この公選制は、昭和31年の地方教育行政組織法により長が議会の同意を得て任命される制度に変更された。

　これら4種類の選挙における選挙権者について、憲法上は「住民」という言葉が使われているが、この「住民」は、前述した地方自治法上の「住民」（地自10条）とは異なり、国民主権の原理及び憲法15条1項の趣旨に鑑み、地方公共団体が我が国の不可欠の要素を成すものであることをも併せ考えると、地方公共団体の区域内に住所を有する「日本国民」を意味すると解するのが判例である（最判平7・2・28判時1523号49頁）。地方自治法および公職選挙法も、選挙権を有するのは、「日本国民」たる地方公共団体の住民であることを明示している（地自11条、公選9条2項）。

　また、住民の選挙権には、日本国民であること、年齢満18年以上であることのほかに、引き続き3か月以上市町村の区域内に住所を有すること（いわゆる「住所要件」）が必要である（地自18条、公選9条2項）。国政選挙（衆議院議員および参議院議員選挙）の選挙権には住所要件は課せられていない（公選9条1項）にもかかわらず、地方自治体レベルの選挙権には住所要件が課せられているのは、その立法趣旨によれば、地方公共団体は地縁団体であるから、住民と土地との繋がりが絶対に必要であり、地方公共団体の構成員として地方公共団体内の事件について関心と責任を感じるようになるまでの居住期間が必要であると

の考慮によるとされており（府県制・市制・町村制が昭和21年に改正された際の帝国議会における大臣答弁），また裁判所も「国民各自が最も深い政治的な結び付きをもつている土地の地方公共団体，国民各自の市民生活が政治的に最も大なる影響を受け，従つて又国民各自の政治的関心の最も深かるべき地方公共団体の政治に参与せしめんとし，地方自治上の選挙権の行使が最も適正に行われることを期したものであ」ると判示している（水戸地判昭29・3・18判時24号3頁）。

したがって地方自治レベルの選挙権が認められるためには，日本国民であること，18年以上であること，および3か月以上市町村の区域内に住所を有することという3つの要件（積極的要件）が課されているが，これらの要件を満たしている場合でも，以下の者には，選挙権が認められていない（消極的要件）。すなわち，禁錮以上の刑に処せられその執行を終わるまでの者（受刑者），公職にある間に犯した収賄罪（刑法197条〜197条の4）またはあっせん利得罪（「公職にある者等のあっせん行為による利得等の処罰に関する法律」1条）により刑に処せられその執行を終わった日から5年を経過しない者またはその刑の執行猶予中の者（以上，公選11条1項），公職選挙法が規定する選挙に関する犯罪（買収や利害誘導罪など）により選挙権が停止されている者（公選11条2項，252条），政治資金規正法が規定する犯罪（政治団体の届出前の寄附または支出など）により選挙権を停止されている者（政規28条）などである。なお，かつては成年被後見人も消極的要件とされていた（公選11条1項1号）が，一律に選挙権を剥奪することは憲法違反であるとする判決（東京地判平25・3・14判時2178号3頁）を受けて，この規定は削除された。

このように選挙権は，上記の積極要件を満たし消極要件に該当しない者について認められるが，実際に選挙権を行使，すなわち投票をするためには，選挙人名簿に登録されていなければならない（公選42条1項）。この選挙人名簿は，選挙権を有する者をあらかじめ登録しておき，投票のときに照合して，選挙人であるか否かを確認するための名簿であり，市町村の選挙管理委員会が調製・保管の任にあたり，毎年，3月，6月，9月および12月（定時登録）並びに選挙を行う場合（選挙時登録）に登録が行われる（公選19条2項）。一旦要件を満たす者として有効に登録されたときは，その登録は死亡やほかの市町村への転出などのため選挙人名簿から抹消される場合を除き永久に有効である（永久選挙

人名簿)。選挙人名簿の登録要件は、「当該市町村の区域内に住所を有する年齢満18年以上の日本国民」で、「その者に係る登録市町村の住民票が作成された日から引き続き3箇月以上当該市町村の住民基本台帳に記録されている者」について行われる（公選21条1項）。このため、国政選挙の場合は、たしかに法的には住所要件は課されていないが、選挙人名簿への登録は住民票が作成された日（転入届を出した日）から3か月経過した住民について行われるため、実際には3か月の住所要件が求められることになり、短期間で住所を転々とする場合には登録されず投票ができないことになる（ただし、一旦登録されれば転居後も4か月間は抹消されず、定時登録は年4回であることから、投票できないのはきわめて例外的である）。

定住外国人の選挙権

上述のように、憲法93条2項に規定する「住民」は日本国籍を有する住民であると解するのが通説判例であることから、日本国籍を有しない、いわゆる定住外国人（在留許可を得ている外国人や永住者など）は、地方自治法上の住民ではあるが、国政レベルはもとより、地方自治レベルの選挙における選挙権をも有しない。しかし、最高裁は、憲法が地方自治制度を保障しているのは、「民主主義社会における地方自治の重要性に鑑み、住民の日常生活に密接な関連を有する公共的事務は、その地方の住民の意志に基づきその区域の地方公共団体が処理するという政治形態を憲法上の制度として保障しようとする趣旨」であると解されるから、「我が国に在留する外国人のうちでも永住者等であってその居住する区域の地方公共団体と特段に緊密な関係を持つに至ったと認められるものについて、(中略)法律をもって、地方公共団体の長、その議会の議員等に対する選挙権を付与する措置を講ずることは、憲法上禁止されているものではないと解するのが相当である」と判示して、将来、公職選挙法等の改正により、一定の定住外国人に地方自治レベルの選挙における選挙権を付与することは可能であることを明らかにしている（最判平7・2・28判時1523号49頁）。

被選挙権

地方自治レベルの4種類の選挙における選挙権には、すべて3か月の住所要

件が課せられており，また被選挙権においても，地方公共団体の議会の議員の被選挙権には住所要件が課せられている（地自19条1項，公選10条1項3号・5号）が，長の被選挙権には住所要件が課せられていない。すなわち，日本国民で年齢満30年以上のものは都道府県知事の，また日本国民で年齢25年以上のものは市町村長の，各被選挙権を有する（地自19条2項・3項，公選10条1項4号・6号）。したがって，都道府県知事および市町村長には，当該地方公共団体に住所を有していなくても立候補することができる。地方公共団体の長の被選挙権に住所要件が課せられていないのは，「汎く全国に人材を求めてその中から最も適任なる者を選出せしむることを適当とする趣旨」（上記旧制度改正時の大臣答弁）とされている。

　なお，被選挙権に課されている年齢要件が選挙権のそれと比べて高く，また都道府県知事の年齢要件（30歳）のみが都道府県・市町村議会の議員および市町村長の年齢要件（25歳）よりも高く設定されていることの理由については，選挙権は選ぶだけの行為であるから年齢は低くするが，選ばれる者は選ばれた後に国政なり地方自治に参与するのであるから，より多く経験を必要とするという見地から選挙権よりも被選挙権の年齢を高めることとし，また議会の議員は議決機関であり多数の合議制により運用されるのに対して，知事は独任制の機関であり，ある程度の経験や学識が要求されるという見地から議会の議員より年齢を高めることとし，さらに知事は府県の規模，事務の性質，管轄区域が市町村のそれらと異なることから，年齢要件について市町村長のそれと差異を設けることが適当であるとされた（上記旧制度改正時の政府委員答弁）。たしかに，被選挙権は選挙されうる資格であり，地方自治体の執行機関のトップとして然るべき職務遂行能力が要求されるべきであるから，その考慮要素として，より多くの経験等を求めることとして，知事の被選挙権の年齢要件を選挙権の年齢要件や議会の議員の年齢要件よりも高く設定することには合理性があると考える。他方，知事の年齢要件が市町村長のそれより高く設定されていることについては，都道府県と市町村の規模や事務の性質が異なることを理由とすることには必ずしも合理性があるとは思われず，首長としての適材を広く求めるという観点からは，知事の被選挙権の年齢要件を市町村長のそれに引き下げることも検討されてよいのではないかと考える。

3　直接請求権

直接請求権の意義

「地方自治の本旨」である住民自治を実現する方法としては，住民が地方自治の主権者として，直接自治体行政に参加し，その意思が自治体の施策に直接反映される直接民主主義制度が採用されることが地方自治の理想である（たとえば地方自治法94条が規定する「町村総会」）。しかし，高度に広範化・専門化した現代の自治体行政において，住民が直接かつ不断に自治体行政に参加して意思決定を行うことはきわめて困難であり，むしろそれに相応しい専門家を住民の代表者として選出し，住民はその代表者の行為を監視して責任を問う代表（間接）民主主義の方法をとらざるをえない。もっとも，代表民主主義においては，住民の代表者が，ときに住民の意思に反して行動する場合もありえるため，地方自治法は，代表民主主義を補完してその欠陥を是正するために，一定の範囲で直接民主主義的制度を採用している。その1つが直接請求制度であり，次の4種類の請求権が認められているが，これらの請求権は，住民のなかで，普通地方公共団体の議会の議員および長の選挙権を有する住民（以下，「有権者住民」）に与えられているだけである（表7-2）。

これらの直接請求は，それぞれ当該請求に必要とされる一定数の署名を集めて請求することが必要であるが，署名を収集する前の手続として，「請求代表者証明書」の交付を申請することが求められている（地自施行令91条1項）。この請求代表者証明書の交付申請が行われたときは，選挙管理委員会において当該申請者が選挙人名簿に登録された者であるかどうかの確認がなされ，その確認があったときは，当該証明書が交付されるとともに，その旨が告示される（同91条2項）。署名収集は，この告示があった日から開始されるが，その期間は，都道府県および政令指定都市においては2か月，政令指定都市以外の市町村においては1か月以内に限定されている（同92条3項）。

条例の制定改廃請求

有権者住民は，その総数の50分の1以上の者の連署をもって，長に対して，

条例の制定または改廃の請求をすることができる（地自74条1項）。請求対象事項について，同項は，「地方税の賦課徴収並びに分担金，使用料及び手数料の徴収に関するものを除く」としている。これは地方税の引き下げを求める条例制定改廃請求が若干の自治体で行われていたのを憂慮した政府側の意向により昭和23年の地方自治法改正により追加されたものであるが，当該条例案に対しては，長は意見を付して議会に付議し，議会で審議されたうえでその採否が決定されるのであるから，最初から除外しておく必要はないと考えられる。

　署名収集前の請求代表者証明書の交付申請に際しては，その請求の要旨（1,000字以内）その他必要な事項を記載した請求書を添付する必要があり（地自施行令91条1項），条例の制定改廃請求の場合は条例案が添付されるのが一般的であるから，申請の相手方である長は，当該直接請求の趣旨が住民に告示される前の段階で当該条例案の内容を知ることになる。その際，長が，たとえば当該条例案を違法であると判断して，請求代表者証明書の交付を拒否することにより，議会に付議する前の段階で成立を阻止することが許されるか否か，すなわち長は条例案に対する事前審査権を有するか否かが問題となる。この点が争われた事案において，裁判所は，きわめて例外的な場合を除いて長の事前審査権を否定する。すなわち，請求代表者証明書の交付申請は，請求代表者の資格を公認して爾後の手続の明確を期する趣旨によるものであって，「長が当該条例案の内容を事前審査し，その判断により住民の条例制定請求の途を杜絶するようなことは全く法の予想しないところであ」り，さらに間接参政制度に伴う弊害を是正する手段として住民に条例の制定等に関し直接的にその意思を表明する権利が与えられた条例制定請求制度の趣旨に照らして考えると，「長に条例案の内容の事前審査を許すものとすれば，長が反対見解に立つ限り，ややもすれば住民の条例制定請求の権利行使が右の前哨段階において事前に阻止され爾後の手続が阻害されるおそれがある」。もっとも，条例案の内容が条例で規定しえない事項など何人にも議論の余地すらない程に「一見極めて明白である場合」には，爾後の法定の手続を進めることも無意義に帰することが明らかであるから，この段階において例外的に爾後の手続の進行を阻止することも許されてよいが，「一見極めて明白」な場合とは，「法第74条第1項かつこ書所掲のように法定されている場合とか，憲法改正手続を定めるものであるとか極めて

第7章　住民の権利と義務

局限された場合に限られ」ると判示した（東京高判昭49・8・28判時755号53頁）。そもそも条例案の採否を決定するのは議会の権限であり（地自96条1項1号），また長が議会に付議する際には，その意見を付すこととされており（地自74条3項），さらに議会が当該条例案を可決した場合，長は当該議決を再議に付することができ，議会が同じ議決をした場合でも，長は都道府県知事にあっては総務大臣，市町村長にあっては都道府県知事に対して審査を申し立てることができ，その申立てに係る総務大臣あるいは都道府県知事の裁定に不服があるときは，最終的に裁判所に出訴することができる手続（地自176条）が準備されていることからも，条例制定請求の前哨手続の段階で手続の進行を阻止する必要はないといえよう。

事務の監査請求

有権者住民は，その総数の50分の1以上の者の連署をもって，監査委員に対し，当該地方公共団体の事務の執行に関して，監査の請求をすることができる（地自75条1項）。監査委員は，この請求の要旨を公表した後，当該請求に係る事項について監査し，その結果を請求代表者に送付するとともに公表し，さらに議会，長，関係のある委員会または委員に提出しなければならない（同条3項）。監査請求の対象は，地方公共団体の事務のほとんどすべて（一部の監査対象外事項あり。地自199条2項参照。）に及ぶが，違法・不当な事務の是正については，監査結果の公表・提出にもとづく長・議会・関係委員会・委員の自発的な処理を期待するにとどまり，この点が，公金や財産等の違法・不当な行為の是正を要求し，最終的には訴訟に訴える権利を住民に与えている住民監査請求（地自242条）と異なり，実際の利用例がきわめて少数にとどまっている理由でもある。

議会の解散請求

有権者住民は，その総数の3分の1（総数が40万を超え80万以下の場合は40万を超える数に6分の1を乗じて得た数，総数が80万を超える場合は80万を超える数に8分の1を乗じて得た数を各々合算して得た数。したがって，有権者住民総数（X）≦40万の場合は〔X×1/3〕，40万＜X≦80万の場合は〔40万×1/3〕＋〔(X－40万)×1/6〕，80万

<Xの場合は〔40万×1/3〕+〔40万×1/6〕+〔(X-80万)×1/8〕により算出された人数が必要署名数となる)以上の者の連署をもって,選挙管理委員会に対して,当該地方公共団体の議会の解散の請求をすることができる(地自76条1項)。この請求があったときは,選挙管理委員会は,解散の賛否について住民投票を実施しなければならず(同条3項),過半数の同意があったとき議会は解散される(地自78条)。なお,この請求は,当該議会の一般選挙のあった日および解散の住民投票があった日から1年間は行うことができない(地自79条)。

議員・長および主要公務員の解職請求

　有権者住民は,議会の解散請求と同様の連署をもって,選挙管理委員会に対して,当該地方公共団体の議員および長の解職の請求をすることができる(地自80・81条)。この請求があった場合,選挙管理委員会により住民投票が実施され,過半数の同意があったときに議員・長が失職すること(地自80条3項,82条,83条),またこの請求は議員・長の就職の日から1年間および解職の住民投票の日から1年間は行うことができないことは,議会の解散請求と同様である(地自84条)。さらに有権者住民は,同様の連署をもって,長に対して,副知事,副市町村長,指定都市の総合区長(地自252条の20の2第3項),選挙管理委員,監査委員,公安委員会の委員の解職を請求することができる(地自86条1項)。この請求があった場合は,長は,これを議会に付議し(地自86条3項),議員の3分の2以上の者が出席し,その4分の3以上の者の同意があったときは,失職する(地自87条1項)。この場合は,議員・長の解職請求の場合と異なり,その賛否は住民投票によるのではなく,議会が特別多数により決する。この解職請求に制限期間があることは,議員・長の解職請求と同様である(地自88条1項)。なお,教育委員会の委員についても,主要公務員と同様の手続により解職請求が認められている(地教行8条)。

直接請求の実績

　以上の4種類の直接請求制度の利用状況をみると,平成19年4月1日から平成28年3月31日までの9年間に,条例の制定改廃請求については,議会に付議されたものが都道府県で5件(可決5件),市町村で175件(可決9件,修正可決

表7-2 直接請求制度の概要

種類	必要署名数[1]	請求先	請求後の手続	請求結果（成立の有無）
条例の制定改廃請求	1/50	長	議会への付議	出席議員の過半数の賛成
事務の監査請求	1/50	監査委員	監査の実施	監査結果の報告・公表
議会の解散請求	1/3[2]	選挙管理委員会	住民投票の実施	有効投票の過半数の同意
議員・長の解職請求	1/3[2]	選挙管理委員会	住民投票の実施	有効投票の過半数の同意
主要公務員の解職請求	1/3[2]	長	議会への付議	議員の特別多数による賛成[3]
教育委員の解職請求[4]	1/3[2]	長	議会への付議	議員の特別多数による賛成[3]

注：(1) 有権者住民総数（X）に占める割合。(2) X≦40万人の部分は×1/3, 40万人＜X≦80万人の部分は×1/6, X＞80万人の部分は×1/8を合算。(3) 議員の2/3以上の出席で3/4の同意。(4)「地方教育行政の組織及び運営に関する法律」8条。
出所：筆者作成（参考, 大城 2017: 32-33）。

8件, 否決158件）であり, 可決率（修正可決を含む）は約1割である。また, 請求の対象としては, 市庁舎の建設や原発の再稼動に関する賛否を問う住民投票条例の制定を請求するものが約5割, 議員定数の削減条例の制定を請求するものが約2割を占めている。事務の監査請求については, 請求が受理されたものが, 都道府県では0件, 市町村では15件にとどまっている。議会の解散請求については, 住民投票が実施されたものが, 都道府県では0件, 市町村で5件（名古屋市議会, 阿久根市議会など成立4件）である。議員・長などの解職請求については, 住民投票が実施されたものが, 都道府県で1件（広島県議会議員について成立）, 市町村で9件（阿久根市長など成立8人）である。なお, 主要公務員の解職請求については, 副市長に対する解職請求が1件（署名簿の提出なし）行われただけである（「自治月報」55〜58号にもとづき算出）。

4　公の施設

公の施設の意義

　地方自治体は, 住民に対して, さまざまな公共的サービスを提供するが, それらのなかには, 公立学校, 市民会館, 公園など各種の公共施設を設置して住民の利用に供しているものがあり, こうした住民の福祉を増進する目的で住民

の利用に供する施設を「公の施設」とよんでいる（地自244条1項）。公の施設の種類としては，前述の施設のほかに，公道，公民館，老人福祉施設，障がい者支援施設，図書館，美術館，体育館，駐車・駐輪場，公営住宅，市民病院，火葬場，上下水道などがあり，また，福岡市に特徴的なものとして，博多座，福岡市海づり公園，マリンメッセ福岡，福岡市油山牧場，福岡市動植物園，博多町家ふるさと館なども公の施設である。他方，住民の福祉の増進という目的をもたない競輪場，競馬場などや住民の利用を一般的に予定しない試験所や研究所などは公の施設にはあたらない。

　公の施設の設置およびその管理に関する基本的事項は，公の施設が住民の共同財産であることや公正で民主的な適正管理の必要性に鑑みて，住民の代表機関である議会による審議・議決を経て条例で定めなければならず（地自244条の2第1項），管理上の細目的・技術的事項を除いて長が制定する規則に委ねることは許されない。たとえば，「福岡市民会館条例」には，利用の許可・不許可，使用料の徴収，入館の制限，後述の指定管理者による管理など管理上の重要事項が規定されている。また，条例で定める重要な公の施設を廃止したり，長期かつ独占的な利用をさせようとするときは議会の議決が必要であり（地自96条1号，11号），さらにそれらのうち条例で定めるとくに重要なものについては議会で出席議員の3分の2以上の同意を得なければならない（地自244条の2第2項）。

指定管理者制度

　公の施設は，公共性がきわめて高い場合などに地方公共団体自らが管理を行う（直営）ほか，住民の福祉を増進するという公の施設を設置する目的を効果的に達成する観点から，地方公共団体以外の者に委託して管理を行わせることがある。この管理委託の相手方は，従来は，地方公共団体の出資法人や公共団体などに限定されていたが，2003年の地方自治法改正により，法人その他の団体であれば特段の制限を設けず，議会の議決を経て管理を任せる「指定管理者制度」が採用された。これは，多様化する住民ニーズに効果的・効率的に対応するために民間事業者の能力を活用し，施設管理における経費の節減など費用対効果を向上させて住民サービスの向上をめざし，さらに管理者の選定手続を

透明化することを目的としている。そこで，地方公共団体は，公の施設の目的を効果的に達成するため必要がある場合は，条例の定めるところにより，法人その他の団体を指定管理者とし，公の施設の管理を行わせることができ，条例では，指定の手続，管理の基準（休館日，開館時間，使用制限など），業務の具体的範囲（施設の維持管理，使用許可など）を定めるべきとされている（地自244条の2第3・4項）。また，指定管理者は，公の施設の管理の業務に関し事業報告書を作成・提出することが義務づけられ（同7項），長または委員会は，管理の適正を期するため指定管理者に対して業務・経理状況に関する報告を求め，調査し，必要な指示をすることができる（同10項）。他方，公の施設の利用に係る料金については，指定管理者の収入として収受させることが認められている（同8項）。たとえば，2017年10月1日に開館した「福岡市科学館」は，公募により特定の法人が指定管理者に選定され，当該法人は，「福岡市科学館条例」にもとづいて，「科学および科学技術に関する」展示，実演会，講演会の開催など設置の目的を達成するための事業，ドームシアターなどの利用の許可に関する業務，科学館の施設の維持および修繕に関する業務などを任せられ（12条），利用者から基本展示室およびドームシアターの観覧料，ドームシアターなどの利用料金を徴収して指定管理者の収入とすることが認められている（13条）。

利用の許否をめぐる問題

不当な利用拒否の禁止　地方自治体は，「正当な理由がない限り，住民が公の施設を利用することを拒んではならない」（地自244条2項）とされるが，何をもって「正当な理由」があるとして利用を拒否できるかは，利用を認めるとどのような支障が生じ，また利用を拒否するとどのような人権が制約されるかなどを，公の施設の種類，利用目的，規模・構造等を勘案して個別的に検討する必要がある。たとえば，集会の利用に供される「市民会館」の利用の許否が問題となった「泉佐野市民会館事件」において，最高裁は，「住民は，その施設の設置目的に反しない限りその利用を原則的に認められることになるので，管理者が正当な理由なくその利用を拒否するときは，憲法の保障する集会の自由の不当な制限につながるおそれが生ずることにな」り，利用を拒否し得るの

は、「利用の希望が競合する場合のほかは、施設をその集会のために利用させることによって、他の基本的人権が侵害され、公共の福祉が損なわれる危険がある場合に限られるものというべきであ」るとし、とくに、集会の自由の人権としての重要性に鑑みると、利用の許否は厳格な基準の下に判断されるべきであり、「本件会館における集会の自由を保障することの重要性よりも、本件会館で集会が開かれることによって、人の生命、身体又は財産が侵害され、公共の安全が損なわれる危険を回避し、防止することの必要性が優越する場合をいうものと限定して解すべきであり」、その危険性の程度としては、「単に危険な事態を生ずる蓋然性があるというだけでは足りず、明らかな差し迫った危険の発生が具体的に予見されることが必要であると解するのが相当である」とのきわめて厳格な判断基準（「明白かつ現在の危険」の基準）を設定し、本件集会の主催者が、新空港の建設に反対して連続爆破や放火により負傷者を出すなどの違法な実力行使を繰り返し、対立するほかのグループと暴力による抗争を続けてきたという客観的事実から、本件集会が開かれた場合、暴力の行使を伴う衝突が起こり、その結果、本件会館の職員、通行人、付近住民等の生命、身体又は財産が侵害されるという事態を生ずることが、具体的に明らかに予見されると評価して、本件不許可処分は憲法・地方自治法に違反するものではないと判示した（最判平7・3・7判時1525号34頁）。

不当な差別的取扱いの禁止　「住民が公の施設を利用することについて、不当な差別的取扱いをしてはならない」（地自244条3項）と規定されている。この不当な差別的取り扱いにあたるか否かの問題について、東京都が設置管理する公の施設である「青年の家」に対して、同性愛者の団体が勉強会のために同室宿泊を伴う利用の申し込みをしたところ、青少年の健全な育成を目的に設立した青年の家において男女同室宿泊は性的行為が行われる可能性があることから原則として認めていないところ、この男女別室宿泊の原則は「男女」を「同性愛者」と置き換えてそのままあてはまることから、「青年の家条例」所定の「秩序をみだすおそれがあると認めたとき」および「管理上支障があると認めたとき」にあたるとして利用を承認しなかった事案がある。裁判所は、条例所定の不許可事由は地方自治法244条2項および3項の趣旨に即して解釈されるべきであるとして、「同性愛者が青年の家における同室宿泊を拒否された場合

には，同性愛者は青年の家に全く宿泊することができなくなる。なぜなら，男女の場合には，その同室宿泊を拒否されても，通常，別々の部屋に分かれて宿泊することができるのに対し，同性愛者の場合は，相当数の個室でもない限り，別々の部屋に分かれて宿泊することはまず不可能であるからであり，これは，男女の場合に比べて著しく不利益であり，同性愛者が青年の家の利用権を奪われるに等しいものである」から，「一般的に同性愛者が同室に宿泊すれば男女が同室に宿泊した場合と同様に性的行為に出る可能性があるというだけでは足りず，当該同性愛者においても性的行為に出るという具体的可能性がなければならないというべきである」という厳格な審査基準を設定し，本件における事実関係から，当該同性愛者が同室宿泊をした場合，性的行為に出る可能性が具体的にあったものとは認め難いとし，また，一定の条件を付すなどして，より制限的でない方法により，その具体的可能性を減少させることもできたとして，本件不承認処分は違法であると判示している（東京地判平6・3・30判タ859号163頁，東京高判平9・9・16判タ986号206頁も原審を支持し確定）。

📖 理解を深めるために

今井照，2017，『図解 よくわかる地方自治のしくみ 第5次改訂版』学陽書房．
　　地方自治制度のしくみを図解により分かりやすく簡潔に説明する入門書。

大城純男，2017，『14訂 新〈図表〉地方自治法・公務員法』東京法令出版．
　　地方自治制度を図表により整理し全体像を一覧することができる。

公益財団法人地方自治総合研究所監修，佐藤竺編，2002，『逐条研究 地方自治法Ⅰ（総則－直接請求）』敬文堂；公益財団法人地方自治総合研究所監修，古川卓萬・澤井勝編，2000，『逐条研究 地方自治法Ⅳ（財務－公の施設）』敬文堂．
　　地方自治法の個々の条文の趣旨，沿革，解釈を詳細に説明する逐条解説書。

内務省編，1947（2011復刻），『改正地方制度資料 第1・2巻』日本図書センター．
　　戦前の府県制などの制度が戦後の地方自治制度に改正される過程の議論を集めた資料集。

古川俊一編，2003，『最新 地方自治法講座3 住民参政制度』ぎょうせい．
　　選挙権や直接請求権などの住民参政制度の意義，解釈，問題点を詳細に説明する。

【村上英明】

■ **コラム7：学生と住所と選挙権**

　親元を離れて大学の近くに住んでいる学生のみなさん，住民票を現在住んでいる市町村に移しましたか？

　満18歳～20歳の男女を対象とした調査によれば，親と一緒に住んでいない人のうち住民票を移していない人は56.4％で半数を超え，その理由としては，「いずれ実家に戻るつもりだから」(29.0％)，「成人式に参加できなくなるなど不都合が生じると思ったから」(17.6％)，「親が移さなくていいといっているから」(15.2％)，「移す際の手続が面倒だから」(14.0％)，「移すメリットが思い浮かばないから」(13.4％) などがあげられた（総務省平成28年12月「18歳選挙権に関する意識調査」報告書）。たしかに，成人式は中学・高校の友人と一緒に実家のある市区町村の式に参加したいであろうし，住民票を移すには転出先と転入先の市町村役場に出向いて手続をしなければならないので面倒である。けれども，住民票を移すメリットは本当にないのだろうか。

　たとえば，北九州市に実家があるけれども，福岡市内の大学に入学して大学の近くのアパートを借りて住んでいるA君を例に考えてみよう。A君の住民票は北九州市にあるが，A君の生活の本拠（＝住所）は福岡市にある。けれどもA君は住民票を福岡市に移していないため，福岡市の住民基本台帳には登録されておらず，福岡市の住民として公証されていない。つまりA君は，事実上は福岡市の住民となっていながら，法的には北九州市の住民のままであるという矛盾が生じているのだ。このような状況がA君にとって1つのデメリットになる可能性のあるのが選挙権である（**表7-3**）。

　選挙に際して，北九州市は住民基本台帳により作成された選挙人名簿にもとづいて，投票所入場券を北九州市のA君の実家に送付する。たまたま選挙当日に北九州市の実家に帰っていれば，その投票所入場券により投票することができる。ところが，2016年の参議院議員選挙の際に，進居先に転居後も住民票を移さずにいた72市町村の学生など計1,773人が（実家のある市町村での）不在者投票を認められなかった（毎日新聞2017年3月13日）。この不在者投票は，A君が北九州市に（選挙期間中に学業等で不在であるという理由で）投票用紙等を請求し，福岡市で投票できる制度であるが，その請求時に不在者投票の理由を尋ねられ，実家での居住実態がないことを理由に投票を拒否されるケースがある。他方，多くの自治体では，居住実態を問わずに選挙人名簿に登録したり不在者投票を認めており，九州の県庁所在市・政令市では，住民登録されている実家に実際には住んでいないと把握した場合，宮崎市，長崎市，大分市，鹿児島市の4市は，すべての居住実態の把握が事実上不可能であるため積極的に聞きだすことはしないものの基本的には投票を認めないとする一方，福岡市，北九州市，佐賀市，熊本市の4市は，「個別に申告があった人だけを断るのは公平性に欠ける」（福岡市），「投票意欲がある人を一律に断れない」（北九州市）などとして投票を容認している（西日本新聞2016年7月5日）。このように，住民票を移していない市区町村での投票の可否について，

第7章　住民の権利と義務

表7-3　住所の異動と選挙権・被選挙権行使の可否

異動事例	区分	衆・参議院議員選挙	県議会議員選挙	県知事選挙	市議会議員選挙	市長選挙
福岡県北九州市↓福岡県福岡市	選挙権	○(北九州市で投票可)	○(北九州市で投票可)	○(北九州市で投票可)	×(北九州市,福岡市とも投票不可)	×(北九州市,福岡市とも投票不可)
	被選挙権	○(北九州市,福岡市とも立候補可)	○(北九州市,福岡市とも立候補可)	○(北九州市,福岡市とも立候補可)	×(北九州市,福岡市とも立候補可)	○(北九州市,福岡市とも立候補可)
佐賀県佐賀市↓福岡県福岡市	選挙権	○(佐賀市で投票可)	×(佐賀市,福岡市とも投票不可)	×(佐賀市,福岡市とも投票不可)	×(佐賀市,福岡市とも投票不可)	×(北九州市,福岡市とも投票不可)
	被選挙権	○(佐賀市,福岡市とも立候補可)	×(佐賀市,福岡市とも立候補不可)	○(佐賀市,福岡市とも立候補可)	×(佐賀市,福岡市とも立候補不可)	○(佐賀市,福岡市とも立候補可)

注：異動先（福岡市）に生活の本拠があるが住民票を移していない場合，旧住所と新住所における投票および立候補の可否。国籍・年齢要件は満たしているとする。
出所：筆者作成（参考，大城 2017: 46-47）。

地方自治体の判断は分かれているが，投票を認めない理由は，最高裁が，大学生の生活の本拠は郷里ではなく学生寮にあると判示した（最大判昭29・10・20判時37号3頁）ことに依拠している。

　この問題について政府は，「現実に住所を有するかどうかの判断は，具体の事実に即して，各市町村において行われるべきものであり」，「学生さんであっても，住居を移された場合には，主たる生活場所のある市区町村に住民票を移していただくということが基本になります」（平成28年6月28日高市総務大臣記者会見）との立場をとる。たしかに，地方自治レベルの選挙は，自分が実際に住んでいる地方自治体の代表者を選ぶ選挙であるため住所要件が必要であると思われるが，国政レベルの選挙では，法的には住所要件は課されておらず，また「全国民の代表者」（憲42条）を選ぶわけで，全国どこに住んでいても（また外国に住んでいても）投票できるはずであり，ただ，住民基本台帳にもとづいて選挙人名簿に有権者を登録するという実務上の理由から住民登録が必要となるにすぎないため，国政選挙においては，住所の有無に関係なく投票を認める措置が必要であると思われる。総理大臣をはじめとする閣僚や国会議員のなかには，生活の本拠が東京にありながら住民票は地元に置いておき，選挙の際は地元の選挙区について不在者投票をしているが，全く問題とされることはない（2017年10月の衆議院選挙に際して，安倍首相は住民票がある山口4区について東京都千代田区役所で不在者投票を行っている）。（村上英明）

第8章　監査制度と住民訴訟

　住民は違法な財務会計上の行為があると考えるときに，住民監査請求を行い，それでも是正されないときは，住民訴訟を起こすことができる。この2つは一体として，住民による自治体財政の監視手段として機能している。しかし，長の巨額な賠償責任を認める判決や，議会の権利放棄議決を有効視する最高裁判決を経て，2017年の改正地方自治法は，住民訴訟制度に関し，権利放棄議決の規定や一部免責条例の規定を設けるなどきわめて重要な変更を加えた。
　他方で，同年の改正は，監査基準の設定，監査委員の勧告制度，監査専門委員制度，包括外部監査を義務づけられていない市町村についての実施頻度の特例など監査を充実させるための規定を設けている。本章では，このような改正に触れつつ，住民監査請求と住民訴訟の基本的なしくみをみてみよう（地方自治法条文は2017年改正後のものである。また改正法の施行は一部を除き2020年である）。

1　監査制度と住民監査請求

監査制度

　住民監査請求は監査制度の一環をなすものであるから，まず，監査制度について説明する。自治体の財産の管理・財政支出の適正化を図るため，自治体には必置機関として監査委員が置かれている（地自195条1項）。監査委員は2名以上任命されることになっているが（同条2項），合議制の機関ではなく，独任機関である。監査委員は，長が議会の同意を得て任命する（地自196条1項）。これまで議員が監査委員となる議会選任監査委員が置かれていたが，2017年の改正により，条例で議員のうちから監査委員を選任しないことができるようになった（同項）。
　監査委員は，自治体の財務監査を主要な任務とし（地自199条1項），必要が

あると認めるときは，財務以外の自治体の事務の執行についても監査（行政監査）をすることができる（同条2項）。また，監査のため必要があると認めるときは，関係人を調査し，あるいは出頭を求め，または帳簿書類などの提出を求めることができる（同条8項）。

監査委員は，監査の結果に関する報告を関係諸機関に提出し，かつ，これを公表しなければならない（地自199条9項ほか）。必要があると認めるときは，監査結果報告に添えて意見を提出することができる（同10項）。さらに2017年の改正地自法によって，勧告規定が設けられた。すなわち，とくに措置を講ずる必要があると認める事項については，理由を付して，必要な措置を講ずべきことを勧告することができ，勧告を受けた議会，長その他の執行機関は，当該勧告にもとづき必要な措置を講ずるとともに，当該措置の内容を監査委員に通知しなければならないこととされた（同11項）。

監査委員が行う監査の種類として，①監査委員の職権で行われる一般監査，②他の機関などの請求により行われる特別監査，③その他の監査がある。

一般監査には，毎会計年度少なくとも1回以上行う定例監査（地自199条4項）と必要があると認めるときに行う随時監査（同条5項）がある。特別監査には，当該自治体の長（同条6項）や議会（地自98条2項）の請求による監査のほか，有権者の50分の1以上の者の連署をもって行う事務監査請求による監査（同75条）がある。その他の監査などには，決算の審査（同233条2項）などのほか，本章で取り上げる住民監査請求にもとづく監査がある。

監査基準制度・監査専門委員制度の創設

2017年改正地自法により，監査基準の規定が設けられた。監査基準は監査委員が合議により定め，議会，長その他の執行機関に通知され，公表される（地自198条の4第1～3項）。監査委員は，その職務を遂行するにあたっては，監査基準に従わなければならない（地自198条の3）。この基準制度は，監査委員個人の裁量が大きい，住民からみて客観的に評価できないなどの問題があることから導入されたものである。総務大臣は，監査基準の策定について，指針を示す（地自198条の4第5項）。

監査専門委員制度も2017年改正地自法で設けられた。監査委員に常設または

臨時の監査専門委員（ただし非常勤）を置くことができ，監査専門委員は，監査委員の委託を受け，必要な事項を調査する（地自200条の2）。これは高度の専門性が認められる分野において，監査能力を高めるために調査を委託できるしくみを設けたものである。

外部監査

外部監査制度とは，自治体の組織に属していない外部監査人（弁護士，公認会計士など法で定める一定の者）が自治体と外部監査契約を締結して，自治体の監査を行う制度で，1997年の改正により導入された。外部監査には，①包括外部監査契約にもとづく監査，②個別外部監査契約にもとづく監査がある（地自252条の27第1項）。

包括外部監査契約とは，地方自治法の定めるところにより，都道府県，政令指定都市，中核市，その他条例を制定した市町村が，外部監査人（包括外部監査人）と締結する契約であって，当該自治体の監査と監査報告の提出を内容とするものである（地自252条の27第2項）。この場合連続して4回，同一の者と包括外部監査契約を締結してはならない（地自252条の36第4項）。

包括外部監査人は，毎会計年度1回以上，自ら必要と認める特定の事件（案件）について監査を行い，監査結果は，外部監査人が長，議会および監査委員に報告し，監査委員が公表する。ただし，2017年改正地自法によって，条例を制定して包括外部監査を導入した市町村は，毎会計年度ではなく条例で実施頻度を定めることができるようになった（地自252条の36第2項）。これは財政上の理由から，導入を控えている市町村が多いことに配慮したものである。

個別外部監査契約とは，地方自治法が定める監査請求があった場合に，自治体が外部監査人（個別外部監査人）と締結する契約であって，監査委員の監査に代えて個別監査人が当該監査と監査報告を行うことを内容とするものである（地自252条の27第3項）。個別外部監査の実施対象とすることができるのは，①事務監査請求（地自75条1項），②議会からの監査の請求（同98条2項），③長からの監査の要求（同199条6項），④長からの要求による財政援助団体などの監査（同条7項），または，⑤住民監査請求（同242条1項）であって，かつ，いずれの場合も，監査委員の監査に代えて外部監査によることができることを条例

で定めているときに限る（同252条の39～43）。監査の結果は、外部監査人が、長、議会および監査委員に報告し、監査委員が公表する。

住民監査請求

請求権者　住民監査請求の主体は、当該地方公共団体の住民である（地自242条1項）。外国人住民も法人も請求できる。住民一人でも共同でも請求可能である。

請求対象　住民監査請求の対象となる行為は、地方公共団体の長もしくは委員会もしくは委員または職員の、違法または不当な①公金の支出、②財産の取得、管理または処分、③契約の締結または履行、④債務その他の義務の負担、⑤公金の賦課または徴収を怠る事実、⑥財産の管理を怠る事実である。

①②③④の4つは条文表記に従えば「当該行為」であり、⑤⑥の2つは「怠る事実」である。「当該行為」と「怠る事実」をまとめて「財務会計上の行為」という。

何が「財務会計上の行為」にあたるか、また先行行為の違法性が後行行為たる財務会計上の行為に影響を及ぼすか否か（行政法上の「違法性の承継」の問題）については、住民監査請求と住民訴訟は共通するので、住民訴訟のところで述べる。

請求の内容　請求の内容は、当該違法または不当な、①行為を防止するために必要な措置、②行為を是正するために必要な措置、③怠る事実を改めるために必要な措置、④行為または怠る事実によって地方公共団体の被った損害を補填するために必要な措置、である。

請求の手続　住民は、違法もしくは不当な行為または怠る事実があると認めるときは、これらを証する書面を添え、監査委員に対し、必要な措置を講ずべきことを請求することができる。

この請求があったときは、監査委員は、直ちに当該請求の要旨を議会および長に通知しなければならない（地自242条3項、2017年新設）。

請求期間　住民監査請求は、当該行為のあった日または終わった日から1年を経過したときは、することができないが、正当な理由があれば、1年を経過した後であっても請求することができる（地自242条2項）。

監査委員のとるべき措置　住民監査請求があった場合においては，監査委員は，監査を行い，請求に理由がないと認めるときは，理由を付してその旨を書面により請求人に通知するとともに，これを公表し，請求に理由があると認めるときは，当該地方公共団体の議会，長その他の執行機関または職員に対し期間を示して必要な措置を講ずべきことを勧告するとともに，当該勧告の内容を請求人に通知し，これを公表しなければならない（地自242条5項）。この監査委員の監査および勧告は，監査請求があった日から60日以内に行わなければならない（同条6項）。なお，監査請求があった場合に，当該行為が違法であると思料するに足りる相当な理由があり，当該行為により当該地方公共団体に生ずる回復の困難な損害を避けるため緊急の必要があり，かつ，当該行為を停止することによって人の生命または身体に対する重大な危害の発生の防止その他公共の福祉を著しく阻害するおそれがないと認めるときは，監査委員は当該地方公共団体の長その他執行機関または職員に対し，理由を付して監査の手続が終了するまでの間，当該行為を停止すべきことを勧告することができる（同条4項）。これらの監査および勧告についての決定は，監査委員の合議によらなければならない（同条11項）。

勧告を受けた機関等がとるべき措置　監査委員が行った必要な措置を講ずべきとの勧告を受けた議会，長その他の執行機関または職員は，当該勧告に示された期間内に必要な措置を講ずるとともに，その旨を監査委員に通知しなければならない。その場合，監査委員は，当該通知に係る事項を請求人に通知し，これを公表しなければならない（地自242条9項）。

2　住民訴訟

住民訴訟の意義

住民訴訟は，アメリカの納税者訴訟制度にならって1948年に導入された。住民訴訟は，原告住民の個人的利益を争うものではなく，地方公共団体の違法な財務会計行為を是正し，地方公共団体の被った損害を回復しまたはその損害を予防することにあり，いわゆる客観訴訟に分類され，行訴法上の「民衆訴訟」，すなわち「公共団体の機関の法規に適合しない行為の是正を求める訴訟

で，……自己の法律上の利益にかかわらない資格で提起するもの」である。
　住民訴訟の意義について，最高裁は，「住民の有する右訴権は，地方公共団体の構成員である住民全体の利益を保障するために法律によって特別に認められた参政権の一種であり，その訴訟の原告は，自己の個人的利益のためや地方公共団体そのものの利益のためにではなく，専ら原告を含む住民全体の利益のために，いわば公益の代表者として地方財務行政の適正化を主張するものであるということができる。」と述べる（最判昭53・3・30民集32巻2号485頁）。

住民訴訟の出訴権者（原告）
　住民訴訟の出訴権者は，地方公共団体の住民であって当該地方公共団体に住民監査請求をした者である。
　住民が，住民訴訟を提起できるのは，住民監査請求をした場合において，①監査委員による監査の結果または勧告について不服があるとき，②勧告を受けた地方公共団体の議会，長その他の執行機関または職員がとった必要な措置に不服があるとき，③監査委員が監査請求があったときから60日以内に監査または勧告を行わないとき，④勧告を受けた議会，長その他の執行機関または職員が当該勧告に示された期間内に必要な措置を講じないときである（地自242条の2第1項本文）。

監査請求前置主義
　住民訴訟を提起するためには，まず監査請求をしておかなければならない（監査請求前置主義）。監査請求前置を満たしたといえるためには，監査請求が適法になされたことを必要とし，要件を欠く違法な監査請求をしても，監査請求を前置したことにはならない。監査請求が適法になされたものか否かは客観的に判断され，監査委員の判断によるのではない。
　住民訴訟を提起する住民自身が監査請求をすることが必要とされ，ほかの住民が監査請求をした場合に，その監査請求の対象とされた行為について，監査請求をしていない住民が住民訴訟を提起することはできない。

住民訴訟提起の期間制限

法242条の2第2項の示すように，住民訴訟は非常に短い期間内（30日以内）に提起しなければならないのが特徴である。

すなわち①監査の結果または勧告に不服がある場合，当該監査の結果または当該勧告の内容の通知があった日から30日以内，②勧告を受けた議会，長その他の執行機関または職員の措置に不服がある場合，当該措置に係る監査委員の通知があった日から30日以内，③監査請求をした日から60日を経過しても監査または勧告を行わない場合，当該60日を経過した日から30日以内，④勧告を受けた議会，長その他の執行機関または職員が措置を講じない場合，当該勧告に示された期間を経過した日から30日以内である。

住民訴訟の対象

住民訴訟の対象となる行為は，地方公共団体の長もしくは委員会もしくは委員または職員の，違法①公金の支出，②財産の取得，管理または処分，③契約の締結または履行，④債務その他の義務の負担，⑤公金の賦課または徴収を怠る事実，⑥財産の管理を怠る事実である。

住民監査請求では「違法性と不当性」を問題としうるが，住民訴訟では「違法性」のみが審査される。このことを除けば，両者の対象は同じである。

財務会計上の行為

財務会計上の行為は，住民監査請求も住民訴訟も同じ対象だが，ここからの記述は住民訴訟に絞る。財務会計上の行為に限る理由は，住民訴訟が地方公共団体の行政一般を問題とする制度ではなく，財産管理など地方公共団体の財務会計の適正な運営を監視する制度だからである。財務会計上の行為でない，すなわち財務的処理を目的としない一般行政目的上の行為は，その行為の結果として地方公共団体の財政，財産に影響を及ぼすものであっても対象とならない。しかし，地方公共団体による行為のほとんどが何らかの費用支出を伴うため，当該行為が財務会計上の行為にあたるか否かの判断が問題となる。

地方公共団体における公金の支出，給与・手当の支給，工事請負契約・売買契約の締結などの行為は対象となる。一方，各種営業の許認可などの行為は財

務会計上の行為に該当しない。

違法性の承継

　財務会計上の行為でない行為は住民訴訟の対象としえないが，財務会計上の行為ではない違法な行為が原因となって財務会計上の行為がなされている場合に，その財務会計上の行為を住民訴訟の対象とし，原因となった非財務会計上の行為の違法性を追及できるか。これが「違法性の承継」の問題であり，1号請求と4号請求で問題となる。判例は，一定の場合に原因先行行為の違法性を引き継ぎ，後行行為としての財務会計上の行為も違法性を帯びるとする。

　政教分離が問題となった有名な津地鎮祭事件において，最高裁は，「公金の支出が違法となるのは単にその支出自体が憲法89条に違反する場合だけではなく，その支出の原因となる行為が憲法20条3項に違反し許されない場合の支出もまた，違法となることが明らかである。」として住民訴訟を認めた（最大判昭52・7・13民集31巻4号533頁）。また，収賄をした職員を早々と分限免職にして退職手当を支給した川崎市退職手当事件で，最高裁は，「本件分限免職処分は本件退職手当の支給の直接の原因をなすものというべきであるから，前者が違法であれば後者も当然に違法となる」と判示した（最判昭60・9・12判時1171号62頁）。

　しかし，一日校長事件では，教育委員会が教頭に対し行った退職日一日だけの校長任命等にもとづく退職手当の支給について，最高裁は，「たとえこれに先行する原因行為に違法事由が存する場合であっても右原因行為を前提としてされた当該職員の行為自体が財務会計法規上の義務に違反する違法なものであるときに限られる」としたうえで「教育委員会がした……人事に関する処分……については，地方公共団体の長は，右処分が著しく合理性を欠きそのためこれに予算執行の適正確保の見地から看過し得ない瑕疵の存する場合でない限り，右処分を尊重しその内容に応じた財務会計上の措置を採るべき義務があり，これを拒むことは許されない」とした（最判平4・12・15民集46巻9号2753頁）。また，徳島県議会議員野球大会事件でも，最高裁は，「長は，議会を指揮監督し，議会の自律的行為を是正する権限を有していないから，議会がした議員の派遣に関する決定については，これが著しく合理性を欠きそのために予算

執行の適正確保の見地から看過し得ない瑕疵がある場合でない限り，議会の決定を尊重しその内容に応じた財務会計上の措置を執る義務があり，これを拒むことは許されない」として請求を棄却している（最判平15・1・17民集57巻1号1頁）。

このように，判例は，先行の非財務会計行為と後行の財務会計行為の行為者が異なり，後者が前者の判断を尊重して財務会計行為を行うことが法令上要請されている場合には，財務会計法規上の義務違反を絞り込んで，住民の請求を棄却している。

住民訴訟の類型

1号請求――差止請求　1号請求は，「当該執行機関又は職員」を被告として，「当該行為」の「全部又は一部」の差止めを求める訴えである。地自242条1項は，「当該行為がなされることが相当の確実さをもつて予測される場合」に差止請求をすることできると規定する。1号請求にもとづく差止めは，当該行為を差し止めることによって人の生命または身体に対する重大な危害の発生の防止その他公共の福祉を著しく阻害するおそれがあるときは，することができない。

違法な行為の差止めを求める1号請求の具体例としては，土地買収契約，工事請負契約など種々の契約の締結行為の差止請求，契約の履行行為としての登記手続・引渡行為・公金支出などの差止請求，職員に対する給与の支払いの差止請求，補助金支給の差止請求などが考えられる。

2号請求――取消し・無効確認請求　2号請求は，地方公共団体を被告として，「行政処分」である「当該行為」の「取消し」「無効確認」を求める訴えである。2号請求の対象となるのは，「行政処分」であるものに限られる。「公金の支出」「契約の締結」などの行為は行政処分にはあたらず，2号請求の対象とならない。分限免職処分と退職金支出のように原因行為が行政行為である場合に，原因行為の取り消しや無効確認を求めることはできないので，これらと2号請求とを混同してはならない。

「取消請求」「無効確認請求」の両方とも地自242条の2第2項による出訴期間の制限がある。これに対し行政事件訴訟法上の抗告訴訟としての無効確認訴

訟は出訴期間に制限がない。

　判例が行政処分たる当該行為（財務会計上の行為）として認めたものとしては，行政財産の使用許可・用途廃止決定などごくわずかしかなく，2号請求はあまり活用されていない。補助金交付については，行政処分とみることができるならば2号請求が可能であるが，契約と考えられる場合は，2号請求はできず，いずれにせよ補助金交付は4号請求で争われている。

　3号請求——怠る事実の違法確認請求　3号請求は，「当該執行機関又は職員」を被告として，「当該怠る事実」が「違法であることの確認を求める」訴えである。「当該怠る事実」とは，地自242条1項が定める「公金の賦課若しくは徴収」または「財産の管理」を違法に怠っているという不作為の意味である。「財産の管理を怠る事実」も「財務会計上の行為」に該当しなければならない。道路（県道，市道など）の管理を怠る行為自体は，「財務会計上の行為」にあたらない。

　財産の管理などを怠る事実が存在し，3号請求を行うことができる場合には，4号請求を提起することが可能なことが多い。たとえば，地方公共団体が第三者に対し損害賠償請求権，不当利得返還請求権などの債権を有しているにもかかわらず，長がその請求を怠っているような場合，3号，4号いずれの請求を選択して提訴することも可能である。住民は同じ怠る事実について3号と4号両方の請求を併せて提起することもできる（旧4号に関するものであるが最判平13・12・13判時1776号46頁）。

　4号請求——履行請求訴訟　4号請求は，「当該普通地方公共団体の執行機関又は職員」を被告として，「当該職員又は当該行為若しくは怠る事実に係る相手方に損害賠償又は不当利得返還の請求をすること」を求める訴えである。ただし，「当該職員又は当該行為若しくは怠る事実に係る相手方」が地自243条の2第3項の規定による賠償の命令の対象となる者である場合にあっては，「当該賠償の命令をすること」を求める訴えである。

　4号請求は，2002年地方自治法改正により大幅に制度が変更された。旧4号請求は，住民が地方公共団体に代位して行う代位請求訴訟で，住民は，職員，相手方を被告として，地方公共団体に対し，損害賠償金を支払うよう請求する訴訟であった。しかも長等に対して直接個人的責任を問う訴訟を，住民一人で

も提起できるという訴訟要件とあいまって，被告の負担が大きいということが，改正の理由となった。

改正後の4号請求は，住民が，地方公共団体の執行機関または職員を被告として，違法な行為によって損害賠償責任，不当利得返還責任を負う者（長，職員，相手方）に対し，地方公共団体が損害賠償責任，不当利得返還責任の履行，具体的には賠償金，利得金を地方公共団体へ支払うよう請求すること（あるいは賠償命令を発すること）を求める履行請求訴訟（義務づけ訴訟）である。4号履行請求訴訟の被告となるのは，「地方公共団体の執行機関又は職員」であって，賠償責任を負う長，職員らの個人ではない。

被告として規定されている「地方公共団体の執行機関又は職員」とは，損害賠償などの請求や賠償命令を行う権限を有する行政庁とその補助機関を意味するとされるが，損害賠償，不当利得返還の支払いを請求する権限，賠償命令を発令する権限は地方公共団体の長にあるので，現実には「地方公共団体の長」である。

履行請求訴訟で原告が勝訴し，判決が確定すると，長は，判決確定後60日以内に，損害賠償金，不当利得返還金の支払いを責任者（長，職員，相手方）に請求しなければならない（地自242条の3第1項）。（判決内容が，地自243条の2第3項の賠償命令を命ずるものであるときは，長は賠償を命じなければならない）。

これに対して，請求の相手方が，地方公共団体の請求に応じないとき（賠償命令を受けた会計職員については，賠償命令による損害賠償金を支払わないとき）は，地方公共団体は，損害賠償金，不当利得返還金の請求を目的とする訴訟＝第2段階訴訟を提起しなければならない（地自242条の3第2項，地自243条の2の2第5項）。これは住民訴訟ではなく，また第2段階訴訟の提起については，議会の議決は不要である（地自242条の3第3項，地自243条の2の2第6項）。

4号履行請求が提起された場合，地方公共団体の執行機関または職員は，遅滞なく，請求の相手方（「当該職員又は当該行為若しくは怠る事実の相手方」）に対して，訴訟の告知をしなければならない（地自242条の2第7項）。この訴訟告知により，4号請求で住民が勝訴した住民訴訟判決の効力が，第2段階訴訟の被告となる請求の相手方にも及ぶ。また地自242条の3第4項は，住民勝訴判決の効力が地方公共団体と請求の相手方との間にも及ぶこととした。

旧4号請求の時代から、住民訴訟はこの4号が最もよく活用されてきたところである（**コラム8**参照）。

3 議会の権利放棄議決と一部免責条例

議会の権利放棄議決

4号請求は住民訴訟のなかで最も活用され、住民訴訟は財務行政の適正を担保するための制度として、重要な役割を果たしてきた。しかしながら、長がよかれと思って行った施策が失敗に終わり、住民訴訟において巨額の賠償責任が長個人に負わされることの不合理さが指摘されてきた。

地自96条1項10号は、議会の議決事項として、「権利を放棄すること」を定めているが、権利放棄の実体的要件については、地方自治法等に制限する規定は存しない。裁判で違法な公金支出が認められ、地方公共団体が（多くの場合はその）長に賠償を求めなければならないのに、議会がいわば「帳消し」議決をする例が登場した。このようなことが許されるかどうかについて、学説も分かれ、下級審の判断も積極・消極に分かれていた。最高裁は、神戸市外郭団体職員派遣事件（最判平24・4・20民集66巻6号2583頁）で、「地方自治法においては、普通地方公共団体がその債権の放棄をするに当たって、その議会の議決及び長の執行行為（条例による場合は、その公布）という手続的要件を満たしている限り、その適否の実体的判断については、住民による直接の選挙を通じて選出された議員により構成される普通地方公共団体の議決機関である議会の裁量権に基本的に委ねられている」としたうえで、「個々の事案ごとに、当該請求権の発生原因である財務会計行為等の性質、内容、原因、経緯及び影響、当該議決の趣旨及び経緯、当該請求権の放棄又は行使の影響、住民訴訟の係属の有無及び経緯、事後の状況その他の諸般の事情を総合考慮して、これを放棄することが普通地方公共団体の民主的かつ実効的な行政運営の確保を旨とする同法の趣旨等に照らして不合理であって上記の裁量権の範囲の逸脱又はその濫用に当たると認められるときは、その議決は違法となり、当該放棄は無効となるものと解するのが相当である。そして、当該公金の支出等の財務会計行為等の性質、内容等については、その違法事由の性格や当該職員又は当該支出等を受け

た者の帰責性等が考慮の対象とされるべきものと解される」と述べた。

　本件ほか一連の権利放棄議決の裁判で，補足意見として，千葉裁判官は，「住民訴訟制度は，……地方公共団体の長などの執行機関に対しては，その故意又は過失により行われた違法な財務会計行為と相当因果関係のある地方公共団体の損害につき，個人責任を負わせることとし，そのことにより財務会計行為の適正さを確保しようとするもの」であるが，「地方公共団体の長が，故意等により個人的な利得を得るような犯罪行為ないしそれに類する行為を行った場合の責任追及であれば別であるが，錯綜する事務処理の過程で，一度ミスや法令解釈の誤りがあると，相当因果関係が認められる限り，長の給与や退職金をはるかに凌駕する損害賠償義務を負わせることとしているこの制度の意義についての説明は，通常の個人の責任論の考えからは困難」であると述べている。

　議会による権利放棄議決は，これを禁じる法令がない一方で，安易に認めると住民訴訟の意義を失わせる。本判決は，請求権放棄を一般的に認めたものではなく，安易な放棄に対する歯止めをかけていると解すべきである。

権利放棄議決に際しての監査委員の意見制度

　このように議会による請求権放棄議決を最高裁が厳格な要件の下に認めていることから，放棄議決が裁量権の濫用または逸脱にならないよう，客観的で合理的な判断となることを担保することが重要である。

　そこで2017年改正地自法によって，議会による放棄議決に際しての監査委員からの意見聴取が制度化された。これによると，議会は，住民監査請求があった後に当該請求に係る行為または怠る事実に関する損害賠償または不当利得返還の請求権その他の権利の放棄に関する議決をしようとするときは，あらかじめ監査委員の意見を聴かなければならず，その監査委員の意見の決定は，監査委員の合議によるとされている（地自242条10項・11項）。

　しかし，長から任命される監査委員が権利放棄議決に関して否定的な見解を述べうるのかについては疑問が残る。

長等の損害賠償責任の一部免責制度の導入

　また2017年法改正地自法によって，住民訴訟の歴史のなかできわめて大きな

改正がなされた。それが一部免責制度の導入である。普通地方公共団体は，条例で，長もしくは委員会の委員もしくは委員または職員（以下，長等）の損害賠償責任を，長等が職務を行うにつき善意でかつ重大な過失がないときは，長等が賠償の責任を負う額から，長等の職責その他の事情を考慮して政令で定める基準を参酌して，政令で定める額以上で当該条例で定める額を控除して得た額について免れさせる旨を定めることができる（地自243条の2第1項）。議会は，条例の制定または改廃に関する議決をしようとするときは，あらかじめ監査委員の意見を聴かなければならず，この意見の決定は，監査委員の合議による。

地方公共団体が一部免責条例を制定する場合には，政令で定める基準を参酌して，政令で定める最低額以上の最低責任負担額を条例で定めることになり，その条例が制定された場合，条例の施行日以降の行為にもとづく長等の地方公共団体に対する損害賠償債権のうち最低責任負担額を超える部分が当然に消滅する。長による別途の意思表示は，不要である。本条の条例による損害賠償責任の一部免除は，住民訴訟等の場合に限って適用されるものではない。

条例により一部免責が行われる損害賠償は，長等が職務を行うにつき善意でかつ重大な過失がないときに限られている。したがって，故意または重大な過失によって損害を生じさせた場合は，一部免責されず，従来どおり損害額全額の賠償義務を負う。

一部免責条例と議会の権利放棄議決の関係

一部免責条例は，故意または重過失によるという悪質な場合を除き，条例の制定により長等の最低責任負担額を超える賠償請求権をあらかじめ放棄するのと同様の効果を発生させる。この条例が制定された場合には，それがカバーする範囲においては議会の権利放棄議決は必要なくなると考えられる。

しかし，条例が認めていないところの故意または重過失による賠償請求の放棄や，最低責任負担額の範囲内の賠償請求放棄につき，議会が議決することができるかという問題は残る。この答えは条例からは出てこないし，制限する規定もない。しかし，最高裁の前記判例が示すように，財務会計行為の違法事由の性格や職員の帰責性等をも考慮したうえで，議会の判断につき裁量権の踰越

濫用の有無が審査されることに留意すべきである．

📖 理解を深めるために

井上元，2009，『住民訴訟の上手な活用法——監査請求から訴訟までの理論と実務』民事法研究会．
 同人の手による『住民訴訟の上手な対処法——監査請求から訴訟までの理論と実務』（秋田仁志・井上元編，2003年）も充実していたが，これに続く著書。発行後相当時間が経っているが，住民監査請求や住民訴訟の手続を解説したものとしては利用しやすい。

小早川光郎・青柳馨編，2016，『論点体系 判例行政法3 住民監査請求・住民訴訟・国家賠償・損失補償』第一法規．
 論点ごとに判例を整理しており，住民監査請求や住民訴訟についてさらに理解を深めたいと思う者に適している。

伴義聖・山口雅樹，2018，『新版 実務住民訴訟』ぎょうせい．
 住民監査請求と住民訴訟に詳しい実務家によるもので，非常に詳細に解説している。

【小原清信】

■ コラム8：話題を提供してきた住民訴訟

　住民監査請求・住民訴訟制度が地方自治において果たしてきた役割は，非常に大きく，実にさまざまな問題がこれまで住民監査請求と住民訴訟で争われてきた。本章には個別の事件に関する記述をほとんど入れていないので，このコラムで代表的な事例を取り上げる。住民訴訟の役割を認識していただきたい。

○高須輪中水防事務組合事件（最判平元・9・5判時1337号43頁）では，水防事務組合が県や国の役人を接待し，芸妓を同席させた宴会の飲食費が，違法なものと認定された。のちに流行語となった官官接待である。

○大阪府下水道事業団談合事件（最判平14・7・18判時1798号74頁）では，指名競争入札の下での談合により価格がつり上げられた事件につき，差額相当額の損害が発生すると判示した。

○天理市土地売却事件（大阪高判平10・7・28判タ998号135頁）では，市が売却した土地の価格が低すぎるとして，適正価格との差額の損害賠償を認めた。

○京都市ゴルフ用地買収事件（大阪高判平15・2・6判自247号39頁）では，市が買い取った土地の価格が高すぎるとして，適正価格との差額の損害賠償を認めた。

○茅ヶ崎市職員派遣事件（最判平10・4・24判時1640号115頁）では，市が職員を職務専念義務を免除して商工会議所に派遣し，給与を支給したことが違法となる場合があることを示し，差戻審で損害が認められた。他自治体では第三セクターへの派遣が問題となっていた。

○川崎市退職手当事件（最判昭60・9・12判時1171号62頁）は，本書で述べた事件である。収賄事実から懲戒免職が相当であるような職員を早々と分限免職にして退職手当を支給したことに裁量権の逸脱濫用はないと判示した。この事件で，二審は，行政行為の公定力理論をもち出して，先行行為たる分限免職が重大明白な瑕疵がある（無効である）場合のみ財務会計上の行為が違法となると判示したが，最高裁はこの考えに立っていない。

○吉野町東南アジア研修旅行事件（最判平9・9・30判時1620号50頁）では，議会議員の研修旅行につき，旅行業者が行政視察に関する計画を一切含めず，遊興観光に終始する日程で計画を提出したことを認定し，違法と判示した。

○下関日韓高速船補助金事件（最判平17・11・10判タ1200号147頁）では，経営破綻した第三セクターに対する市の補助金が争われ，一審は市長個人に8億円余り，控訴審は3億円余りの損害賠償を命じ，その巨大な額が話題となったが，最高裁は，市長が「公益上の必要がある」と判断したことに裁量の逸脱濫用はないと判示した。**（小原清信）**

第9章　住民参加──参加・協働と自治

　地方自治の「自治」という言葉は，「自ら治まる」という自動詞的理解と，「自ら治める」という他動詞的理解がある。この自治を，自分のことは自分で処理する，いわゆる自己統治「Self-Governing」を意味する他動詞的理解を前提としたとき，市民（デモス：Demos）による支配（クラティア：Kratia）からなるデモクラシー（Democracy），民主主義と結びつく。しかし，実際にこのデモクラシー思想を前提とした「自治」が社会に根づき，住民が行政に「参加」そして「協働」していくまでには時間と経験を重ねる必要があった。

　そこで本章では，第1に，社会の変容とともに住民運動のなかにみる「参加」「協働」の歴史的展開を確認する。第2に，「参加」「協働」の定義と「自治」も含めた関係性を整理する。第3に，住民参加の意義を「参加」「協働」そして「自治」の視点も加味しながら再考する。第4に，法制度上の住民参加制度について確認する。第5に，住民参加制度で最も注目されると思われる住民投票制度について考察する。そして第6に，地方議会の住民参加制度についても概観してみたい。

1　住民運動のなかにみる「参加」「協働」の歴史的展開

　地方自治法上の各種制度の活用はもちろん，現在のように住民が行政に「参加」「協働」するまでには時間と経験を重ねる必要があった。それは戦後日本の高度経済成長期にまで遡る。

　1950年代半ばから日本は高度経済成長を遂げていく。1960年になると池田勇人内閣が「所得倍増計画」をスローガンに，1962年には新産業都市建設促進法を公布，全国総合開発計画を決定した。1964年には名神高速道路が全線開通，そして東海道新幹線も開業し，開発による都市化，工業化が急速に進んでいく。それに伴い，地方から都市への人口移動という現象も発生した。

　しかしこの結果，1960年代，とくに後半になってくると，都市の人口過密や

住宅不足，交通渋滞や事故，そして公害などが社会問題化してくる。しかし，政府は経済成長に重点を置いていたため，住民は自ら自分たちの生活を守るしかなく生活防衛運動としての住民運動を抵抗運動として展開していくことになる。

この住民の抵抗運動を背景に，大都市を中心に革新自治体が台頭してくる。革新自治体の首長は，住民ニーズに応えるかたちで公害規制を強化し，生活や福祉を重視していった。その結果，住民運動は抵抗型から要求型へと変化していくことになる。

その後，オイルショックを契機に高度経済成長期から低経済成長期へ移行していく。このため，自治体も以前のような生活基盤の拡充に応えることが困難となってきた。一方，人口移動も落ち着きをみせ「定住化」傾向がみられるようになる。住民同士の交流と共益活動が促進され，それが地域をみる目の涵養につながり，自ら地域貢献活動に参加していくようになる。その結果，さらに住民運動は自治体への要求型から参加型へと発展していった。

1980年代後半になると，「協働」や「パートナーシップ」が潮流となっていくのであるが，そのような背景のなか，1995年，阪神・淡路大震災が発生する。被災地には多くのボランティアが全国から駆けつけ活躍した。その年は後年「ボランティア元年」とよばれるようになり，1998年には特定非営利活動促進法（NPO法）が制定されることとなる。これ以降，ボランティアやNPOは社会の重要な構成要素として認められ，行政への市民運動としては協働型へと質的変化を遂げてきたのである。つまり，住民が，政策決定や公的サービス生産供給の客体から主体へと転化してきたことを意味する。いわゆるガバメント（統治社会）からガバナンス（協治社会）へのパラダイム・シフトである。

このように，住民運動の流れのなかで住民の行政へのかかわりが抵抗や要求から「参加」「協働」と発展していった。そして，ガバナンス社会に突入した現在，「自治」の担い手としての住民が期待されているのであるが，今後は行政をコントロールし主導する主権者としての「自治」の担い手として一層の活躍が期待されるところである。

2 「参加」「協働」と「自治」

　ここでは，「参加」と「協働」の定義と「自治」も含めた関係性を整理してみたい。

　まず「参加」であるが，行政と関係性を有し，その意思決定に働きかける活動体系をいう。行政への政策プロセスとの関係では，①課題設定・政策立案・政策決定の「政策形成（Plan）」への参加，②「政策実施（Do）」への参加，そして③「政策評価（See）」への参加が考えられる（高橋・佐藤編 2013）。

　次に「協働」であるが，日本でいち早く協働論を展開した荒木昭次郎によれば，対等性を強調する「パートナーシップ（Partnership）」ではなく，生産性とその向上性も加味した「コプロダクション（Coproduction）」を意味し，「異なる能力，技法，規模，ノウハウなどをもつ複数の主体が共有目標を達成していくために，対等な立場で異質性を発揮しつつ相互に連携しあい，より大きな成果を生み出す協力・連携活動システムである」（荒木 2012: 270）と定義している。

　このように「協働」は，関係性だけではなく生産性とその向上性も含意していること，また住民運動，住民参加の歴史的展開から，「参加」の発展的概念として位置づけられる。そして「自治」を，前述のように住民が行政をコントロールし主導していくものと解釈すれば，この3つの概念は「参加」「協働」そして「自治」へと発展していく概念と整理することができよう。

　先に言及したこれからのガバナンス社会は，「協働」を前提に「自治」の精神を身につけた住民の台頭が期待される。そして「参加」は，「協働」そして「自治」を醸成する礎，土台と位置づけられることから，「参加」の具体的なシステムである住民参加制度を整備し日々機能させておくことが肝要となる。

3　住民参加の意義

　ここで，住民参加の意義を「参加」「協働」そして「自治」の視点も加味しながら再考してみたい。民主主義，住民自治の視点から行政に対する住民参加

のあり方はさまざまであるが，まず第1に，憲法，地方自治法の視点から確認すると，住民は，自治体の首長，地方議会議員の選挙という間接民主主義により主権者としての意思を行政に反映させることを前提にしている。しかし，選挙において住民が考える地域課題が争点になるとは限らない。また，地方議会での議論が住民の意向と必ず一致するとも限らない。「住民と議会の乖離」等といわれるのはそのゆえんである。そこで，間接民主主義を補完するものとして，あるいは民主主義，住民自治をより充実させるものとして，条例制定改廃請求制度をはじめとした直接民主主義制度，住民参加制度が設けられている。

第2に，社会の高度情報化，グローバル化，少子高齢化など社会問題が多様化，複雑化してきた。それに伴い，住民ニーズの把握も難しくなってきている。そこで，憲法，地方自治法で制度化された住民参加制度以外の「参加」も，行政が住民ニーズを的確に把握しうる機会になるという意味において意義がある。

第3に，社会問題が多様化，複雑化してくるとともに，人口減少と少子高齢化が自治体の財政を圧迫していくことが予想される。このため，公的サービスの選択と集中が求められてくる。そこで，住民ニーズに優先順位をつける必要があるが，そこに住民の主体的な「参加」が期待されている。

第4に，第3と同様の理由から，公的サービスの生産供給を行政のみで効率的に実施することは難しくなってきている。一方「協働」は，行政との対等性を前提に公的サービスの生産供給の主体となることを意味する。そこで，住民が行政と「協働」しそれぞれの強みを活かしながら，公的サービスの生産供給を展開していくことが求められている。

第5に，これからのガバナンス社会は，民主主義を単なる多数決主義ではなく，少数者の意見も尊重しさまざまな視点から議論を重ねる熟議民主主義が期待されている。主権者であり「自治」の担い手である住民には，自分とは異なる価値観やさまざまな地域課題に接し，それを知ることが重要となる。住民参加はその機会を得る好機となるため，今後さらにその意義を増してくるだろう。

4　法制度上の住民参加制度

　法制度上の住民参加制度は，先の「参加」「協働」「自治」という概念分類においては，原則として「参加」に位置づけられる。この住民参加制度のうち①選挙権・直接請求権については**第7章**で，②住民監査請求については**第8章**で，③情報公開制度については**第10章**で解説されるところである。そこで本章では，④それ以外の各種住民参加制度を確認してみたい。なお，住民投票制度，地方議会については5，6において後述する。

憲法上の請願
　憲法16条は，何人に対しても請願する権利を認めている。たしかに請願法5条で「この法律に適合する請願は，官公署において，これを受理し誠実に処理しなければならない」と規定し請願を受けた機関が義務を負うものではない。しかし，「何人も」とあるとおり請求できる者には，未成年者に加え，日本国民に限らず外国人も含まれる（木下・只野編 2015）。このため，多くの住民が住民参加制度として活用し自分の意見を行政に伝えうることから重要な規定といえる。

行政委員会と審議会
　自治体は，執行機関としていわゆる行政委員会を置くことができる（地自138条の4第1項）。首長以外に複数の委員会・委員を設置することを執行機関多元主義という（**第4章参照**）。執行機関多元主義が採用された理由としては，教育や選挙，人事など政治的中立性の確保が求められる領域において首長の干渉を防ぐことにある。しかし，首長には条例案・予算案等の提出権や人事権があるとともに，委員の任命に際しては首長が議会の同意を得て任命することになっているため，その効果は疑問視されている。しかし，その効果を期待するからこそ首長と同列の執行機関として設置されている。もっとも，委員はそれぞれの分野の経験者等に限られるのが通例であり，広く住民が参加できるまでには至っていない。

次に，自治体は，附属機関として法律または条例で審議会を置くことができる（地自138条の4第3項）。審議会とは，首長が諮問した事項について，学識経験者などが調査，審理し答申する合議制の機関である。委員はその事項に関する専門家が多いが，住民を対象にした公募委員が多くなっている。行政委員会とは異なり附属機関であり諮問機関であるとはいえ，これからの行政への住民参加の一手法として期待されている。

パブリック・コメント制度

パブリック・コメント制度とは，自治体が最終的な決定を行う前に，原案やそれに関する資料を公表して，それに対する意見を募集する制度である。2005年，行政手続法が改正され，39条等に意見公募手続が新設された。これを機に自治体にも広がり条例などで制度化されるようになった。この制度は，住民が意見を提出するだけでなく，自治体もその意見を取りまとめ考えを公表するという，双方向的な制度である。また，意見を提出できる対象者が当該自治体の住民だけでなく，利害関係があるとしてその自治体内に通勤する者も対象者と認めるケースもあり，自ら住民参加の拡充に取り組んでいる自治体もある。

公的オンブズマン制度

オンブズマン制度は，1809年にスウェーデンで生まれ，第2次世界大戦後に，北欧諸国から英連邦諸国へ，そしてアメリカの諸州へと急速に普及した。スウェーデン語で代理人や護民官という意味である。オンブズマンによる，①行政の監視・統制，②苦情の受付と処理，③是正勧告などを通じ，①住民の権利利益の保護を図り，②開かれた行政の進展，③行政に対する理解と信頼を高めることを目的としている。公的に制度化された公的オンブズマンは，日本では自治体レベルで導入され，1990年，東京都中野区が「中野区福祉サービスの適用に係る苦情の処理に関する条例」，川崎市が「川崎市市民オンブズマン条例」により導入したのが最初である。近年では，熊本市が「熊本市オンブズマン条例」を2011年に施行している。前年の2010年に施行された「熊本市自治基本条例」の具体的な取り組みの1つとして実現したものである。各区役所に出向く巡回オンブズマンや現地調査，年度報告書の刊行などさまざまな活動を展

開している。類型としては，中野区のように福祉など特定の領域に特化した特殊（個別）型と，川崎市や熊本市のように特定しない一般（総合）型のタイプがある。なお，オンブズマン制度は，オンブズマンの活動を端緒として住民自らが行政を監視，是正，コントロールしていくことが期待されている。しかし，公的オンブズマンは地方自治法138条の4第3項の附属機関として位置づけられることから，いかに独立性，中立性を確保するかが今後の課題である。なお，一般財団法人・行政管理研究センターによれば，2016年2月末現在で，55の自治体で58のオンブズマンの制度化（公的オンブズマン）が報告されている（一般財団法人行政管理研究センター 2016）。

5 住民投票制度

　住民投票制度には，①憲法を根拠にした住民投票，②法律を根拠にした住民投票，そして③条例を根拠にした住民投票がある。②法律を根拠にした住民投票については，その1つに「市町村の合併の特例に関する法律」（以下，特例法）により合併協議会の設置についての住民投票が規定されている。市町村合併をしようとする市町村は，合併に関する協議を行う協議会（以下，合併協議会）の設置が求められている。この合併協議会の設置について，有権者が50分の1以上の連署をもって合併協議会設置の請求を行うも，合併請求市町村の議会が否決し，ほかのすべての合併対象市町村が可決したときは，合併請求市町村長の請求により，または6分の1以上の連署を集めることにより，住民投票を請求できるとされている（特例法4条10項・11項）。その他，地方自治法上の直接請求の結果行われる住民投票がある。これについては前述したとおり**第7章**を参照されたい。このため，本章においては，①と③について確認する。

憲法を根拠にした住民投票（地方自治特別法）
　憲法は95条において，「一の地方公共団体のみに適用される特別法は，法律の定めるところにより，その地方公共団体の住民の投票においてその過半数の同意を得なければ，国会は，これを制定することができない」と規定する。憲法は，前文および41条，59条から間接民主主義の原則と国会単独立法主義を採

用しているが，本条は憲法92条の「地方自治の本旨」を具現化するために認められた例外にあたる。

ここにいう「一の地方公共団体のみに適用される特別法」とは，必ずしも1つの地方公共団体のみに適用される法律を指すものではなく，複数の地方公共団体に適用される法律であっても適用対象が特定されている場合には含まれる（木下・只野編 2015）。横須賀・呉・佐世保・舞鶴の4市に適用された旧軍港市転換法が本条に該当するとされ，住民投票が実施されたのがその例である。

また，地方特別法は現に存在している地方公共団体に適用され，いまだ存在しない地域に対する法律は含まれないと解されている（木下・只野編 2015）。このため，秋田県八郎潟の干拓によってできた大潟村に係る「大規模な公有水面の埋立てに伴う村の設置に係る地方自治法等の特例に関する法律」(1964年) 等については，本条の適用外とされ，住民投票は実施されなかった。

この住民投票は，1949年の広島平和記念都市建設法および長崎国際文化都市建設法に始まり，1951年の軽井沢国際親善文化観光都市建設法までの15件18都市について実施されすべてが賛成多数で可決されている。

なお，手続については条文中「法律の定めるところにより」とあるように，地方自治法261条，262条により規定されている。

条例を根拠にした住民投票

住民投票の実施　　住民投票制度のなかでも，近年，最も注目されているのが条例による住民投票であろう。1982年，高知県窪川町で初めての住民投票条例が制定された。原子力発電所の設置に伴うものである。これを機に，住民投票条例の制定が浸透しはじめ，1988年には鳥取県米子市の中海淡水化に関する住民投票条例，1993年には三重県南島町および宮崎県串間市の原子力発電所の設置に関する住民投票条例が制定されていく。そして1996年，新潟県巻町で原子力発電所の建設に関する住民投票がはじめて実施された。投票率88％，原発反対61％，賛成39％という結果であった。巻町では，この条例による住民投票以前に自主管理の住民投票を実施している。その結果は，投票率45％，建設反対95％，建設賛成5％である（今井 2000）。その後，推進派の町長が辞職し反対派の町長が就任したこともあり，条例による住民投票は全国の注目を集め

た。その後，同年に沖縄県の米軍基地の整理縮小に関する住民投票，1997年には岐阜県御嵩町および宮崎県小林市の産業廃棄物処理施設の設置に関する住民投票，沖縄県名護市の米軍のヘリポート基地建設に関する住民投票がそれぞれ実施され，住民投票条例の制定と実施が全国に広がっていった。

　一方住民投票は，平成の大合併といわれた市町村合併にも活用されていく。市町村合併の是非に関する条例による住民投票は，2001年，埼玉県上尾市において実施された。その後，2002年には滋賀県米原町，広島県府中町，秋田県岩城町で実施されている（木佐監修 2003）。このなかで，滋賀県米原町の条例は永住外国人に対しても投票権を与えている。さらに，秋田県岩城町は，永住外国人を含む18歳以上の町民に投票権を与えている。常設型の住民投票条例では，愛知県高浜市が2002年に制定した条例で永住外国人を含む18歳以上の市民に投票権を与えたことで注目を集めた。これらの試みは，若者も外国人も地域における重要なアクターだと位置づけるものであり，人口減少および少子高齢化が叫ばれる地方においては，これからの地域づくりの参考になるだろう。

住民投票条例の論点
①間接民主主義と直接民主主義
　条例を根拠にした住民投票の論点を議論するにあたって，まず憲法上，間接民主主義と直接民主主義の関係について整理しておきたい。現行の地方自治制度は憲法93条により間接民主主義が採用されている。そこで，間接民主主義が原則と考えるのであれば，住民投票のような直接民主主義的な制度は間接民主主義を補完するものとして位置づけられることになる。一方，民主主義，住民自治の観点から本来は直接民主主義が原則であるが，実施の困難性から便宜上，間接民主主義が採用されたと考えるのであれば，積極的な導入の方向へ思考されるだろう。
②住民投票条例の類型について——個別型・一般型・基本型
　住民投票条例は，その内容から次の3つに分類される（土岐ほか 2011）。
　まず，個別型は，後述の原子力発電所の設置や，産業廃棄物の処理施設の設置など，個別の特定政策課題の是非に関する住民投票条例である。これまでに実施された住民投票条例の多くがこのタイプにあたる。
　次に，一般型は，個別型と異なり常設されている。あらかじめ住民投票の対

象とする事項を具体的に規定した条例である。「高浜市住民投票条例」が例としてあげられる。この条例は常設されているため，住民投票が必要になった場合は個別型と異なりスムーズに手続に入ることができる。

そして，基本型は，常設された住民参加やまちづくりなどに係る条例で，その条例の一規定として住民投票の実施が盛り込まれている条例である。例としては「箕面市市民参加条例」があげられる。ただし，住民投票の実施にあたっては，必要な手続などについて別に条例で定めるものとされている。

③住民投票結果の効力について——諮問型・拘束型

住民投票の結果に法的拘束力をもたせるか否か，という点については，先の間接民主主義と直接民主主義の理解が影響してくる。まず，間接民主主義が原則とする考え方からは，あくまで議会の意思が主であって直接民主主義的制度は議会の意思を補完するものに過ぎないという見解が導かれる。このため，住民投票の結果に法的拘束力はないという諮問型となる。これでは，最終的に住民投票の結果に従うか否かは議会の判断によることになる。もっとも，住民参加制度の意義からすれば，議会は住民投票の結果を尊重し議会において熟議することが望まれる。

一方，直接民主主義こそが原則であるという考え方からは，主権者である住民の意思が明確に示された以上，その結果に議会は法的に拘束されるという拘束型が原則となる。

2000年5月9日，住民投票の法的拘束力に係る初めての司法判断が示された。「名護市における米軍ヘリポート基地建設の是非を問う市民投票に関する条例」の投票結果に関するものである。那覇地方裁判所は，間接民主主義を原則とし住民投票の法的拘束力を否定している（判時1746号122頁）。

④住民投票の対象について——ポジティブリスト・ネガティブリスト

常設型の住民投票条例のうち，住民投票の対象とする事項（ポジティブリスト）を具体的に規定する条例と，対象とすべきでない事項（ネガティブリスト）を規定する条例がある。住民投票の結果の効力を諮問型と考える場合は問題とならないが，これを拘束型と考える場合は，対象事項を当該自治体で決せられるべき事項に限定しておく必要がある。

6　地方議会の住民参加制度

本会議の公開と議会の傍聴

　本会議は地方自治法115条1項により公開とされている（会議公開の原則）。このため，一定のルールの下，傍聴，報道の自由が認められるとともに，会議記録の閲覧も自由とされている。同条の「議会の会議」とは本会議を指すと解され委員会は公開の対象にならないとされている（松本 2017）。しかし近年，委員会審議の重要性と住民参加制度の意義から委員会も公開する議会が増え始めている。また本会議については，広報やホームページのほか，CATVやインターネットによる中継など住民に対する開かれた議会をめざす取り組みが広がっている。

請願と陳情

　憲法16条の請願権を前提に，地方自治法124条で手続について規定されている。これによれば，議会に請願しようとする者は，議員の紹介により請願書を提出しなければならない。しかし，憲法16条を前提とすることから，請願権者には未成年者や外国人も含まれると解されている。また，議員の紹介がない場合でも，法律上の行為ではなく事実上の行為の陳情として認められている。しかし，事実上の行為のため，請願法5条のような誠実処理義務が法的に議会に生じるものではない（松本 2017）。もっとも，住民参加制度の意義からすれば，議会は誠実に処理することが望ましい。

公聴会と参考人制度

　議会の本会議や委員会は（常任委員会・議会運営委員会・特別委員会）は公聴会を開き，利害関係人や学識経験者から意見を聞くことができる（地自109条5項，115条の2第1項）。2012年の改正において規定された。公聴会は，重要な案件の委員会審査を周到に行うために設けられた。参考人制度については，公聴会と同様の趣旨で，委員会の調査または審査に資するために参考人を招致するものである。改正前にも，事実上，公聴会の開催や参考人に出頭を求め意見を

聴くことも可能と思われていたが，法定化することにより議会への住民参加の拡充に資することになった（松本 2007）。

調査権と専門的知見制度

議会は，自治体に対しての調査権がある（地自100条1項）。百条調査権ともよばれ，この規定により議会が設置した特別委員会を「百条委員会」という。出頭等の請求を受けた関係人が正当な理由がなく出頭等を拒んだ場合は，6か月以下の禁固また10万円以下の罰金に処される（地自100条3項）。この調査権は国会の国政調査権（憲62条）に相当するものであり，議会を通じて民主的コントロールが及ぶよう強い権限が与えられている。さらに，2006年の改正で専門的知見制度が導入された（地自100条の2）。公聴会や参考人制度はあるが，意見を聴取するにとどまり専門的な知見を得るために調査・報告を求められるものではない。これによりさらに行政への民主的コントロールが及ぶことになる。さいたま市など議会基本条例に制度化し積極的な活用を始めた自治体もある。

以上，社会の変容とともに「参加」「協働」の展開を確認し，その定義や「自治」も含めた関係性を整理した。そして，住民参加の意義を「参加」「協働」そして「自治」の視点も加味しながら再考したうえで，法制度上の住民参加制度や住民投票制度，そして地方議会に対する住民参加制度について考察してきた。これらの制度は「参加」「協働」「自治」の概念分類からは原則として「参加」に位置づけられる。しかし，それを運用する主体が住民との「協働」を意識して活用することで，「参加」から「協働」のシステムへと発展していく可能性を秘めている。それは，自治体の憲法といわれる自治基本条例や議会基本条例等を住民参加で制定する自治体が増えてきた流れのなかで，その具体的な取り組みとして住民参加制度の協働的活用が期待されるのである。

第9章　住民参加

📖 理解を深めるために

荒木昭次郎，1990，『参加と協働――新しい市民＝行政関係の創造』ぎょうせい．
　日本ではじめて「協働論」を展開した荒木が，アメリカで「コプロダクション」の概念に出会い，それを「協働」と訳し，理論構築していった経緯まで綴られている。「協働」を研究する者にとって必読の理論書である。

今井一，2000，『住民投票――観客民主主義を超えて』岩波書店．
　日本全国に広がっていった住民投票運動について，現場に入り1つひとつの出来事を丁寧に整理し紹介している。住民投票を理解するうえでは欠かせない書である。

江藤俊昭，2004，『協働型議会の構想――ローカル・ガバナンス構築のための一手法』信山社．
　行政改革，財政改革とともに，政治改革の1つとして課題視されているのが自治体の議会改革である。「住民と議会の乖離」が指摘されるなか，それを克服すべくめざすべき協働型議会の制度設計を試みた理論書である。

高橋秀行・佐藤徹編，2013，『新説 市民参加 改訂版』公人社．
　「参加」「協働」の概念について図を活用しながら解説がなされている。著者の見解が前提とされているとはいえ，理論編と事例編に分かれており，市民参加について学びたい学生には理解しやすいテキストである。

参考文献

荒木昭次郎，2012，『協働型自治行政の理念と実際』敬文堂．
木佐茂男監修，今川晃編，2003，『自治体の創造と市町村合併――合併論議の流れを変える7つの提言』第一法規．
木下智史・只野雅人編，2015，『新・コンメンタール 憲法』日本評論社．
土岐寛・平石正美・斎藤友之・岩見豊，2011，『現代日本の地方自治 改訂版』北樹出版．
松本英昭，2017，『新版 逐条地方自治法 第9次改訂版』学陽書房．
一般財団法人行政管理研究センター，2016，「平成27年度地方公共団体における公的オンブズマン制度の実態把握のための調査研究報告書」．
全国市民オンブズマン連絡会議ホームページ（https://www.ombudsman.jp 閲覧日：2018年12月26日）．

【黒木誉之】

コラム9：オンブズマン制度

　近年，森友問題，加計問題，それに伴う公文書管理，あるいは職員の不祥事等が問題視されている。地方レベルにおいても不正経理や不祥事，さらには議会の政務活動費の問題など政治・行政の問題が報道されない日はない。そこで注目をしたいのが本章のオンブズマン制度である。本章では，制度上のシステムを前提としたことから公的オンブズマンについて解説したが，私的（市民）オンブズマンも存在する。公的オンブズマンが条例で公的に位置づけられているのに対し，私的（市民）オンブズマンは民間レベルの団体である。住民自らの活動ともいえ，公的オンブズマン以上に活躍が期待される。そこでここでは，私的（市民）オンブズマンも視野にオンブズマン制度を概観してみたい。

　まず，日本におけるオンブズマン制度導入の経緯について確認しておこう。オンブズマン制度が注目されるようになったのは，1976年に発覚したロッキード事件からである。当時は官官接待や不正経理問題など行政職員の不祥事もあり行政の公正の確保や政治への不信を解消する必要があった。そこで1980年，行政管理庁（現総務省）が「オンブズマン制度研究会」を設置した。この研究会が報告書を公表したこともあってオンブズマン制度が広く普及していくことになる。川崎市においてもリクルート事件に巻き込まれるなど一連の不祥事が重なり市民の批判が高まっていたなか，川崎市長選の候補者が，市民の信頼回復の手段としてオンブズマン制度の早期導入を選挙公約に掲げ当選した。このことが背景となり，1990年，川崎市が日本で初めて一般（総合）型の公的オンブズマン制度を導入することになったのである。

　次に，オンブズマン制度の類型をみてみよう。第1に，公的オンブズマンと私的（市民）オンブズマンの分類がある。第2に，公的オンブズマンのなかには，行政府が設置する行政府型と議会に設置される議会型がある。地方自治法に附属機関を議会に認める規定がないこともあり現在の日本の公的オンブズマンは行政府型である。ただし，三重県は議会基本条例で附属機関の設置を認めており，今後の動向が注視される。第3に，公的オンブズマンのなかに，本章で述べた一般（総合）型と特殊（個別）型がある。

　最後に，私的（市民）オンブズマンの活動内容等について，全国市民オンブズマン連絡会議（以下，連絡会議）ホームページ（URL: https://www.ombudsman.jp）を参考にみてみたい。全国75の団体が登録しておりその住所地は42の都道府県であった（閲覧日：2018年12月26日）。活動内容として分科会のテーマを確認したところ「政務活動費」「働きかけ記録」「談合」「包括外部監査」「原発」「情報公開」「町内会」などがある。ユニークなところでは，全国情報公開度ランキングや政務活動費開示度ランキングなど自治体や議会の活動を可視化・比較化することで市民に訴えるとともに，自治体，議会に是正を促す取り組みも行っている。

　このように，私的（市民）オンブズマンの活動は多岐にわたる。情報公開制度を活用

しながら行政を監視し，事案によっては住民訴訟や住民監査請求も展開しながら不正の是正に尽力しており，今後の活躍が期待されるところである。（**黒木誉之**）

第10章 情報管理と自治

　行政の情報管理にかかわる重要なしくみとして情報公開制度と個人情報保護制度がある。いずれも1980年代初めから自治体先行で制度化されてきたものとして，長年の定着・発展の歴史をもち，関連の判例も蓄積されている。本章では，ほぼすべての自治体で制定されている情報公開条例と個人情報保護条例について，共通する基本的内容と，各制度の重要な論点にかかわる判例を概観する。なお，多くの情報公開の事例では不開示決定の妥当性が最大の争点となっている。
　本章は基本的に判決の内容を紹介するにとどめるが，読者においては原則開示の観点から自らの視点で判決の妥当性を検討して頂きたい。また，定着が停滞に転じた結果新たな問題や改善の余地が生じていると認識されるところ，制度をめぐる今後の課題についても適宜触れ，読者の考察を促したい。

1　情報公開の意義

　情報の公開は，民主主義が適切に機能し，いっそう発展・活性化していくうえで不可欠の要素とされる。情報公開の重要性に対するこうした基本認識は，当該制度の先駆である山形県金山町公文書情報公開条例が，「民主的にして効率的な行政運営を図り，健全な町の発展に寄与すること」（1条）を目的に掲げ，また，国の行政機関の保有する情報の公開に関する法律（以下，情報公開法）も，法の目的を，「国民の的確な理解と批判の下にある公正で民主的な行政の推進に資する」（1条）と謳う点にあらわれている。とりわけ，地域の事務がその地域の住民の意思と責任にもとづいて行われることを求める「住民自治」を本旨とする地方自治においては，住民の自己統治に寄与する情報公開の要請は強いと解される。実際わが国における情報公開は，以下にみるように地方先行で発展してきた経緯がある。自治体レベルの制度化は金山町の条例を皮

切りに1980年代に進んだが，国の情報公開法が制定されたのはこれに約10年遅れた1999年である。

2　情報公開と地方自治

自治体における情報公開制度の展開

　情報公開の制度化は，1982年の金山町における条例制定以降，1983年に神奈川県（4月），埼玉県（6月）と都道府県レベルに波及し，政令指定都市初の条例制定も1984年に川崎市で実現した。以降この流れは急速に拡大し，多くの自治体は1980年代中に条例を制定している。そして1990年代には，こうした体制整備を受けて，利用する側が積極的に制度を活用・点検しようとする動きが進んだ。全国市民オンブズマン連絡会議が展開した交際費，食糧費等に対する情報公開請求運動や，各自治体の制度の使いやすさ，開示状況等を評価して順位づける「全国情報公開度ランキング」などがよく知られている。

　こうした地方レベルの実践を経て，ようやく1999年に国レベルでも情報公開法が成立し2001年に施行された。以上の経緯に鑑みれば，同法は，単に自治体の成果を国の行政に取り入れるにとどまらず，国・地方含めた情報公開制度全体のさらなる発展と定着に寄与する役割を担って誕生したものと解される。この点，同法が，情報公開条例を有しない自治体に制度化を促し（25条），実施機関や公開対象について広く定義している（2条）のは妥当である。しかし他方で，情報公開の根拠について，「政府の有するその諸活動を国民に説明する責務が全うされるようにする」（1条）として主権者たる国民に信託された側の責務を規定するにとどまり，多くの条例が明記する国民の「知る権利」に何ら言及しない点には不充分の感が否めない。

情報公開条例の基本構造

　総務省の調査・報告（2018年3月28日「地方行政サービス改革の取組状況等に関する調査等の結果の公表」）によると，情報公開条例は1町（北海道乙部町）を除く47都道府県・20指定都市・1,720市区町村で制定されるに至っている（調査時点2017年10月1日）。個別具体的な内容に自治体ごとの相違はあるものの，おおよ

そ共通する規定内容は以下のとおりである。

実施機関　実施機関とは，情報公開を行う対象となる機関のことである。条例は，まず，すべての行政機関を実施機関とする。また，多くの自治体は議会も情報公開の対象としている（議会の自主性を尊重し，議会を対象に「議会情報公開条例」を別途定める場合もある）。さらに，情報公開法が国家公安委員会と警察庁も実施機関とした（2条）ため，都道府県公安委員会と警察本部長も実施機関とされるようになった。

これに対して，行政民営化に伴い設置・導入された地方独立行政法人や指定管理者の情報公開は自治体により対応が異なる。地方独立行政法人を情報公開条例上の実施機関とする自治体は増加傾向にあり，上記総務省の調査結果によるとその数は都道府県レベルで40に上る。他方，指定管理者については，実施機関化した自治体（藤沢市，厚木市，尼崎市等）は少数派であり，条例によらず自治体と指定管理者が締結する協定書に情報公開の努力義務を規定するにとどめる例が多い。また，条例に規定する場合でも，指定管理者が情報の公開に「努める」ことや，指定した実施機関に指定管理者の情報公開推進を指導し必要な施策を講ずる努力義務を定める内容となっている。公益社団法人や公益財団法人等の外郭団体についても同様であり，条例上は，団体自身が情報公開に関して必要な措置を講ずるよう努め，情報公開の実施機関は外郭団体に対する指導を行うよう努める旨を規定するのが大勢である。

公開対象情報　情報は原則公開である。従来の情報公開条例では，公開対象となる情報として専ら文書を想定し，また，決済等の手続を要件とするものが多かった。しかし，情報公開法は，「文書，図画及び電磁的記録」であって「当該行政機関の職員が組織的に用いるものとして，当該行政機関が保有しているもの」（2条2項）とより広く定義した。このため情報公開条例でも，電磁的記録を対象に加え，未決済や審議途中のものを含む組織共用文書を公開対象とする改正が行われている。国レベルの制度化が条例の進化を促した代表例といえよう。

開示請求権者　条例の定める開示請求権者にはいくつかのパターンがある。上述の国の調査では，複数回答可として，①当該地方公共団体の区域内に住所を有する個人，②当該地方公共団体の区域内に事務所・事業所を有する法

人および個人事業者，③当該地方公共団体の個人に加え，当該地方公共団体の区域内の事業所・学校等への通勤・通学者，④地方公共団体の行政に利害関係を有する者，⑤制限なしの選択肢を示して自治体に回答を求めているが，狭い意味での自治体居住者（①・②），広く何らかの関係者（③・④），自治体との関係は問わず「誰でも」（⑤）と大別できよう。調査結果によると，埼玉県，千葉県を除く45都道府県とすべての指定都市では開示請求権者の範囲を限定していないのに対して，市区町村において無制限の制度を採用するのは1,721市区町村中905団体と約半数にとどまる。また，報道（神戸新聞2018年4月17日）によると，小規模自治体ほど何らかの条件を付す割合が高く（村：69.9％，町：56.0％，市：33.8％），内向きの公開である傾向が強い。情報公開法は「何人も，……行政機関の保有する行政文書の開示を請求することができる」（3条）と定めていること，また，今日では自治体の活動が多様化・広域化して請求権者を限定する必要性も低くなっていることからすれば，制限撤廃が望ましいと解される。

不開示情報の類型　多くの情報公開条例（および情報公開法）は，公開を原則としつつ詳細な不開示情報を定めている。その内容はおおむね以下のようなものである。

(1)個人に関する情報

　住所，氏名，生年月日等特定の個人を識別することができる情報は不開示とされる。これには，ほかの情報と照合することによって特定の個人を識別できるものも含まれる。他方，個人に関する情報であっても，法令等の規定または慣行で公にされ，あるいは公にすることが予定されている情報や，人の生命，健康，生活，財産を保護するため公にする必要が認められる情報，公務員の職務の遂行に係る情報に含まれる当該公務員の職および氏名ならびに当該職務遂行の内容に係る部分は開示対象である。

　以上は「個人に関する情報」を広く「個人識別情報」ととらえる場合（個人識別型）であるが，特定の個人が識別され得るもののうち「一般に他人に知られたくないと望むことが正当であると認められるもの」と一定の内容に限定する条例（プライバシー保護型，大阪府情報公開条例等）もみられる。

(2)法人その他の団体に関する情報または事業を営む個人の当該事業に関する情報
　公にすることにより当該法人等または当該個人の正当な利益を害するおそれがあるもの。ただし，人の生命，健康，生活，財産を保護するため公にする必要が認められる情報は除かれる。
(3)審議，検討または協議に関する情報
　行政機関等の内部または相互間における審議，検討，協議に関する情報で，公にすることで率直な意見の交換や意思決定の中立性が不当に損なわれるおそれ，不当に住民に混乱を生じさせるおそれや特定の者に不当に利益もしくは不利益をもたらすおそれがあるもの。
(4)事務または事業に関する情報
　自治体や国が行う事務または事業に関する情報であって，公にすることにより当該事務または事業の適正な遂行に支障を及ぼすおそれがあるもの。
(5)任意に提供された情報
　実施機関の要請を受けて公にしない条件で任意に提供された情報で，個人または法人等における通例として公にしないとされているものや，こうした条件を付すことが情報の性質等に照らし合理的であると認められるもの。ただし，人の生命，健康，生活，財産を保護するため公にする必要が認められる情報は除かれる。
(6)公共安全情報
　公にすることにより犯罪の予防，鎮圧または捜査，公訴の維持，刑の執行等公共の安全と秩序の維持に支障を及ぼすおそれがあると「実施機関が認めることにつき相当の理由がある」情報。ここでいう「おそれ」の有無については，高度の政策的，専門技術的判断を要するものとして実施機関の第一次的判断が尊重される。このため，「おそれ」の有無自体を厳密に問うのではなく，この点に関する実施機関の判断に「相当の理由」があるか否かが不開示情報該当性を分けるものとなっている。
(7)法令秘
　法令等の規定または実施機関が法律上従う義務を有する国の機関の指示により，公にすることができない情報。法令等の規定上明白に公開を禁じられている場合のほか，その趣旨，目的から公開できないと認められるものが含まれる。

開示請求に対する決定 開示請求に対しては，全面的な開示もしくは不開示のほか以下の決定が可能である。

開示請求された文書の一部に不開示情報が含まれているが当該部分を区分して除くことが容易である場合には，これを除いた部分を開示しなければならない。この「部分開示」は，通常，不開示部分をマスキング（黒塗り）する方法で行われる。判例（大阪府知事交際費訴訟第二次上告審判決：最判平13・3・27民集55巻2号530頁）は，大阪府情報公開条例の部分開示規定について，「非公開事由に該当する独立した一体的な情報を更に細分化し，その一部を非公開とし，その余の部分にはもはや非公開事由に該当する情報は記録されていないもの」として公開することまで実施機関に義務づけるものではないとした（独立一体論）。また，条例には，不開示情報を除外した残りの部分に有意の情報が記録されていないと認められるときは開示する義務がない旨規定するものが少なくない。しかし，部分的にでも開示を求める者がある場合に，その範囲が明確とは言い難い情報の一体性を主張し，あるいは，開示部分の有意性を実施機関の側で判断することには疑問が残る。この点については，懇談会出席者が識別できる記載のある食料費支出に関する予算執行書・支出金調書等の開示が争われた事例で示された最高裁の判断（最判平19・4・17判時1971号109頁）が注目される。本事件の高裁判決は，公務員の出席情報とそれ以外の者の出席情報とが細分化できないので公務員の情報も公表できないとしていたが，最高裁は，文書中に非公開情報に該当しない公務員の情報が記載されている場合にはその記載がいかなる欄や箇所にあるかを問わずすべてこれを公開すべきであるとし，文書中に公務員の懇談会出席に関する情報と公務員以外の者の同情報とに共通する記載部分がある場合も，「それ自体非公開情報に該当すると認められる記載部分を除く記載部分は，公開すべき公務員の本件各懇談会出席に関する情報としてこれを公開すべき」であるとした。独立一体性についてより慎重に判断する姿勢を示したものと解される。

以上のほか，開示請求に係る文書等の存否を明らかにすること自体不開示情報を開示するのに等しいと考えられる場合には，文書の存否も明らかにせず開示請求を拒否することができる（存否応答拒否）。この手法については，濫用されれば原則公開の趣旨を没却するおそれがあり，一定の歯止めや要件を付すべ

きであろう。他方，不開示情報を含む場合でも公益上とくに必要があると認めるときは開示することが可能とされている（裁量開示）。

不服申立てと情報公開審査会　開示請求に対する実施機関の決定に不満がある場合，開示請求者は，行政不服審査法にもとづく不服申立て，もしくは決定に対する取消訴訟を提起することができる。前者について実施機関の諮問を受けるのが情報公開審査会である。

　情報公開審査会は，地方自治や情報公開制度に関して識見を有する学識経験者，住民等により構成され，実施機関の決定の妥当性について調査・審議してその結論を答申する。審理の過程においては，開示・不開示の是非を判断するため諮問実施機関に開示決定等に係る公文書を提示させ非公開で実際に見分して調査審議する（インカメラ審理），開示決定等に係る公文書に記録されている情報の内容を指定する方法により分類・整理した資料を作成・提出するよう求める（ヴォーン・インデックス），審査請求人等に意見書や資料の提出を求め適当と認める者の陳述を求める等，幅広い調査権限を行使できる。また，審査請求人から意見を述べたい旨を求めることもでき，そのような申し立てがあった場合，審査会は当該審査請求人等に口頭で意見を述べる機会を与えなければならない。審査会答申に実施機関に対する法的拘束力はないが，多くの場合においてその内容は尊重されている。

3　不開示情報該当性の判断基準——判例の動向

　開示請求対象情報の不開示情報該当性判断は，個別の問題として行政の裁量の余地が大きい。このため，不開示の範囲を不必要に広く設定した部分開示決定（ほぼ黒塗りのものは「のり弁」と揶揄される）や不開示決定に対して，不服申立てや訴訟提起がなされる例も少なくない。原則開示の前提の下いかなる情報ならば不開示が許されるのか。最高裁判決を中心に判例をみておこう。

個人に関する情報

　「個人に関する情報」の範囲について一定の基準を示したものとして，食糧費支出関係文書の公開が争われた大阪市食糧費事件判決（最判平15・11・11民集

57巻10号1387頁）がある。判決は，まず，大阪市公文書公開条例（当時）が非公開とする「個人に関する情報」について，条例上「事業を営む個人の当該事業に関する情報」が除外されている以外には文言上何らの限定もないので，「個人の思想，信条，健康状態，所得，学歴，家族構成，住所等の私事に関する情報に限定されるものではなく，個人にかかわりのある情報であれば，原則として……『個人に関する情報』に当たると解するのが相当である。」と広範に解する。そして，「法人その他の団体の従業員が職務として行った行為に関する情報」についても，職務に関するものではあるが，「当該行為者個人にとっては自己の社会的活動としての側面を有し，個人にかかわりのあるものであることは否定することができない。」ので，原則として「個人に関する情報」に含まれるとする。そのうえで，条例が「個人に関する情報」と「法人等に関する情報」を異なる類型として非公開事由に規定していることから，「法人等を代表する者が職務として行う行為等当該法人等の行為そのものと評価される行為に関する情報」（そのような地位にない者の行為に関する情報で権限にもとづいて当該法人等のために行う契約の締結等に関する情報を含む）については，専ら「法人等に関する情報」として非公開事由に規定されているのであり，「個人に関する情報」としての非公開情報にはあたらないとした。他方，「公務員の職務の遂行に関する情報」については，「公務員個人の社会的活動としての側面を有するが，公務員個人の私事に関する情報が含まれる場合を除き，公務員個人が……『個人』に当たることを理由に同号の非公開情報に当たるとはいえない」とした。また，上記以外の者の出席情報等については「個人に関する情報」に該当し不開示相当としている。

法人その他の団体に関する情報または事業を営む個人の当該事業に関する情報

　国の各機関が情報公開法に関して定める判断基準は，法人等情報の不開示要件である「正当な利益を害するおそれ」について，法人等の種類，性格，権利利益の多様性に鑑み，さまざまな要素（法人等の性格や権利利益の内容・性質，法人等または事業を営む個人の憲法上の権利の保護の必要性や行政との関係等）を十分考慮して適切に判断するとする。また，「害する『おそれ』」の判断には，単なる確率的な可能性ではなく，法的保護に値する蓋然性が必要であるとしてい

る。この点は判例も具体的に判断する姿勢である。すなわち，大学が補助金申請のため，県に提出した財務文書の部分開示決定が争われた事件において，本件情報から大学の「競争上の地位を害するような」「独自の経営上のノウハウ等を看取することは困難であり，本件情報の内容は，客観的にみて，上告人の学校運営等を阻害したり，その信用又は社会的評価を害するものということはできない」として不開示情報たる法人情報に該当しないとした（最判平13・11・27判時1771号67頁）。また，事業者の印鑑についても，「元来は事業者が内部限りにおいて管理して開示すべき相手方を限定する利益を有する情報であっても，事業者がそのような管理をしていないと認められる場合には，これが開示されることにより正当な利益等が損なわれると認められることにはならない」とし，事例における管理の実態に即して判断したものがある（最判平14・9・12判時1804号21頁）。

審議，検討または協議に関する情報

　河川管理者（京都府知事）が設置した河川改修協議会に提出された文書（ダムサイト候補地点選定位置図）の開示請求に対する非開示決定が争われた例がある。第一審（京都地判平3・3・27判タ775号85頁）は，「公開することにより，当該若しくは同種の意思形成を公正かつ適切に行うことに著しい支障が生じるおそれ」（京都府情報公開条例5条6号前段）の有無について，「著しい支障」には「客観的にかつその著しい危険の高度の蓋然性」を要するとして不開示決定の取り消しを認めたが，第二審とこれを支持した最高裁判決は，本件文書は，「協議会の意思形成過程における未成熟な情報であり，公開することにより，府民に無用の誤解や混乱を招き，協議会の意思形成を公正かつ適切に行うことに著しい支障が生じるおそれのあるものといえる」として，不開示決定相当としている（最判平6・3・25判時1512号22頁）。

事務または事業に関する情報

　事務事業情報該当性について今日基本的に維持されている判断枠組みは，大阪府知事交際費事件判決（最判平6・1・27民集48巻1号53頁）で示された。本件は，知事の交際費関係文書の開示請求に対して，対象文書のうち債権者の請求

書および領収書，歳出額現金出納帳，支出証明書が事務事業情報等に該当し不開示とされたため，その取り消しが求められたものである。

判決は，相手方を識別し得る文書について，公開されれば「相手方に不快，不信の感情を抱かせ，今後府の行うこの種の会合への出席を避けるなどの事態が生ずる」可能性があり，また，交際費の支出の要否と内容は府とのかかわりの程度等を考慮して個別に決定されるものであるため，不満や不快の念を抱く者が出て，「相手方との間の信頼関係あるいは友好関係を損なうおそれがあり，交際それ自体の目的に反し，ひいては交際事務の目的が達成できなくなるおそれ」があること，また，知事においても，そのような事態を懸念して必要な交際費の支出を差し控えるなど「交際事務を適切に行うことに著しい支障を及ぼすおそれがある」ことを認定した。そのうえで，「相手方の氏名等が外部に公表，披露されることがもともと予定されているものなど，相手方の氏名等を公表することによって」上記のような「おそれがあるとは認められないようなものを除き」相手方の識別情報は不開示情報に該当するとした。なお，判決が不開示の例外とする「公表，披露されることがもともと予定されているもの」については，本件差戻控訴審判決に対する上告審判決（大阪府知事交際費訴訟第二次上告審判決：最判平13・3・27民集55巻2号530頁）が，「交際の相手方及び内容が不特定の者に知られ得る状態でされる交際に関する情報」を意味するとしている。

公共安全情報

判例（最判平19・5・29判時1979号52頁）は，滋賀県警が支出した捜査費，捜査報償費（捜査協力者などに交付される謝礼金）に係る個人名義の領収書のうち仮名で作成されたものの開示が争われた事件において，そのように実名によらない情報も非開示情報たる公共安全情報に該当するとした。すなわち，当該領収書は作成者が自筆で作成しているため，領収書記載の内容及びその筆跡等の情報に事件の関係者等が知りうる捜査や犯罪に関する情報等を総合すれば，作成者を特定することも不可能とまではいえず，これにより事件関係者等からの報復等がなされれば，犯罪の捜査，公訴の維持に支障が生じるおそれがあるといわざるを得ない。また，情報提供者等が特定されなくても，同人に自己が情報

提供者等であることが事件関係者等に明らかになるのではないかとの危惧感を抱かせ，その結果，捜査への協力が得られなくなり，捜査に支障が生じる可能性も否定できないとして，実施機関の不開示決定の合理性を認めている。

法令秘

　東京都小平市の都道建設計画見直しをめぐる住民投票が2013年5月に行われたが，市は，住民投票条例が投票者総数が投票資格者総数の2分の1に満たない場合投票は成立しない（13条の2）と規定していることを根拠に，投票率35.17％であった本件投票の結果を公表しなかった。このため，住民グループが投票済投票用紙（計51,010人分）を保有する市の選挙管理委員会に投票用紙の公開（写しの交付）を請求した。これに対して同委員会は，本件投票用紙に記載されている情報は小平市情報公開条例が定める非公開情報たる法令秘にあたるとして公開を拒否した。この処分が争われた事件で，東京地裁は，本件住民投票条例が，住民投票が成立しないものとされる場合には開票を行わないとするとともに「『住民投票は，1人1票の秘密投票とする。』（同条例7条3項）と定めている」ことからすれば，「投票が有効であるか否かを問わず本件住民投票の全般にわたって投票の秘密を確保しようとする同条例及び同規則の規定」は，少なくとも住民投票が成立せず開票が行われない場合には，原則として「これを公にしないものとすることをその趣旨及び目的とするものと解するのが相当」であるとし，投票用紙の不開示情報該当性を認めた（東京地判平26・9・5裁判所 Web）（しかし，本件住民投票条例上「開票を行わない」旨の明文規定があるわけではない）。

　このほか，第一号法定受託事務として国の処理基準が定められ，公知の事項を除き原則として非公開とするよう「通知」による指示がある情報（宗教法人法にもとづき宗教法人から提出された情報）も，非開示情報たる法令秘情報と認定されている（広島高判平18・10・11判時1983号68頁）。

4　情報公開とプライバシー——個人情報保護制度

個人情報保護条例の意義と基本構造

　個人情報保護制度は，プライバシー権としての自己情報コントロール権にもとづき市民に個人情報の開示，訂正等を請求する権利を保障するとともに，個人情報の適正な取り扱いに関する基本的事項を定めることにより，個人の権利利益を保護することを目的とするしくみである。

　当該分野でも自治体は国に先行して制度を整え運用してきた。国の行政機関の保有する個人情報の保護に関する法律（以下，行政機関個人情報保護法）は2003年の成立（2005年施行）だが，自治体レベルでは，1975年に東京都国立市の「電子計算組織運営条例」が個人的秘密の保持について規定して以降1980年代前半から条例化が進められ，都道府県は平成15年度，市区町村は平成18年度に条例制定率100％に達している（2006年6月29日総務省「地方公共団体における個人情報保護条例の制定状況等」）。

　具体的規定に多少の違いはあるものの，多くの個人情報保護条例におおよそ共通するのは以下の内容である。

　開示請求権・訂正請求権・利用停止（もしくは削除）請求権の保障　　自治体の保有する個人情報について，本人がその存在や内容を確認し，内容の訂正や利用の停止（もしくは情報の削除）を求めることができる。

　利用・提供規制　　自治体内部における個人情報の利用や外部への提供に関して，目的外の内部利用や外部提供は原則として禁止される。ただし，本人の同意がある場合や法令にもとづく場合，緊急・やむをえない場合は例外とするのが一般的である。

　センシティブ情報の保護　　思想，信条，信教に関する情報や社会的差別の原因となるおそれのある情報など個人の人格的利益にかかわるいわゆるセンシティブ情報については，その収集・記録の禁止もしくは制限という特別な取り扱いが定められている。なお，この保護類型は従来条例に固有のものであったが，行政機関個人情報保護法においても，平成27年の改正により「要配慮個人情報」（2条4項「本人の人種，信条，社会的身分，病歴，犯罪の経歴，犯罪により害

を被った事実その他本人に対する不当な差別，偏見その他の不利益が生じないようにその取り扱いに特に配慮を要するものとして政令で定める記述等が含まれる個人情報」）が新設された（ただし取得規制等の定めはない）。

外部委託時の規制　　情報の処理を外部に委託する場合には，委託先においても個人情報が適切に保護されるよう必要な措置を講ずることが自治体に義務づけられている。

個人情報保護審査会　　開示・訂正・利用停止（もしくは削除）の各請求に対する決定もしくは不作為をめぐって不服申立てがなされた場合に，裁決をすべき実施機関の諮問を受けて答申を行うのが個人情報保護審査会である。多くの場合，審査会にはこうした個別案件に係る答申権限のほか，個人情報取扱原則の例外的運用（条例上収集が禁止されている情報の収集や目的外利用，外部提供等）の可否といった個人情報の取扱い一般について審議する権限も付与されているが，後者については別の諮問機関として個人情報保護審議会を設置している自治体もある。

　以上にみてきたように，情報公開制度が民主主義にもとづき住民自治に寄与するべく情報の原則開示を旨とするのに対して，個人情報保護制度の目的は，個人の権利の保護にある。このため，両者の要請が衝突する場面もありうるところ（情報公開制度における不開示情報の問題），バランスのとれた慎重な制度運用が求められよう。

判例の動向──各請求に対する処分をめぐって

開示請求に対する処分　　開示請求に対する不開示決定はしばしば問題となるが，なかでも指導要録（通知表や調査書の原本となる児童生徒の学習や行動についての記録）や調査書（児童生徒の学習や学校生活について記載した文書で，進学・就職先の選考資料となるもの。いわゆる内申書）等の教育情報に関する事例が多い。

　指導要録の本人開示について初めて判断した最高裁判決（最判平15・11・11民集57巻10号1387頁。ただし開示請求は当時の公文書公開条例にもとづく）は，「各教科の学習の記録」中の「所見」，「特別活動の記録」，「行動及び性格の記録」の各欄について，評価者が開示を前提とせず自らの言葉で児童のよい面，悪い面をありのままに記載した部分であり，開示した場合，児童等の誤解や不信感，無

用の反発等を招き，また，評価者もそのような事態を懸念して否定的な評価をありのままに記載することを差し控えたり画一的な記載に終始する「可能性が相当程度考えられ，その結果，指導要録の記載内容が形がい化，空洞化し，適切な指導，教育を行うための基礎資料とならなくなり，継続的かつ適切な指導，教育を困難にするおそれを生ずることも否定することができない」として，非開示情報該当性を認めた。

　この点，下級審判決（大阪高判平11・11・25判タ1050号111頁）には，本人への開示による評価の公正性の担保という観点から全面開示を命じたものもある。すなわち，教育上の評価は本人や保護者の批判に耐え得るものでなければならず，マイナス評価については「正確な資料に基づくのは勿論」それが伝達・指導されているべきで，日頃の注意や指導等もなくマイナス指導が調査書や学習指導要録のみに記載されているとすれば，そのこと自体が問題である。開示によるトラブルは，適切な表現を心掛けることや，日頃の生徒との信頼関係構築などによって回避でき，これに対処するのも教師の職責である。そして，条例の趣旨・目的は，本人が，「誤った情報や不正な手段で得られた情報に基づく評価のために，不利益な取扱いを受けることがないよう防止すること」にもあるとする。

　開示がもたらすさまざまな影響・効果の何に着目するか，また，それを積極・消極いずれの視点で評価するかにより結論が大きく異なると解され，慎重な判断を要する問題である。

　訂正請求に対する処分　訂正請求権（あるいは訂正権限）については，その範囲をめぐり，第三者により作成・提出され実施機関が管理する情報に対する訂正請求が問題となった例がある。

　市の保有する歯科治療に係る国民健康保険診療報酬明細書（レセプト）の開示を受けた者が，その後，記載内容に事実についての誤りがあるとして行った訂正請求に対し，市は，レセプトを訂正する権限や訂正請求に対する調査権限がないことを理由に訂正しない旨を決定した。原審（大阪高判平13・7・13判タ1101号92頁）は，条例による訂正請求は，個人情報の内容に事実についての誤りがある場合に，その部分を明らかにすることを目的とするものであり，そのような訂正の措置を請求する権利を創設的に認めたものであって，「当該文書

そのものの訂正を想定しているのではな」い。実施機関は，当該文書の訂正権限の有無にかかわらず，当該文書における上記の誤りのある部分を明らかにするために，本件条例にもとづいて訂正の措置を執らなければならないとして決定を違法とした。これに対して最高裁（最判平18・3・10判時1932号71頁）は，条例は，実施機関に訂正のため「必要な調査権限を付与する特段の規定を置いておらず，実施機関の有する対外的な調査権限におのずから限界があることは明らか」であり，また，市は，診療報酬の支払の明細に係る「歳入歳出の証拠書類として本件レセプトを保管している」もので，レセプトに記録された診療に関する情報は，「実際に受けた診療内容を直接明らかにするために管理されていたものとは認められず」，個人の「権利利益に直接係るものということは困難である」。よって，条例は実際の診療内容について必要な調査を行い情報を訂正することを要請しているとは言い難いとして，原判決を破棄した。明文の権限規定がない限り，実施機関は訂正請求に応じられないもしくは応じなくてもよいとする理解（不可能説）を示したものといえる。

　以上みてきたように情報公開制度と個人情報保護制度は定着したものとなったはずだが，近年相次いで発覚した諸問題（東京都市場豊洲移転問題，自衛隊南スーダンPKO日報問題，森友・加計学園疑惑など）では行政の情報管理が大いに批判された。それは，いわゆる「情報隠し」を超えて「情報改ざん」にまで及び，国・自治体の基本姿勢が問われる危機的状況であった。しかし国においては，その後もなお，記録を極力残さないよう「指導」する内部文書の存在が発覚している。自治体においても課題は尽きないが（**コラム10参照**），いまこそかつて両制度の先駆となった経験に立ち返り，新たな制度発展の取り組みをもって国の姿勢に改善と転換を迫る役割を期待したいところである。

📖 理解を深めるために

宇賀克也，2016，『新・情報公開法の逐条解説──行政機関情報公開法・独立行政法人等情報公開法 第7版』有斐閣．
　法律（行政機関情報公開法，独立行政法人等情報公開法等）の解説書であるが，全国の情報公開条例にも広く目配りされており参考になる．

宇賀克也，2018，『自治体のための解説個人情報保護制度──行政機関個人情報保護

法から各分野の特別法まで』第一法規.
　行政機関個人情報保護法に加えて個人情報の取り扱いにとくに配慮を要する業務に係る特別法も解説されており，制度の基本知識が身につく内容となっている．

坂本団編，2016，『情報公開・開示請求実務マニュアル』民事法研究会.
　情報公開・個人情報開示請求の手続が書式を示して解説されていて分かりやすい．また，非開示決定に係る裁判例の詳しい分析・解説は判例の動向を把握するのに便利である．

園部逸夫・藤原靜雄編，個人情報保護法制研究会，2018，『個人情報保護法の解説　第二次改訂版』ぎょうせい.
　立法担当者らによる逐条解説書。法の制定から平成27年改正までの国会等における議論や，EUの個人情報保護法制の動向も知ることができる．

松村亨，2016，『自治体職員のための情報公開事務ハンドブック』第一法規.
　自治体職員向けに情報公開制度の基礎的な知識や判例が解説されており，制度に対する実務の理解と運用の基本姿勢が分かる．

【相澤直子】

第10章　情報管理と自治

■ コラム10：制度定着に伴う新たな課題と問題現象

　情報公開・個人情報保護の各制度においては，近年，当然のものとなったがゆえの運用のルーティン化（あるいは実施機関の認識不足），さらには後退ともいえる現象がみられる。

　情報公開制度をめぐっては，実施機関において，広範に設定された不開示情報への該当性判断をゆるやかに行う一方で，不開示決定の理由提示には条例の規定のみを示し詳細を明らかにしない，という対応が散見される。このため，理由の不備を根拠の１つとする不服申立てが少なくない。

　さらに，開示請求者の権利をめぐる問題として開示請求者情報の漏洩がある。政治家の友人がかかわる情報に対する新聞社の開示請求について，請求の事実と内容を実施機関が当該政治家に伝えていた国レベルの事件は記憶に新しいが，自治体レベルでは，政務活動費使途の情報公開請求をめぐり，同様の事態がそれ以前に発覚していた。請求の事実や内容，その主体に関する情報が漏れるとなれば開示請求が委縮することになりかねず，制度の本質にかかわる重大な問題である。そのほか，開示請求に関して権利濫用規定を新設する条例改正の動きも懸念される。とくに，権利濫用を一般的に禁止するのにとどまらず，請求権濫用と認められる場合に実施機関が情報公開請求を却下・拒否できる旨を定めるものは，「濫用」の判断基準が不明確で実施機関の裁量の余地が大きい場合，まさにこの規定こそが「濫用」されるおそれがある。自治体側の都合で「濫用」と判断して住民を規制できる条例になってしまうという指摘（全国市民オンブズマン連絡会議「2012年情報公開条例『権利濫用』調査」）はもっともであろう。

　個人情報保護制度についても情報の利用と保護の要請がせめぎ合う新たな課題が浮上している。東日本大震災以降の災害時要援護者個人情報の共有をめぐる動きはその１つであるが，これについては，災害対策基本法改正により，市町村長が作成する避難行動要支援者名簿の情報を平時においては本人の同意を得て，災害時には本人の同意を得なくても，消防，都道府県警，民生委員，社会福祉協議会，自主防災組織その他の避難支援等の実施に携わる関係者に提供できるようになった（49条の11第３項）。今日では，さらに孤独死対策に関して日常的な支援や見守りを目的とする個人情報の活用・共有が議論されている。いずれの場合も情報の内容が高度にセンシティブなものとなりうるため，厳格な保護措置と慎重な運用を大前提とすべきであろう。

　2016年にスタートしたマイナンバー制度は，すべての国民に付された12桁の個人番号と国の行政機関や自治体が保有する社会保障，税，災害対策各分野の情報を紐づけして管理する。行政の効率化，国民の利便性向上や負担・給付における公平・公正の確保の実現というメリットが強調されるが，個人情報の利用や照会が容易になることは，その不正利用や紐づけられたさまざまな情報が漏洩する危険が高まることでもある。マイナンバー法（行政手続における特定の個人を識別するための番号の利用等に関する法律）

は一定の保護措置（収集・保管の制限，個人情報保護委員会による監視・監督，罰則強化等）を定めるが，その実効性はつねに検証され，改善されるべきであろう。また，自治体はその事務に個人番号を利用することが認められている（9条2項）が，福祉関連等センシティブ情報にかかわる場合が多いと予想されるところ，慎重な利用が求められるのはいうまでもない。**（相澤直子）**

第11章 まちづくりと自治

　本章では，第1に，まちづくり行政の意義がどのように変化しているのか，とくに機関委任事務時代の要綱等による対応と，地方分権改革以降の新たなタイプの条例による対応を対比する。第2に，自治体はどのようなルールにもとづいてまちづくり行政をすすめているのか，代表的な法制度である都市計画制度，まちづくり基本条例，および先駆的まちづくり条例を取り上げる。第3に，まちづくり行政の方針や計画がどのようにして定められるのか，都市計画の基本方針，都市計画策定への住民参加，および市の総合計画について概観する。第4に，代表的な個別的まちづくり計画として，中心市街地活性化基本計画，災害復興計画，および空家等対策計画を取り上げ，それぞれの法的しくみと課題を概観する。
　以上から，まちづくりに関する多数の法律・条例，および総合的計画・個別的計画が重層的に存在し，多面的にまちづくり（自治）が行われていることについて学ぶ。

1　自治体におけるまちづくり行政の意義

　自治体の都市計画・建築行政は，都市計画法や建築基準法にもとづいて行われている。とくに「都市計画」は，都市の物理的な空間を対象にした行政計画で，半世紀にわたり都市形成をけん引してきた。
　その一方で，住民が自治の担い手として活動する「まちづくり」は，地域の身近な範囲でボトムアップ的に住民のニーズにこたえるもので，多くの場合，行政が行う都市計画に関連する問題をきっかけとして始められたという（似田貝ほか編 2008: 286-287）。まちづくりは一般に，ハード面（建物や道路等）とソフト面（歴史や文化等）の両面から生活環境等の改善を図ろうとしてきた。
　地方分権改革を契機として，都市計画とまちづくりは条例を活用することが多くなり，これに伴い，まちづくり行政の意義がどのように変化しているのか

みてみよう。

機関委任事務時代のまちづくり行政

要綱による対応　地方分権改革前の自治体は，都市計画・建築行政が機関委任事務であることから，法律で定められている土地利用規制を遵守し，それと異なる規制を独自に行うことを躊躇してきた。機関委任事務は，国の事務を自治体の首長や建築主事等の執行機関に委任するもので，委任された首長等は，国の下級機関として位置づけられ，国の行政組織に取り込まれてその指揮監督下に置かれた（旧地自150条）。国の担当セクションからおびただしい数の通達が発せられ，それを根拠に全国で統一的な行政が行われてきた。そのため自治体職員は，通達の解釈に追われ，国の担当者に依存しがちになり，自ら政策を考えたり，住民の要望に応えたりする「自治」の意識が抑圧されていた。

しかし1960年代以降，都市近郊の住宅地でマンション等の中高層建築物の建築が活発になり，日照問題を中心に紛争が頻発した。そのため，自治体に多くの苦情や相談がもち込まれた。とりわけ，東京都武蔵野市は，開発許可や建築確認の権限をもたないなかで，市独自の対策として1971年に「武蔵野市宅地開発等に関する指導要綱」を定めた。この指導要綱にもとづく行政指導により，一定規模以上の宅地開発・建築を行う業者に対して，教育施設負担金を課した事例がある（最判平5・2・18民集47巻2号574頁〔教育施設負担金返還請求事件〕は，市がマンション建築業者に対して負担金の納付を求めた事案において，指導要綱が，これに従わない者への給水拒否を定めていたことなどから，負担金納付の過度な要請は，行政指導の限度を超える違法な公権力の行使にあたると判示した）。また，指導要綱に従わない事業者に対して給水契約の締結を拒否した事例もある（最決平元・11・8判時1328号16頁〔水道法違反被告事件〕は，指導要綱を遵守させるために給水契約を留保したことが水道法15条1項にいう拒んだ行為にあたると判示した）。

急速な都市化に対して1968年に都市計画法が制定され，1972年には最高裁判所が，東京都世田谷区の戸建住宅地において隣家の違法な増築に伴い日照を阻害された事例（最判昭47・6・27民集26巻5号1067頁）について，生活に必要な利益が妨げられたとして不法行為の成立を初めて認めた。この判決を受けて，1976年に建築基準法の改正により日影規制が導入されたのである（56条の2）。

紛争予防調整条例による対応　建築基準法の日影規制をふまえて東京都では，1978年に「東京都中高層建築物の建築に係る紛争の予防と調整に関する条例」を制定し，中高層建築物の建築に伴う紛争を第三者として調整するしくみ（以下，あっせん・調停型条例）を設けている。この条例は，中高層建築物の建築計画の事前公開，および紛争のあっせん・調停に関して必要な事項を定めているので，マンション等による紛争の予防調整に取り組むことが議会において承認されたものと考えられる。

　この条例の制定後にあっせん・調停型条例は全国の都市部に広まっているが，あっせん・調停型条例では事業主が近隣住民の苦情や住環境に配慮することは任意の協力にとどまるため，効果をあげにくいことが課題として残された。

　その背景には，まちづくり行政において，建築に関する法的制限を公法（建築基準法等）上の制限と，私法（民法）上の制限に分けたうえで，建築基準法にもとづく建築確認の手続を「所与」のものとして，自治体がやむをえず市民相互間の紛争を条例にもとづいて調整することを前提とするとの認識があったのである。

地方分権改革以降のまちづくり行政

地方分権一括法の効能　2000年に地方分権一括法が施行された。同法により機関委任事務が廃止され，都市計画・建築行政の大部分は自治体の事務である自治事務とされた。併せて，都道府県から市町村へ都市計画の権限の多くが移譲され，手続の面でも自治体による透明で公正な手続を経るように義務づけられたのである。

新たなタイプの条例による対応　地方分権改革後，まちづくり行政は，基本的に自治体の自己決定に委ねられた。建築基準法等の不十分な点をまちづくりの観点から補うために，近隣住民，事業者および自治体間の三面的な合意形成手続を義務づける新たなタイプの条例（以下，事前協議・協定型条例）が首都圏から広まった。

　事前協議・協定型条例においては，法律と条例は基本的には対等であるとの認識の下，法律という全国共通の「ナショナル・ルール」を所与とせずに，条例という自治体固有の「ローカル・ルール」を活用して，法律と条例の連携作

用を図ることが前提になっているという（松本 2005: 38）。

そして，まちづくりの課題である住環境の保全や安心して暮らせる生活環境等，当該区域の生活基盤そのものを対象にしている点に特徴がある。

地方分権改革以降のまちづくり行政は，国と対等・並立・協力関係の下で，建築基準法等の不十分な点を，条例を活用して対応するものへと重心を移しているのである。

以上から，まちづくり行政の意義は，地方分権改革後には条例を活用して当該区域の生活基盤を管理するものへと変化しているのである。

そこで次に，まちづくり行政をすすめるための法制度についてみてみよう。

2 まちづくり行政をすすめるための法制度
――都市計画法からまちづくり条例まで

まちづくり行政は，国の法律にもとづく都市計画・建築行政と深くかかわりながら，地方分権改革後には，条例を活用して住環境の保全や安心して暮らせる生活環境等を管理するものへと変わってきた。

その根幹には，地方自治法により自治体は「地域における行政を自主的かつ総合的に実施する役割を広く担うものとする」（地自1条の2）と規定され，その事務に関して「義務を課し，又は権利を制限するには，法令に特別の定めがある場合を除くほか，条例によらなければならない」（地自14条2項）と規定されたことがある。併せて，都市計画・建築行政の大部分が法定受託事務ではなく自治事務とされたことが大きく影響している。

これらをふまえて，自治体がどのようなルールにもとづいてまちづくり行政をすすめているのか，主な法制度を取り上げてみたい。

都市計画制度
都市計画の概要　都市計画は，「都市の健全な発展と秩序ある整備を図るための<u>土地利用</u>，<u>都市施設の整備</u>及び<u>市街地開発事業</u>に関する計画」（都計4条1項，下線筆者）で，次のように定められたものである。

まず，一体の都市として総合的に整備，開発および保全する必要がある区域

を「都市計画区域」として指定し，この区域を，市街地として都市整備をすすめるべき「市街化区域」と市街化を抑制すべき「市街化調整区域」に区分する（これを線引きという）。

次に，(1)将来における<u>土地利用</u>を規制・誘導するために「用途地域」(13種類，同8条) をはじめとする各種の「地域地区」を定め，(2)都市の基盤となる道路・公園等の「<u>都市施設</u>」の配置を定める。さらに，(3)道路・公園と宅地を同時に整備する土地区画整理事業や，中心市街地における再開発ビルの整備などを行う「<u>市街地開発事業</u>」を定める。

加えて，都市のマスタープランといわれる「都市計画の整備，開発及び保全の方針」(6条の2) をはじめ，必要に応じて各地区の特性に合わせて地区施設や建築制限を詳細に定める「地区計画」等を定めるのである。

詳しく述べると，第1に，<u>土地利用</u>については，一定規模以上の土地について造成等の開発行為を行う場合には，都市計画法にもとづく「開発許可」が必要である。また，建築行為を行う場合には，建築物の構造や設備に関する規定（単体規定という）を満たすとともに，周囲の環境との適合性審査が加わる。たとえば，日影規制をはじめ，敷地の接道義務，容積率・建ぺい率制限，斜線制限，高さ制限，建築物の用途制限，外壁面の位置制限等がある（これらを集団規定という）。単体規定と集団規定は，敷地ごとに土地利用を規制している建築基準法にもとづく「建築確認」により担保される。

第2に，<u>都市施設の整備</u>については，都市計画で配置が定められると厳しい建築制限がかけられ，都市計画事業認可後は土地収用等の強制措置が発動できるようになるしくみがとられている。都市施設の事業を実施するために，道路，鉄道，公園，墓地，下水道，ごみ焼却場，市場等の整備に関する各法律が整備されている。

第3に，<u>市街地開発事業</u>については，事業を実施するために，土地区画整理法や都市再開発法等の法律が整備されている。これらの法律にもとづいて，地権者等により組織される公共組合または自治体が施行する。

都市計画制度の特徴　都市計画の実現を図るために，⑦土地利用に関する開発・建築規制と，⑦各種の事業を実施するための各法律が定められ，いずれも許認可を得るしくみがとられている。開発・建築行為は主に民間の活動として

行われるものが大半であり，各種の事業は主に公共事業として行われている。都市計画法の下に⑦と④は位置づけられて，都市計画法とともに一体的に都市の物理的空間を扱う基本的制度（都市計画制度という）としての機能を果たしているのである。

そのため都市計画制度は，開発，建築，道路，鉄道，公園，墓地，下水道，ごみ焼却場，市場等，多様な専門技術的領域を網羅しており，まちづくり行政の主体である住民や市町村にとって必ずしも理解しやすいしくみではない。

そこで次に，地方分権改革を契機として定められたまちづくり基本条例についてみてみよう。

まちづくり基本条例

地方分権改革後，北海道ニセコ町のまちづくり基本条例（2001年施行）は，まちづくり行政をすすめるうえで，情報共有や住民参加，協働等，自治の理念やあり方を「自治体の憲法」というかたちで示した日本で最初の条例である。

この条例は，ニセコ町のまちづくりをすすめるうえで町民共通ルールであり，町民がまちづくりの主役（主体）として行動するためのものである。この条例名にある「まちづくり」とは，道路や上下水道の整備，景観形成等の目にみえる「ハード」の側面だけではなく，情報共有や住民参加等のしくみづくりといった目にみえない「ソフト」の側面も含んでいる。さらに，この条例は前文で，「まちづくりは，町民一人ひとりが自ら考え，行動することによる『自治』が基本です」と表明している。つまり，「まちづくり」＝「町民による自治」を基本としている。そのうえで，まちづくり（自治）に欠かせない「情報共有」と「住民参加」を車の両輪として一体的にとらえて自治のあり方を示している。

加えて，満20歳未満の青少年および子どもは，それぞれの年齢にふさわしいまちづくりに参加する権利を有する（11条1項）として社会参加の道を開いている。

これらをふまえて町役場では，まちづくりにかかわる情報は町民の共有財産として，徹底した文書管理がシステム化されている。

また，ニセコ町のまちづくり基本条例を出発点として，全国の自治体でまち

づくり基本条例や自治基本条例が制定され,「まちづくり」の用語もよく使われるようになった。

まちづくりは,機関委任事務時代の要綱行政に対する事業者の反発や,あっせん・調停型条例による対応を経て,郡部においても行政が住民を支援したり,住民と協働したりして行うものへと変化してきたのである。

なお,ニセコ町は,郡部であったため都市計画は定められていなかったが,2009年から都市計画法にもとづく都市計画として「ニセコ町準都市計画」が決定され,町内の山麓地区において建ぺい率,容積率の制限のほか,敷地の接道義務等も適用されている。

そこで次に,都市部のまちづくり条例についてみてみよう。

まちづくり条例

自主条例と委任条例　地方分権改革を契機として,まちづくり条例の制定が活発になった。その要因として,第1に,自治体のまちづくりに関する事務が自治事務になったことがある。これにより,自治体が独自に定める条例（自主条例という）の制定範囲が拡大し,まちづくりに関する問題の処理や政策化に有効との認識が広まった。第2に,都市計画法や建築基準法等,まちづくりに関連する個別法において,法律の運用を条例に委任する規定が創設されている（委任にもとづく条例を委任条例という）。

そこで,まず特徴的な自主条例からみてみよう。

狛江市まちづくり条例　2003年に東京都狛江市で施行された「狛江市まちづくり条例」は自主条例であり,上述した事前協議・協定型条例として運用実績が積み重ねられている。この条例の特徴は,協議の内容や結果が公開され,近隣住民に多くの手続法的な権利を保障するとともに,事業者を拘束する手続法的なしくみを備えている点にあるという（岩橋 2010: 254-259）。

それは第1に,事業者が説明会の結果をふまえて設計を熟慮し,見直したうえで事前協議申請書を市長に提出すると,2週間,公告・縦覧される。近隣住民は,その内容に対して1回目の意見書である事業意見書を市長に提出することができる。事業意見書が近隣住民から提出された場合,市長は,事業者からの事業回答書を受けてこれを縦覧するとともに,その内容をふまえて事前協議

報告書を作成し，2週間，公告・縦覧に供しなければならない。

そのため，事業者は，説明会を真剣に行い，近隣住民の声に耳を傾け，その意見や要望に配慮した事前協議申請を行った方が結果として手続に要する日数や労力の面でプラスになるので，1回目の意見書である事業意見書は，事業者に配慮を促す1つ目のインセンティブとして働くことになる。

第2に，市長が作成した事前協議報告書が不十分だと，近隣住民から2回目の意見書を提出され，再度，公告・縦覧等の手続を経ることになる。

そのため，2回目の意見書である協議意見書は，市長と事業者の双方に配慮を促す2つ目のインセンティブとして働くことになる。

第3に，話し合いの手続として「調整会」というものが規定されている（42条）。調整会は，狛江市まちづくり委員会が主催し，近隣住民（一人でも可）や事業者，あるいは市長の請求・要請によって開催される。調整会は，近隣住民，事業者，市長その他の関係人またはこれらの者の代理人の出席を求めて「公開による口頭審理」（42条2項）により，市民および有識者をまじえて何らかの妥協点を探る場として設けられている。調整会は，公開の場で行われるため，事業者と近隣住民だけの取引や妥協にとどまらず，まちづくりの観点から当該区域に建築計画を受け入れるために実質的な議論をすることができる。調整会の請求がなされたときは，調整会の後に問題が解決したことを書面にした調整会報告書が提出された旨を公告した後でなければ，市長と事業者は協定を締結することができず（34条），その結果，事業に着手することができない（35条）。

そのため調整会は，事業者に配慮を促す3つ目のインセンティブとして働くことになる。

以上，こうした精緻な手続のしくみは，まちづくり行政をすすめるための積極的な制度といえる。

次に，自主条例と委任条例の連携や一体化による総合的なまちづくり条例の一例をみてみよう。

国分寺市まちづくり条例　2005年に東京都国分寺市で施行された「国分寺市まちづくり条例」は，自主条例を基本にしつつ，都市計画法の委任規定を条例のなかに取り込んでいる。条例の主な内容は，①一般的な地区まちづくり計画

のほか，防災や景観といったテーマ型まちづくり計画の策定手続，②都市計画の提案者に対する支援措置・提案や採否の手続，③開発事業に伴う手続・基準として，都市計画法および建築基準法等にもとづく諸手続の前に，市への届出・市民への早期説明・市との協議等の手続，ならびに，開発事業に伴う紛争の予防と調整のしくみで構成され，総合的な条例となっている。

　この条例は，③開発事業に伴う基準として，⑦事業者との協議のための基準と，④適合審査のための基準（以下，適合審査基準，50条）を独自に設けている点に特徴があるという（松本 2005: 46-48）。このうち適合審査基準に適合しない場合には，「開発基準適合確認通知書」が交付されず，事業者は工事に着手することができない（54条）。これは行政処分であり，交付を受けないで着手すれば勧告，命令を受け，従わない場合には刑罰の対象となる（98条）。

　国分寺市は，都市計画法にもとづく開発許可の権限をもたないことから，適合審査基準は，同法が許可権限を有する自治体の条例に委任している事項について，許可権限を有する東京都の同意を得て条例化したという（松本 2005: 46）。その後，東京都が国分寺市の条例を運用して開発許可を行っており，ここに工夫のあとがみられる。また，建築基準法にもとづく建築確認の権限も条例施行時にはもたなかったのである（2007年度まで）。

　次に，九州のまちづくり条例で，特色のある条例について紹介しよう。

　湯布院町潤いのある町づくり条例　1990年に大分県湯布院町で施行された「湯布院町潤いのある町づくり条例」は，バブル期の開発・建築ラッシュに対し，町が開発・建築の主導権を握ろうとした自主条例である。その特徴は，開発事業の審査手続（第3章）と開発の基準（第4章）を細かく定めている点にある。とりわけ，都市計画区域の内外において，空地率，高さ制限および壁面後退の基準（45～47条）や，駐車場，防犯灯，消防施設および給水施設の整備（31～35条）などについて定めている。本条例は，これらの基準によりリゾートマンション等の開発規制と誘導をめざしたものであるが，地方分権改革の前に制定されたため，条例の不履行に対する措置は「公表」にとどまっている。

　以上，まちづくり行政をすすめるための法制度は，従来から都市計画法の下に個別の法律が定められ，許認可を得るしくみがとられていた。その後，地方分権改革を契機としてまちづくり基本条例やまちづくり条例が多く定められて

きたのである。

そこで次に，まちづくり行政の方針および計画についてみてみよう。

3　まちづくり行政の方針・計画

ここでは，まちづくり行政の方針や計画がどのようにして定められるのか，都市計画制度と市の総合計画について概観してみよう。

都市計画の基本方針

市町村都市計画マスタープラン　1980年代の土地バブルを経て，都市計画法では新たな土地利用計画の必要性が認識されていた。しかし，都市計画には，その都市がめざす将来の都市像を欠いていた。そのため1992年に大幅な改正が行われ，市町村に，都市計画そのものではないものの，「市町村の都市計画に関する基本的な方針」（いわゆる市町村都市計画マスタープラン）の作成が義務づけられた（18条の2）。

市町村都市計画マスタープランは，規定すべき内容が法定されていないが，「議会の議決を経て定められた当該市町村の建設に関する基本構想並びに都市計画区域の整備，開発及び保全の方針」（1992年改正時は「市街化区域及び市街化調整区域の整備，開発又は保全の方針」）に即して定めるものとされている（18条の2）。これは当該市町村内の都市計画区域内のみならず，市町村の区域全体のまちづくりの方針として幅広く定めるものである。

市町村都市計画マスタープランの効果は，市町村が定める都市計画はこのマスタープランに即したものでなければならないと定められているため（18条の2第4項），都市計画を拘束することである。

市町村都市計画マスタープランを定めようとするときは，あらかじめ，公聴会の開催等住民の意見を反映させるために必要な措置を講ずるものとされている（18条の2第2項）。なお，都市計画そのものではないため，都市計画の決定手続は適用されない。

都市計画区域マスタープラン　2000年の都市計画法改正により，すべての都市計画区域については，都市計画に，「都市計画区域の整備，開発及び保全の

方針」(いわゆる都市計画区域マスタープラン)を定めるものとされている(6条の2)。現在、この方針には、①区域区分(線引き)の決定の有無、②区域区分を定めるときはその方針を必ず定めること。また、③都市計画の目標、④土地利用、都市施設の整備および市街地開発事業に関する主要な都市計画の決定の方針を定めるよう努めるものとされている。都市計画区域について定められる都市計画は、上記①〜④に即したものでなければならないため(6条の2第3項)、「都市計画区域の整備、開発及び保全の方針」はマスタープランとしての位置づけが明確にされたのである。

都市計画の策定と住民参加

住民参加システムの導入　1990年代以降、都市計画の決定手続には、住民の意向を反映させるしくみがほかの法令に先駆けて導入されている。

さらに地方分権改革により、市町村に「市町村都市計画審議会」を置くことができるしくみとなった(77条の2)。この審議会の組織および運営に関して必要な事項は、政令で定める基準に従い、市町村の条例で定めることとされている(77条の2第3項)。

併せて2000年の都市計画法改正により、住民参加手続の条例化が図られている。これは、都市計画の決定手続のうち、住民または利害関係人に係るものは条例では簡素化できない反面、条例において必要な規定を付加・詳細化できることが法律上明確にされたのである(17条の2)。たとえば、自治体の実情に応じて公聴会の開催等を義務化したり、縦覧期間を延長したりすることが可能である。この規定の活用は、自治体の裁量に委ねられているため、工夫次第では住民参加の可能性を大きく広げることができる。

また、国および自治体は、都市住民への都市計画に関する知識の普及や情報の提供に努めることを法律上の責務として定められている(3条3項)。この規定は住民参加の後ろ楯となる。

都市計画の決定手続への参加　都市計画の決定手続には、住民参加を担保するために3つの段階が法定されている。

第1に、自治体は、都市計画の案を作成しようとする場合において必要があると認めるときは、公聴会の開催等住民の意見を反映させるために必要な措置

を講ずるものとされている（16条1項）。

　第2に，自治体は，都市計画を決定しようとするときは，公告の日から2週間，都市計画の案と計画理由書を公衆に縦覧しなければならない（17条1項）。計画理由書は，自治体の説明責任の向上や透明性の確保の観点から2000年の改正により導入されている。この制度の効果をあげるためには，公聴会等の開催時に住民の理解を得るための説明や，資料の提供が必要となる。そして縦覧の期間中，関係市町村の住民および利害関係人は意見書を提出することができる（17条2項）。

　第3に，提出された意見書の要旨と都市計画の案が都市計画審議会に提出され（18条2項，19条2項），委員の審議を経て，都道府県または市町村が都市計画を決定する（18条1項，19条1項）。このとき，住民からの意見等に対する応答義務が規定されていない点で，手続として簡略なものにとどまっている。この点については，自治体が独自に条例で手続を付加・詳細化することが望まれる。

　都市計画の提案制度　　2002年の都市計画法改正により，土地所有者等（1人でも可）やまちづくりNPO法人等が一定規模以上の土地の区域について，都市計画の決定または変更の提案をすることができる制度が創設されている（21条の2）。

　提案する際には，提案に係る都市計画の「素案」を添えなければならない。さらに，⑦都市計画に関する基準への適合，④土地所有者等の数と面積で3分の2以上の同意が必要である。

　都道府県または市町村は，素案の内容の全部または一部を受け入れようとする場合，都市計画の案を作成しなければならず（21条の3），上述した都市計画の決定手続へとすすむことになる。

　地区計画とその申し出制度　　都市計画法にもとづく地区計画は，都市計画法による都市レベルの規制と，建築基準法による敷地単位の規制との間にあたる「街区や地区の範囲」を対象とする都市計画として1980年に導入されている（12条の5）。地区計画は，それまでマクロ的に都市計画を決めてきたのに対し，住民が主体的に地区住民の合意にもとづいて「良好な環境の各街区」（同1項）を整備・保全するためのルールを定めることができる制度である。

具体的には，道路・公園・緑地・広場といった「地区施設」の配置や規模を定めるとともに，建築物に関する制限（用途・容積率・建ぺい率・高さ・最低敷地面積・外壁面の位置・塀または柵の構造・建築物の形態意匠）や植樹林の保全等を詳細に定めることができる。

地区計画は，建築協定が活用されてきた実績をふまえて，基本的に用途地域でのオプションメニューとしてとらえられている。そのため，市町村にその利用を義務づけるものではなく，制度を利用するか否かは市町村の任意に委ねられている。

地区計画の策定にあたっては，公聴会等の開催，公告・縦覧，意見書等の都市計画の決定手続に加えて，関係者の意向を一層反映させるため，地区計画の案を作成する段階で対象となる地区の土地所有者等の意見を求めて作成するものとされている（16条2項）。

この意見反映手続は，地区計画のために導入されており，借家人やまちづくりNPO法人等は対象とされていないことから，地権者中心主義である。この点は，地区計画の決定により，その区域内の建物の形態や意匠等を制限することになるので，財産権を制限する観点からの措置と考えられる。

さらに2000年の改正で，市町村の条例で定めるところにより，土地所有者等の住民から市町村に対して，地区計画の案の申し出制度が創設されている（16条3項）。この規定は，市町村が条例において，住民または利害関係人から地区計画等の案の内容となるべき事項を申し出る方法を定めることにより，住民参加手続を補強することが意図されている。

このように，地区計画を策定する主体は市町村とされているが，実質的には住民または土地所有者等も策定主体としての役割を担うことが予定されているのである。

市の総合計画

市の総合計画の歴史　ここでの総合計画は，市における最上位の計画として定められてきた「基本構想，基本計画及び実施計画」を指すものとする。

市町村の総合計画については，1953年の町村合併促進法にもとづく新町村建設計画や，1956年の新市町村建設促進法にもとづく新市町村建設計画にその起

点がある。これらの計画は，昭和の大合併の終息とともに出番がなくなったが，各市町村における独自の取り組みはその後も続いた。とくに1966年に市町村計画策定方法研究報告が，基本構想，基本計画および実施計画からなる計画体系を提案したことから，多くの市町村で同様に策定されてきた。そして，1969年の地方自治法改正により市町村に議会の議決を経た「基本構想」の策定が義務づけられたのである。

総合計画の現状と課題　総合計画は，人口の増加とそれに伴う予算や施策の拡大を前提として，工業団地の整備や企業の誘致，あるいは公共施設の建設等をまちの将来像として描き，長年にわたり求心力をもたせることができた。そして2011年の地方自治法改正により，法律で自治体が行うことを義務づける規定が廃止され，市町村には「基本構想」の策定義務がなくなった（旧2条4項）。しかしその後も，ほとんどの市町村では，総合計画や振興計画等の名称で総合計画を策定し，施策や事業を推進している。他方，総合計画の大きな問題点として，内容が総花的で予算の裏づけがないことや，事務事業の優先順位が不明確なこと，あるいは首長マニフェスト選挙の普及により，次の選挙までに成果をあげることに主眼が置かれることから，形骸化や機能低下が指摘されている。

また，人口減少や少子高齢化の進行に直面し，地域の持続可能性が問われている。身近な地域社会のレベルで，ひきこもりや子ども食堂，医療難民や買物難民をはじめ，生活に身近なことで明日にでも解決してほしいものの，解決が困難な問題が増えている。市の縦割り行政では，直接所管する部署がみあたらず，潜在化する問題もあるであろう。こうした問題をいかに発掘して対応していくかも重要である。

今後は，各市町村が総合計画の必要性を検討したうえで，地域の実情に即した計画を定めていくことになる。その際，第1に，2015年の国連サミットで採択された「持続可能な開発のための2030アジェンダ」に記載された「持続可能な開発目標」（SDGs）として17のゴールと169のターゲットが示されている。これらをモノサシにして地域をみわたし，地域の現状を把握するとともに，課題に気づくことが1つの道しるべとなる。

第2に，公民代表を加えた中長期的財政規律の下で，市民代表（首長や議会）

による全体調整計画（マニフェストの計画化，重点計画，部門間・地区間・民間との調整）と，地域社会や地区の代表（まちづくり委員会や地域自治組織）による地域コミュニティ計画や地区別計画を含めた参加・協働・自治の実現，という機能を分担し合うことが考えられる。そこで重要なのは，多くの住民や職員が自分事と思える内容が盛り込まれていることである。

　第3に，計画の立案者・実施者・評価者がバラバラではなく，連携することが必要である。

　以上，総合計画は，多くの課題を抱えて転換期を迎えているのである。

　そこで次に，自治体における個別的まちづくりの計画についてみてみよう。

4　個別的まちづくりの計画と課題

　総合計画のほかに，自治体にはさまざまな個別的まちづくり計画が存在する。個別的まちづくり計画とは，個別の課題ごとに作成される計画の総称である。その問題点として，国・都道府県・市町村を貫く省庁別の縦割りの計画の存在が，自治体の自律的な政策形成を妨げてきたことが指摘されている。つまり自治体では，首長の政策方針や住民の意見反映よりも，各省庁が示した個別的計画の数値目標や手続との整合性が優先されてきたのである。

　しかし2011年の地方自治法改正により，法律で自治体が行うことを義務づける規定が廃止された。そのため，法律で自治体が定める計画について規定する場合には，国が方針を定めることを規定したうえで，「市町村は国の方針に即して○○計画を定めることができる」というように，計画の内容に一定の方向づけを行ったうえで市町村に計画の策定を促す条文が多くみられる。

　そこで，次の3つの個別的まちづくり計画について，それぞれの法的しくみと課題を概観してみよう。

中心市街地活性化基本計画

　地方都市では，駅前等に市街地が発展してきた。しかし，モータリゼーションの進展とともに，郊外に大型店が増えて中心市街地は衰えてきた。他方，郊外では大型店の立地に伴い，周辺の交通渋滞や環境保全への対応とともに，計

画的な地域づくりの観点から，地域社会と大型店との整合性を図ることの必要性が指摘されていた。

この問題は，大型店と中小小売店の利害調整の枠を超えて，地域社会全体にかかわる複合的な都市問題としての様相を呈していた。

このような状況に対して国は，郊外部と中心部が共存共栄する方向へ転換させるため，1998年に，いわゆる「まちづくり三法」（通称：改正都市計画法・大店立地法・中心市街地活性化法）を制定した。

まちづくり三法として，第1に，市町村が都市計画の用途地域内の一定の地区において，特別用途地区（9条13項）を柔軟に設定して大型店の立地場所をコントロール可能にする「都市計画法の一部を改正する法律」（通称：改正都市計画法，1998年施行）を定めた。

第2に，中小規模の小売店や商店街の保護を目的として出店の調整付届出制を定めていた「大規模小売店舗における小売業の事業活動の調整に関する法律」（通称：大店法，1974年施行）を廃止し，これに代えて店舗面積1,000m^2超の大規模小売店に対し交通渋滞，駐車・駐輪，騒音および廃棄物対策を求める「大規模小売店舗立地法」（通称：大店立地法，2000年施行）を新たに制定した。

第3に，空洞化の進行している中心市街地の整備および商業等の活性化を図るため，「中心市街地における市街地の整備改善及び商業等の活性化の一体的推進に関する法律」（通称：中心市街地活性化法，1998年施行）を新たに制定した。同法では，国が定める基本方針（5条）にもとづいて市町村が「基本計画」（6条1項）を作成することができる。これをふまえて中小小売業の高度化を推進する機関等が作成する事業計画を国が認定し，支援を実施するしくみが導入されている（16, 18, 20条）。そして，市町村による市街地整備と，民間のまちづくり組織（TMO）による商店街の振興がめざされた。

しかし，まちづくり三法の施行後も地価の安い郊外に大型店の立地が増え続ける一方，中心市街地の衰退傾向に歯止めがきかないことから，2004年には総務省と会計検査院からまちづくり三法の効果を疑問視する報告書が相次いで発表されている。

こうしてまちづくり三法の改正機運が高まり，2006年に国は，中心市街地の空洞化および郊外への都市機能の拡散を防ぐため，2006年改正都市計画法等お

よび中心市街地の活性化に関する法律を成立させた。なお，その時点では，大店立地法の改正は行われなかったものの，同法4条にもとづき経済産業大臣が定める指針の改定等が行われ，「改正まちづくり三法」として定められている。

　改正まちづくり三法では，地域における社会的，経済的および文化的活動の拠点となるにふさわしい魅力ある中心市街地を形成し，さまざまな都市機能の集積を図ることをめざしている。とりわけ，2006年に改正・改名された「中心市街地の活性化に関する法律」は，商業振興策だけでなく，街なか居住の推進や都市福利施設（図書館・病院等）の集積促進を含む総合的な支援法に改められた。同法には，国が集中的かつ効果的に支援するという基本理念が定められ，内閣に「中心市街地活性化本部」が設置された。また，地域の幅広い関係者の参画を促すために「中心市街地活性化協議会」（15条）を組織することもできるしくみとなり，協議会を活用して市町村が作成した基本計画を内閣総理大臣が認定し，認定計画について重点的に支援を行うことが試みられた。しかし，基本計画の認定は広まらなかったため，2014年の改正により支援制度の拡充が図られている。

　課題として，今後計画を策定する際には，にぎわいの創出や経済活性化に直接つながるような目標や指標を設定し，評価する必要があることなどが指摘されている。

災害復興計画

　2011年の東日本大震災の後，災害復旧事業等（漁港，砂防，道路，河川，海岸等）を実施することが困難な自治体が発生した。そのため，特別法が制定され，それにもとづいて国等が災害復旧事業等を代行している。

　その一方で，特別法の制定を待つことなく，大規模災害からの復興のために共通する法的枠組みをあらかじめ制度化しておくことが検討され，2013年に「大規模災害からの復興に関する法律」が施行されている。

　同法では，特定大規模災害（2条1号）が発生した場合，政府が人口の現状および将来の見通しや土地利用の基本方針を定めた「復興基本方針」を定めるとともに（8条1項），都道府県知事もこの方針に即して「都道府県復興方針」を定めることができる（9条）。被災した市町村は，土地利用の再編等による

復興を図るため，復興基本方針および都道府県復興方針に即して「復興計画」を策定することができる（10条1項）。

その際「公聴会の開催その他の住民の意見を反映させるために必要な措置を講ずる」（10条5項）ものとされ，具体的な手続については市町村の判断に委ねられている。

復興計画の法的な効果は，許認可権者の同意等を協議会（11条）において求めたうえで，土地利用（都市計画区域や農業振興地域）変更や許認可の手続の簡素化が図られることである。

さらに被害が大きな場合，特定大規模災害等（2条9号）として政令で指定されると，被害を受けた都道府県や市町村等が災害復旧事業等に係る工事について国や都道府県に代行を要請し，国や都道府県が代行することができる（43～52条）。このしくみは2016年の熊本地震に初めて適用されている。

課題として，被災した後に，地元住民の意向と公共施設の復旧事業計画との調整を円滑にすすめることができるよう，平時から法制度の枠組みを十分理解しておくことがあげられる。

空家等対策計画

全国的に空家として放置された建物が社会問題となり，2015年に「空家等対策の推進に関する特別措置法」（以下，空家対策法）が施行されている。

市町村は，空家対策法にもとづいて，空家等に関する対策を総合的かつ計画的に実施するため，国の基本指針（5条1項）に即して「空家等対策計画」（6条1項）を定めることができる。この計画の作成は任意であり，権限行使の前提となるわけではないが，計画にもとづく対策の実施に対して財政上・税制上の措置が講じられる（15条）。この計画の作成や実施のため，地域住民や専門家等で構成する「協議会」を組織することができる（7条）。

また，行政機関の立入調査権が創設され（9条2項），さらに保安上危険となるおそれ等がある状態の「特定空家等」（2条2項）の所有者等に対する助言・指導，勧告，命令，代執行の措置が設けられている（14条）。

空家対策法では，固定資産税に関する情報を，空家対策のためにも利用可能とされた（10条）。これにより市町村の税務課以外の職員も情報を利用して所

有者を特定することが可能になった。また，空家対策に協力的でない所有者に対して実質的な増税が可能とされている。これは，「勧告」の対象となった特定空家等の土地については，固定資産税を減免する特例措置を止めて最大で約6倍の固定資産税を課すものとされたのである。

この勧告は単なる行政指導ではなく，不利益措置の引き金になるので，行政法上の「処分性」（行審2・3条，行訴3条）を有すると解される可能性がある。

課題として，空家の除却や利活用の成果が出始めているものの，新たな空家の増加に追いつけるのか，新たな業務であるがゆえに空家等対策計画の変更を視野に入れておくことが必要である。

📖 理解を深めるために

岩橋浩文，2010，『都市環境行政法論——地区集合利益と法システム』法律文化社．
　狛江市まちづくり条例など，居住環境にかかわる多くの手続について具体的に知ることができる。

小林重敬編，1999，『地方分権時代のまちづくり条例』学芸出版社．
　地方分権改革以前のまちづくり条例を，環境系・景観系・土地利用調整系・地区まちづくり系に分類したうえで，地方分権時代の総合的なまちづくりのあり方が示されている。本章で取りあげた「湯布院町潤いのある町づくり条例」に関する紹介が参考になる。

坂和章平，2017，『まちづくりの法律がわかる本』学芸出版社．
　戦後の復興期から人口減少時代の現在まで，時代的・政治的背景も含めて法律の要点がわかりやすく整理され，いまの法体系になっている経緯や理由も把握することができる。

似田貝香門・大野秀敏・小泉秀樹・林泰義・森反章夫編，2008，『まちづくりの百科事典』丸善．
　都市計画とまちづくり，まちづくり条例の変遷，まちづくり基本条例，まちづくり三法など，まちづくりの多様な様相を俯瞰するうえで参考になる。

松本昭，2005，『まちづくり条例の設計思想——国分寺条例にみる分権まちづくりのメッセージ』第一法規．
　国分寺市まちづくり条例の総合的なしくみを中心に，地方分権時代のまちづくり条例の制度設計の考え方や実効性などについて知ることができる。

【岩橋浩文】

■ コラム11：都市計画法の「郊外」への関心

　都市計画法に市街化調整区域が導入された趣旨は，市街地が拡散すると下水道や街路等の公共事業が効率的に実施できなくなるためその防止にあった。
　しかし，いくつもの例外規定があり，とくに郊外型大型店が問題視された。
　2006年には郊外での大型店の立地が中心市街地の衰退につながるという観点から都市計画法が改正され，用途地域が指定されていない区域（市街化調整区域をはじめ郊外のこと）においては，床面積が1万m^2以上の店舗や飲食店等は立地できないこととされた。
　詳しく述べると，2006年の都市計画法改正時に建築基準法も改正され，都市機能の集積を図るため，物販店等の大型店とともに床面積が1万m^2を超える映画館，アミューズメント施設または展示場等を「大規模集客施設」として規制の対象が拡大されている。そのうえで，大規模集客施設は，市街化区域では原則として立地可能な用途地域が6地域から3地域（近隣商業地域，商業地域，準工業地域）に限定された。他方，市街化調整区域では，従来，計画的な大規模開発の場合には立地が許可されてきたが，大規模開発および大規模集客施設はいずれも原則として禁止された。また，それまで市街化調整区域では開発許可が不要とされていた病院，福祉施設，学校等の公共公益施設についても，開発許可が必要とされた。さらに大規模集客施設は，非線引き都市計画区域内の白地地域（一般に市街化調整区域よりも郊外）では，原則として立地できないこととされたのである。
　本章で取り上げたまちづくり行政では，急速な都市化に伴う市民相互間の紛争や公共施設の不足に悩む自治体が，独自に指導要綱を定めて対応してきた。さらに，建築基準法に日影規制が導入された後，都市部の自治体であっせん・調停型条例が広まった。これらは，都市が過密になったため生じた問題への苦肉の対応であった。他方，先に述べた大規模集客施設の郊外化と中心市街地の衰退の問題は，都市の拡散のあらわれである。郊外や線引きは普段あまり意識されないが，都市の拡散は人口減少社会において看過できない問題である。こうした社会の変化とともに，一体の都市としてどこまで総合的に整備できるのか，都市計画法の重心が問われているのであろう。（岩橋浩文）

第12章　地方自治の担い手

　かつて，地方公務員といえば，地味な仕事であり，決められた業務を淡々とこなせばすむというイメージが強かったであろう。しかし，社会の変動のテンポは速く，地域社会の変貌や住民の価値観の多様化に伴って，新しい多くの行政課題が生じ，これらの課題に迅速，かつ適切に処理する公務員が求められている。
　一足先に，国家公務員については，2007年に，人事評価制度，職階制の廃止，退職管理（再就職者による依頼の規制）などを内容とする国家公務員法の改正がなされた。地方公務員についても，これにほぼ準じる内容の法改正が2014年になされ，中心的な部分である人事評価制度は2016年に施行されている。さらに2017年には，これまで大きな課題とされてきた非正規雇用，すなわち臨時・非常勤職員のあり方を明確にし，「会計年度任用職員」制度を創設する法改正が行われ，2020年４月から導入される。本章では，これら人事評価や会計年度任用職員制度について触れながら，地方公務員制度について概観する。

1　地方公務員制度と公務員関係

地方公務員法上の公務員
　地方公務員法（以下，地公法）は，２条で「地方公務員（地方公共団体のすべての公務員をいう。以下同じ。）」と表現しているので，たとえば，首長，地方議会議員なども地公法上の公務員（ただし特別職）である。しかし，同法は，一般職に属するすべての地方公務員に適用し，特別職に属する地方公務員には適用しない（４条）。なお，地方でも独立行政法人が設置され，特定地方独立行政法人の役員・職員は公務員であるが，その他の一般の地方独立行政法人の役員・職員は公務員ではない（地独行法47条）。ここでは，主として，地公法の適用を受ける一般職の公務員について考察する。

近代的公務員制度の諸原則

　近代的公務員制度の特色として，わが国の地公法のなかに次のような原則が確認される。

　公務の公開・平等の原則　　近代民主主義においては，公務に従事する機会は，一般国民に対して平等に公開されていなければならない。これは憲法14条の平等原則からも明らかである。この原則は，地公法では，「平等取扱いの原則」（13条）および「採用試験の公開・平等の原則」（18条の2）としてあらわれている。

　ここで，外国人の公務就任権に触れておこう。地公法は，国籍要件を明示していないが，最高裁は，東京都保健婦管理職受験拒否事件で，「地方公務員のうち，住民の権利義務を直接形成し，その範囲を確定するなどの公権力の行使に当たる行為を行い，若しくは普通地方公共団体の重要な施策に関する決定を行い，又はこれらに参画することを職務とするもの」を「公権力行使等地方公務員」とよんだうえで，「外国人が公権力行使等地方公務員に就任することは，本来我が国の法体系の想定するところではない」とする（最大判平17・1・26民集59巻1号128頁）。

　成績主義の原則　　公務員の選定は，客観的に証明された能力にもとづいて行われなければならない。これは成績主義，またはメリット・システムといわれる。この原則は，地公法では，「任用の根本基準」（15条），「人事評価又は勤務の状況を示す事実に照らして，勤務実績がよくない場合の分限降任・免職」（28条1項），「人事評価」（23条）としてあらわれている。

　公務員の政治的中立の原則　　公務員に政治的中立性が要求されることは，近代的公務員制度から生ずる原則である。政治が価値の選択にかかわる作用であるのに対し，行政は価値中立的ないし没価値的な作用である。公務員は国民を代表する立法機関の意思＝法律・条例を遂行すべきであり，一党一派に偏してはならない。この原則は，地公法では，「政治的行為の制限」（36条）としてあらわれている。

　身分保障の原則　　公務員が政治的行為を制限される反面，公務員が不当な政治的圧力によって罷免されたり懲戒されたりすることのないように，身分保障の原則が確立されなければならない。この原則は，地公法では，「分限・懲

戒の公正」(27条1項),「その意に反する処分の処分事由の法定」(27条2項・3項) としてあらわれている。

人事行政独立の原則　複雑な行政に対応するために高度に技術化された公務員制度を確立し維持するためには,人事行政についての専門的行政機関の設置が必要である。人事行政機関として,地方公務員の場合には人事委員会または公平委員会が置かれる。

都道府県および政令指定都市には人事委員会を,特別区および人口15万人以上の市には人事委員会または公平委員会を,その他の市町村には公平委員会を置く。両委員会は,いわゆる独立行政委員会として,行政的・準立法的・準司法的権限を有する。勤務条件に関する措置要求の審査,不利益処分に関する審査など準司法権限は共通するが,行政的権限および準立法的権限に関しては,公平委員会の権限は小さい。

科学的・能率的人事行政の原則　職員に対する人事管理は科学的・能率的に行われなければならない。この原則は,地公法では,「人事評価」(23条),「給与の根本基準」(24条・25条),「給与勧告」(26条),「研修」(39条) にあらわれている。なお,従前は,職を一定の基準によって分類整理し,個々の職,すなわちこれにあてられる個々の職員に割りあてられる職務の内容と責任を明確にする「職階制」が規定されていたが,実際には運用されないまま廃止された。

情勢適応の原則　地方公共団体は,勤務時間その他の公務員の勤務条件が,社会一般の情勢に適応するように,随時適当な措置を講じなければならない (14条)。この原則は,公務員に労働基本権が制約されているという点と関連している。つまり,勤務条件法定主義や勤務条件条例決定主義が貫かれているために,勤務条件が労使交渉に委ねられておらず,使用者たる国や地方公共団体は,情勢に適応するよう措置を講じなければならないのである。

公務員の勤務関係の性質

公務員の勤務関係は,「公法上の勤務関係」であり,その任用行為は「行政行為」とするのが通説である。学説のなかには,公務員関係を基本的には労働契約関係とみる労働契約説があるが,この説によっても,公務員関係に存在する任命行為や免職行為などは,形式的行政処分として処理される。なお,「地

方公営企業又は特定地方独立行政法人に勤務する一般職に属する地方公務員」は，地方公営企業等の労働関係に関する法律の適用を受け，その勤務関係は契約的な色彩が強い。

公務員関係の成立と消滅

公務員の任用 特定の人を公務員の職につけることを，任用または任命という。任用には，採用，昇任，降任，転任の4つがある（17条）。

任用の基準・要件については，法は能力本位の原則を定め（15条），能力要件として，成年被後見人または被保佐人，禁錮以上の刑に処せられ，その執行を終わるまでまたはその執行を受けることがなくなるまでの者，日本国憲法・政府を暴力で破壊することを主張する政党・団体を結成し，または加入した者など5つの消極的能力要件＝欠格条項を定める（16条）。

職員の採用は条件付のものであり，その職員がその職において6か月を勤務し，その間その職務を良好な成績で遂行したときに，正式のものとなる（22条1項）。

なお，公務員の採用内定の法的性質について，最高裁は，採用内定の通知は事実上の行為にすぎず，また，採用すべき法律上の義務を負うものでもなく，採用内定が取り消されても内定を受けた者の法律上の地位ないし権利関係に影響を及ぼすものではないから，内定取消は抗告訴訟の対象にあたらないとする（最判昭57・5・27民集36巻5号777頁）。しかし，最高裁は，民間の採用内定につき労働契約の成立を認めており，この判決には疑問も多い。

公務員関係の変更 公務員関係の変更としては，昇任，降任，転任，休職，停職がある。昇任・降任・転任は，任用行為のカテゴリーに属し，また，降任・休職は，分限処分に属し，停職は，懲戒処分に属する。このほか，地方公共団体の規則の定めるところによる併任・兼任・配置換えがある。

公務員関係の消滅 公務員関係の消滅としては，離職の包括概念の下にさまざまな概念がある。

人事院規則の定義によれば，①失職とは職員が欠格条項に該当することによって当然離職すること，②退職とは失職および懲戒免職の場合を除いて離職すること，③免職とはその意に反して退職すること，④辞職とはその意により

退職すること，である。

なお，退職管理に関する38条の2以下の規定が，2014年改正で新たに盛り込まれたので，ここで簡潔に触れておく。退職管理とは「再就職者による依頼等の規制」のことであり，離職後に営利企業等の地位に就いている者（＝再就職者）は，離職後2年間は，離職前の地方公共団体の職員に対し，当該地方公共団体と当該営利企業等との間で締結される売買，貸借，請負その他の契約等に関する事務であって離職前5年間の職務に属するものに関し，働きかけ（職務上の行為をするように，またはしないように要求し，または依頼）をしてはならないとするものである。幹部職員であった場合は，離職前5年より前の職務に関する働きかけも禁止されている。

2　地方公務員の義務・責任・倫理

地方公務員の義務

職務専念義務　職員は，法律または条例に特別の定めがある場合を除くほか，その勤務時間および職務上の注意力のすべてをその職責遂行のために用い，当該地方公共団体がなすべき責を有する職務にのみ従事しなければならない（35条）。職員は，全体の奉仕者として公共の利益のために勤務し，職務の遂行にあたっては，全力をあげてこれに専念しなければならないのである。職務専念義務が免除される場合（いわゆる職免）については，法律および条例で定めることになっている。職務専念義務が免除された職員に対し，その勤務しなかった時間について給与を支給するか否かは，法律等で明確な定めがある場合を除いて，給与条例の定めるところによる（24条5項）。

従来，地方公共団体が財団法人や第三セクター等の業務に職員を従事させる場合，多くは職免で対応していた。しかし，市が商工会議所へ職員を有給で派遣していたことに対し住民訴訟が起こされた茅ヶ崎住民訴訟（最判平10・4・24判時1640号115頁）が契機となって，統一的なルール化を設定する必要が生じ，「公益法人等への一般職の地方公務員の派遣等に関する法律」によって，公益法人等への派遣制度および営利法人への退職派遣制度の2つの制度が設けられている。

法令・職務命令遵守義務　職員は，その職務を遂行するにあたって，法令，条例，地方公共団体の規則および地方公共団体の機関の定める規程に従い，かつ上司の職務上の命令に忠実に従わなければならない (32条)。この「職務命令」には，出張命令や業務命令のように職務の執行に直接関係する命令 (職務上の命令) と，病気療養の命令や名札着用の命令のような職員たる身分に対してなされる命令 (身分上の命令) とがある。

　職務命令に重大かつ明白な瑕疵があるときは，職務命令は拘束力を有せず，受命公務員は，自らの判断で職務命令を無効とすることができる (通説・判例)。

　公務員も一個人として思想良心の自由を有することはいうまでもないが，職務命令遵守義務と公務員個人の思想良心の自由との関係が問題となった特殊な事例として，一連の君が代裁判がある。君が代ピアノ伴奏命令拒否事件 (最判平19・2・27民集61巻1号291頁) と，君が代不起立教員再雇用拒否事件 (最判平23・6・6判時2123号18頁) とでは，その職務命令の内容が異なる (前者はピアノ伴奏であり，後者は起立斉唱である) ため，最高裁は異なる判示をしている。前者では，最高裁は，職務命令につき，「特定の思想を持つことを強制したり，あるいはこれを禁止したりするものではなく，特定の思想の有無について告白することを強要するものでもな」い，と判示した。これに対して，後者では，「個人の歴史観ないし世界観に由来する行動 (敬意の表明の拒否) と異なる外部的行動 (敬意の表明の要素を含む行為) を求められることとなる限りにおいて，その者の思想及び良心の自由についての間接的な制約となる面がある」ことを認めたうえで，「当該外部的行動に対する制限が必要かつ合理的なものである場合には，その制限によってもたらされる上記の間接的な制約も許容され得る」と判示した。

信用保持義務＝信用失墜行為の禁止　職員は，その職の信用を傷つけ，または職全体の不名誉となるような行為をしてはならない (33条)。職の信用を傷つける行為とは，社会通念上非難されるような行為をさす。職務に関する罪 (公務員の職権濫用や収賄など) に該当する事実や，職務の執行と関係のない罪 (勤務時間外の犯罪行為)，飲酒運転による交通事故などは，信用失墜行為の典型例である。

守秘義務　職員は，「職務上知ることのできた秘密」につき守秘義務を負

い（34条），違反に対しては刑事罰（1年以下の懲役または50万円以下の罰金）が科される（60条）。また，そそのかし行為にも罰則がある（62条）。2014年に罰則が強化された。

ここにいう秘密の意義については，形式秘説と実質秘説が対立するが，判例は，地公法と同様の規定をもつ国公法の事例につき，秘密とは，非公知の事実であって，実質的にもそれを秘密として保護するに値すると認められるものをいい，その判定は司法判断に服するとして実質秘説に立つ（最決昭52・12・19判時873号22頁）。

政治的行為制限 行政の中立的な運営と公務の民主的・能率的な運営を確保するために，一般職に属する公務員は，一定の範囲で政治的行為を制限されている（36条）。この政治的行為の制限は，大きく2つに分けられる。第1のカテゴリーは，政治目的の有無をとわず，また区域を問わず禁止されるもので，①政党等の結成に関与すること，②政党等の役員となること，③政党等の構成員となるように，またはならないように勧誘運動をすることである。

第2のカテゴリーは，政治目的をもって行うもので，①公の選挙または投票において投票をするように，またはしないように勧誘運動をすること，②署名運動を企画，主宰する等これに積極的に関与すること，③寄附金その他の金品の募集に関与すること，④文書，図画を地方公共団体の庁舎，施設等に掲示し，または掲示させ，その他地方公共団体の庁舎，施設，資材または資金を利用し，または利用させること，⑤その他条例で定める政治的行為であり，これらは④を除けば，当該公務員の属する地方公共団体の区域外では自由に行うことができる。

ただし，公職選挙法および政治資金規正法は，公務員の選挙運動について一定の制限を加えている。また，企業職員，地方独立行政法人職員および単純労務職員については，政治的行為の制限はない。教育公務員については，区域外においても政治的行為が制限される（教特法21条の4）。

労働基本権制限 公務員も憲法28条にいう「勤労者」であるから，基本的には同条の保障する労働基本権を享受するが，民間企業の労働者とは異なり制限が加えられている。

労働基本権制限は大きく3つに分けられる。まず，一般の行政事務に従事す

る公務員および教育職員であるが，団結権については，労働組合法の適用はなく，地公法にもとづく職員団体を結成することが認められている（52条）。団体交渉権については，当局と交渉できるが労働協約締結権はない（55条）。争議権は否定されている（37条）。次に，警察および消防職員は，団結権・団体交渉権・争議権のいずれも認められていない（52条5項）。また，地方公営企業職員，特定地方独立行政法人職員および単純労務職員は，労働組合を組織すること，および労働協約締結権も認められるが，争議権については認められていない（地公労法5条・7条・11条，附則5）。

公務員の労働基本権制限の合憲性については，判例の考えは，全農林警職法事件（最大判昭48・4・25刑集27巻4号547頁）を境に大きく変わっているが，これ以降の判例の考え方は，①公務員は，公共の利益のために勤務するものであるとする公務員の地位の特殊性論・職務の公共性論，②公務員の勤務条件は議会が決めるとする議会制民主主義・財政民主主義論，③市場抑制力の欠如論，④基本権制限に見合う代償措置が講じられているとする代償措置論を根拠とする。

便宜上，ここで，措置要求権について触れておく。職員は，給与，勤務時間その他の勤務条件に関し，人事委員会・公平委員会に対して，地方公共団体の当局により適当な措置が執られるべきことを要求することができる（46条）。これが「措置要求」である。この制度は，労働基本権制限の代償措置の1つとして認められたものである。人事委員会・公平委員会は，事案の審査を行い，事案を判定し，その結果にもとづいて自らの権限事項については，それを実行し，その他の事項については権限を有する機関に対し必要な勧告を行う。

営利企業従事制限　職員は全体の奉仕者として，本来の職務遂行に全力をあげて専念するために，営利企業等に従事することを原則的に禁じられている（38条）。すなわち，任命権者の許可を受けなければ，①営利を目的とする会社その他の団体の役員その他人事委員会規則（人事委員会を置かない地方公共団体においては，地方公共団体の規則）で定める地位を兼ねること，②自ら営利を目的とする私企業を営むこと，③報酬を得て事業または事務に従事すること，ができない。

地方公務員の責任

分限責任　分限責任とは，分限処分を受ける責任をいう。分限処分とは，公務員に対し，その意に反して不利益な影響を与える行為で，公務員の道義的責任を追求する懲戒処分を除いたものをいう。分限処分には，免職，降任，休職，降給がある（28条）。

免職または降任することができるのは，①人事評価または勤務の状況を示す事実に照らして，勤務実績がよくない場合，②心身の故障のため，職務の遂行に支障があり，またはこれに堪えない場合，③その他その職に必要な適格性を欠く場合，④いわゆる行政整理により廃職・過員を生じた場合である。ただし，④の場合，新規採用の抑制や欠員不補充，非正規雇用などの方法によって対処しており，分限処分による職員数削減は現実的でない。人事評価に関しては後述する。

休職することができるのは，①心身の故障のため，長期の療養を要する場合（病気休職），②刑事事件に関し起訴された場合（起訴休職），および③条例で定める事由に該当する場合，である。降給は，懲戒処分としての減給が一定期間給料を減額するものであり，期間満了とともに元の額に復するものであるのに対して，給料の決定そのものを低くする処分であり，条例で定める事由に該当する場合になされるが，現実には活用されていない。

懲戒責任　懲戒責任とは，懲戒処分を受ける責任をいう。懲戒処分とは，公務員に対し，その意に反して不利益な影響を与える行為で，公務員の道義的責任を追及するものである。懲戒処分には，免職，停職，減給，戒告がある（29条）。

懲戒処分がなされる事由は，①地公法もしくは同法57条に規定する特例を定めた法律またはこれにもとづく条例，規則，規程に違反した場合，②職務上の義務に違反し，または職務を怠った場合，③全体の奉仕者たるにふさわしくない非行のあった場合，の3つである。

懲戒処分をするかしないか，どの懲戒処分を選ぶかは懲戒権者の裁量であり，裁判所が懲戒処分の適否を審査するにあたっては，懲戒権者と同一の立場に立って懲戒処分をすべきであったかどうかまたはいかなる処分を選択すべきであったかについて判断し，その結果と懲戒処分とを比較してその軽重を論ず

べきものではない（神戸税関事件判決：最判昭52・12・20民集31巻7号1101頁）。しかしながら，裁量権行使の踰越・濫用は司法審査の対象とされ，事案に即して平等原則や比例原則などに照らして違法とされる。国の場合は，人事院が「懲戒処分の指針について」を設けているが，各自治体も，処分基準を設けている。

　分限処分と懲戒処分は，別々の制度である。道義的責任を問う必要がある場合には懲戒処分とすべきであり，そうでない場合には分限処分を行うべきである。

　弁償責任　　弁償責任については，地方自治法に規定がある。会計管理者もしくは会計管理者の事務を補助する職員，資金前渡を受けた職員，占有動産を保管している職員または物品を使用している職員が故意・重過失（現金については，故意・過失）により，その保管に係る現金・有価証券・物品等を亡失し，または損傷したときは，弁償責任を負う。支出負担行為その他一定の行為をする権限を有する職員についても，同様の責任が認められる（地自243条の2）。

　刑事責任　　公務員の行為が，その職務に関連して法益を害するときは，刑事責任が科せられる。公務員犯罪には，公務員職権濫用罪（刑193条）のように，職務執行においてその職権を濫用することにより法益を侵害するもの（職務犯罪）と，一連の収賄罪（刑197条以下）のように，公務員が職務に関連して行う犯罪であるが，正当な職務の範囲に属さないもの（準職務犯罪）がある。特定の者に便宜を図り賄賂を受け取るというケースは昔からあるが，研修において，汚職防止のための徹底した職員教育を行う必要がある。

　民事責任　　国家賠償事件につき，地方公共団体が被害者に対して責任を負うとき，公務員個人は直接被害者に対して損害賠償責任を負わない（通説・判例）。公務員の行為が故意・重過失にあたる場合は，当該地方公共団体から求償権を行使される（国賠1条2項）が，求償権行使については，それが適切に運用されているかは不明である。

公務員倫理

　国家公務員の倫理に関しては国家公務員倫理法が1999年に制定された。同法は43条で，地方公共団体においても，国に準じて必要な施策を講ずるよう努めることを求めている。

この法律の3条には，3つの倫理原則が定められているが，この3つは，政令の「国家公務員倫理規程」で定める5つの倫理行動基準に盛り込まれている。すなわち，同倫理行動基準は，①職員は，国民全体の奉仕者であり，国民の一部に対してのみの奉仕者ではないことを自覚し，職務上知り得た情報について国民の一部に対してのみ有利な取り扱いをする等国民に対し不当な差別的取り扱いをしてはならず，つねに公正な職務の執行にあたらなければならないこと，②職員は，つねに公私の別を明らかにし，いやしくもその職務や地位を自らや自らの属する組織のための私的利益のために用いてはならないこと，③職員は，法律により与えられた権限の行使にあたっては，当該権限の行使の対象となる者からの贈与等を受けること等の国民の疑惑や不信を招くような行為をしてはならないこと，④職員は，職務の遂行にあたっては，公共の利益の増進をめざし，全力をあげてこれに取り組まなければならないこと，⑤職員は，勤務時間外においても，自らの行動が公務の信用に影響を与えることをつねに認識して行動しなければならないこと，の5つである。

現実に各地の地方公共団体においても，職員倫理条例が定められている。条例のなかには，上記の5つの基準のほかに「公費の適正かつ効率的な執行を行い，最小の経費で最大の効果を上げるよう努め」ること（福岡県職員倫理条例4），「最大の能率を発揮しながら全力を挙げてこれに取り組」むこと（福岡市公務員倫理条例3）のように，不適切な行動をしないという最小限の倫理だけでなく，納税者の視点に立った倫理基準を加えているところがある。

3　人事評価

人事評価の意義

人事評価とは，任用，給与，分限その他の人事管理の基礎とするために，職員がその職務を遂行するにあたり発揮した能力およびあげた業績を把握したうえで行われる勤務成績の評価をいう（6条）。2014年の地公法改正の最大の目玉がこの人事評価制度の導入である。

人事評価は，職員がその職務を遂行するにあたり発揮した能力を把握したうえで行われる勤務成績の評価である「能力評価」と，職員がその職務を遂行す

るにあたりあげた業績を把握したうえで行われる勤務成績の評価である「業績評価」の両面から行う。

　能力評価は，潜在的能力や業務に関係のない能力，人格等を評価するものではなく，当該能力評価に係る評価期間において職員が職務を遂行するなかで，「標準職務遂行能力」の類型として，各任命権者が定める項目ごとに，当該職員が発揮した能力の程度を評価するものである。「標準職務遂行能力」とは，職制上の段階の標準的な職の職務を遂行するうえで発揮することが求められる能力として任命権者が定めるものをいう（15条の2）。

　業績評価は，あらかじめ目標を設定したうえで，その達成度を評価する「目標管理制度」にもとづいて評価するものである。すなわち，評価者と被評価者とであらかじめ目標を設定したうえでその達成度を評価する目標管理にもとづく。目標設定においては，業務の実態に応じ，必ずしも数値目標のみならず，定性的な目標や効率化，業務改善などに着目した目標を設定するなどの工夫を行う必要がある。

　人事評価の評価手法には，評価の分布制限を設けず，評価基準の達成度を客観的に評価する絶対評価と，あらかじめ評価の分布率を定め，分布率に沿って相対的に評価する相対評価がある。国においては，「能力評価」「業績評価」とも，ほかの職員との比較ではなく，評価項目や設定された目標に照らして，職員一人ひとりの職務遂行能力や勤務実績をできる限り客観的に把握し，適切に評価する趣旨から，絶対評価による評価を行っている。各地方公共団体においては，それぞれの地方公共団体の実情に応じた評価手法により評価が実施されることになる。

人事評価の実施

　評価の対象は，一般職のすべての職員であり，任命権者は，職員の執務について，定期的に人事評価を行わなければならない。

　評価者については，評価の客観性を確保するため，一次評価者，二次評価者等の重層的な評価体制が設けられる。

　地方に先んじて人事評価をスタートさせた国の実施方法について記述する。能力評価は年1回，業績評価は年2回としている。人事評価にあたっては，人

事評価制度の納得性を確保するため，被評価者に自己申告を行わせ，また，業績評価では，目標内容の明確化や認識の共有を行うための期首面談や，被評価者に対して指導・助言を行うための期末面談などを行うこととしている。人事評価制度の公正性・透明性の確保と制度の信頼性を高めるため，人事評価に関する苦情を幅広く受け付ける「苦情相談」と，苦情相談で解決されなかった苦情等を受け付ける「苦情処理」のしくみが設けられている。苦情相談にあたっては，簡便な手続となるよう配慮するとともに，苦情処理にあたっては，本人の書面による申出にもとづき，あらためて評価結果の当否等を点検，調査，審査することとされている。

苦情相談および苦情処理は任命権者の立場から行うものであり，第三者機関である人事委員会または公平委員会における苦情処理（8条1項11号，同条2項3号）とは別途のものである。

人事評価の反映

任命権者は，人事評価を任用，給与，分限その他の人事管理の基礎として活用するものとする（23条2項）。

まず，人事評価は任用（主として昇任，転任）に反映される。人事評価は，昇任をはじめとする任用の際の能力実証の手段として活用される。年功序列的な任用は昔の話となる。

次に，人事評価は給与（主に昇給，勤勉手当）に反映される。国においては，昇給について，過去1年間の能力評価・業績評価の結果にもとづき，「勤務成績が極めて良好である職員」から「勤務成績が良好でない職員」まで，原則として5段階の区分で昇給を行っている。さらに，業績評価の結果にもとづき，成績区分・成績率に応じた勤勉手当を支給している。

また，人事評価は分限（主に免職，降任）に反映される。国の場合，能力評価または業績評価の全体評語が2回連続して最下位の段階となった職員に対し，「改善措置」を講じ，直後の能力評価または業績評価の全体評語がなお最下位（3回連続して最下位）となり，かつ，直近の能力評価の全体評語が最下位の段階である職員については，分限処分を行うこととされている。

4　非正規雇用と会計年度任用職員

これまでの状況

　民間において非正規雇用の労働者が増加してきているのと同じように，地方自治体においても非正規雇用の職員が増えた。2017年に総務省が発表した「地方公務員の臨時・非常勤職員に関する実態調査」によれば，①特別職非常勤職員，②一般職非常勤職員，③臨時的任用職員があるとされ，その数は64万人余りである。

　まず①は，地公法3条3項3号の特別職＝「臨時又は非常勤の顧問，参与，調査員，嘱託員及びこれらの者に準ずる者の職」である。この3号職は，本来「非専務職」である。しかし，現実には「常勤的非常勤職員」とでもいうべき実態がある。次に②は，一般的な任用規定である地公法17条にもとづく「一般職非常勤職員」である。③は，地公法22条2項・5項にもとづくもので，任命権者は，「緊急の場合」，「臨時の職に関する場合」は，6か月を超えない期間で臨時的任用を行うことができる。この職は「臨時職」であるが，現実には，恒常的な業務に配置され「疑似臨職」とよばれる。

　これらの雇用形態が自治体における「非正規雇用」であり，事務補助職員・教員・保育士・調理員などがその代表的な職種である。正規雇用職員との待遇の格差が著しいことが問題であったし，何よりもまず，3条の特別職を常勤として雇用したり，22条の臨時職を間を入れて半年ごとに雇用したりする変則的扱いそれ自体が問題であったのである。

会計年度任用職員制度の創設

　このような状況のなかで，新たに設けられたのが「会計年度任用職員」制度であり，2020年4月に施行される。一方で，従来の3条3項3号（前記の①）については「専門的な知識経験又は識見を有する者が就く職であって，当該知識経験又は識見に基づき，助言，調査，診断その他……に限る」という制限が付加され，22条（前記の③）は22条の3の条文として独立して，「常時勤務を要する職に欠員を生じた場合」という制限が付加された。また，前記②の17条に

もとづく一般職非常勤の採用も今後は不適当とされる。要するに，常勤職員に近い勤務形態になっている臨時・非常勤職員は，会計年度任用職員制度に移行することになる。

　この制度は，地公法22条の2が規定する。任期を1会計年度内とするが，任期の終了後，再度，同一の職務内容の職に任用されることはあり得る。ただし，地方公務員の任用における成績主義や平等取扱いの原則をふまえれば，繰り返し任用されても，再度任用保障のような既得権が発生するものではない。常勤職員の勤務時間に比し短い時間を勤務するもの（パートタイム）と常勤職員の勤務時間と同一の時間を勤務するもの（フルタイム）とがある。

　この職員については，地公法上の服務に関する各規定（服務の根本基準，服務の宣誓，職務命令遵守義務，信用失墜行為の禁止，守秘義務，職務専念義務，政治的行為の制限，争議行為禁止）の適用があり，懲戒処分の対象となる。フルタイムの職員は営利企業への従事制限の対象となるが，パートタイムの職員は対象外である（38条1項但し書き）。

　待遇面に関しては，たとえば期末手当は，任期が相当長期にわたる者に対して，常勤職員の取り扱いとの権衡をふまえたうえで，支給することとされる。

　この新しい制度は，従来の「非正規職員」の正式な「認知」というべき側面があるが，身分保障を伴う常勤職員を中心とする公務運営の原則から逸脱し，行政サービス劣化を伴わないかという懸念が指摘されている。

📖 理解を深めるために

澤田千秋，2016，『Q&A やさしくわかる地方公務員法』学陽書房.
　　Q&A 形式で，地公法をわかりやすく解説したもの。

圓生和之，2016，『一番やさしい地方公務員制度の本』学陽書房.
　　地公法だけではなく，データも使って地方公務員の実態もわかりやすく解説している。

圓生和之・大谷基道，2017，『はじめて学ぶ地方公務員法』学陽書房.
　　本書を読めば，地公法のことがひととおりわかるという解説書である。

【小原清信】

■コラム12：人事評価と標準職務遂行能力

　本章で述べたように，標準職務遂行能力とは，職制上の段階の標準的な職の職務を遂行するうえで発揮することが求められる能力として任命権者が定めるものをいう（15条の2）。標準職務遂行能力については，業務の特性等をふまえて，適切に定められるべきである。国については，「標準的な官職を定める政令」（平成21年政令第30号）および「標準職務遂行能力について」（平成21年3月6日内閣総理大臣決定）が定められている。

　以下は，国が例示として示した「課長」の標準職務遂行能力の一部（4～6）である。
4　説明・調整　所管行政について適切な説明を行うとともに，組織方針の実現に向け，関係者と調整を行い，合意を形成することができる。
5　業務運営　コスト意識をもって効率的に業務を進めることができる。
6　組織統率・人材育成　適切に業務を配分したうえ，進捗管理および的確な指示を行い，成果をあげるとともに，部下の指導・育成を行うことができる。

　ただし「～できる」といっても，人事評価の対象となる能力は「潜在的な能力」ではなく，「顕在化した能力」である。そこで，高い業績をあげている者が行っている特徴的な行動に着目して，個々の職員の評価にあたって，そうした行動を行っているか否かで評価される。これが「行動特性評価」とよばれる評価である。

　よりわかりやすい自治体の例として，「東京都職員の標準職務遂行能力を定める規程（平成28年3月28日訓令第59号）」をみてみよう。たとえば，「課長」の「実行力＞折衝力及び調整力」としては，「解決策を実現するため，広い視野及び将来的な展望に立った上で，時機を失することなく関係機関等との調整を精力的に行っている。」「明確な論拠を提示しながら自分の意見，組織の方針等を明確に説明し，相手方の納得を得るようにしている。」があげられている。このような目にみえる行動を評価することによって，より客観的な評価が可能になるのである。このような評価は，民間でも，売上のような数値で把握される「営業」とは異なる「総務」部門などで用いられており，公務員の人事評価として活用されることが期待されている。（小原清信）

判例索引

〔最高裁判所の判例〕

最大判昭29・10・20判時37号3頁	130, 149
最大判昭37・5・30刑集16巻5号577頁	90
最大判昭38・3・27刑集17巻2号121頁	45
最大判昭38・6・26刑集17巻5号521頁	90
最判昭47・6・27民集26巻5号1067頁	202
最大判昭48・4・25刑集27巻4号547頁	228
最大判昭50・9・10刑集29巻8号489頁	95
最大判昭52・7・13民集31巻4号533頁	158
最決昭52・12・19判時873号22頁	227
最判昭52・12・20民集31巻7号1101頁	230
最判昭53・3・30民集32巻2号485頁	156
最判昭53・12・21民集32巻9号1723頁	92
最判昭57・5・27民集36巻5号777頁	224
最判昭60・1・22判時1144号67頁	133
最判昭60・9・12判時1171号62頁	158, 166
最判平元・9・5判時1337号43頁	166
最決平元・11・8判時1328号16頁	202
最判平4・12・15民集46巻9号2753頁	158
最判平5・2・18民集47巻2号574頁	202
最判平6・1・27民集48巻1号53頁	191
最判平6・3・25判時1512号22頁	191
最判平7・2・28判時1523号49頁	135, 137
最判平7・3・7判時1525号34頁	146
最判平9・9・30判時1620号50頁	166
最判平10・4・24判時1640号115頁	166, 225
最判平13・3・27民集55巻2号530頁	188, 192
最判平13・11・27判時1771号67頁	191
最判平13・12・13判時1776号46頁	160
最判平14・7・18判時1798号74頁	166
最判平14・9・12判時1804号21頁	191
最判平15・1・17民集57巻1号1頁	159
最判平15・6・26判時1831号94頁	130
最判平15・11・11民集57巻10号1387頁	189, 195
最大判平17・1・26民集59巻1号128頁	222
最判平17・11・10判タ1200号147頁	166

237

最判平18・3・10判時1932号71頁 ················· 197
最判平19・2・27民集61巻1号291頁 ················· 226
最判平19・4・17判時1971号109頁 ················· 188
最判平19・5・29判時1979号52頁 ················· 192
最判平19・9・18刑集61巻6号601頁 ················· 100
最判平20・10・3判時2026号11頁 ················· 132
最判平23・6・6判時2123号18頁 ················· 226
最判平24・4・20民集66巻6号2583頁 ················· 162
最判平25・3・21民集67巻3号438頁 ················· 90, 117
最判平28・12・15判時2328号24頁 ················· 92
最判平28・12・20判時2327号9頁 ················· 56

〔高等裁判所の判例〕

東京高判昭49・8・28判時755号53頁 ················· 141
東京高判平9・9・16判タ986号206頁 ················· 147
大阪高判平10・7・28判タ998号135頁 ················· 166
大阪高判平11・11・25判タ1050号111頁 ················· 196
大阪高判平13・7・13判タ1101号92頁 ················· 196
大阪高判平15・2・6判自247号39頁 ················· 166
広島高判平18・10・11判時1983号68頁 ················· 193
大阪高判平19・1・23判時1976号34頁 ················· 132
福岡高判平28・9・16判時2317号42頁 ················· 56
高松高判平29・1・31判タ1437号94頁 ················· 134
東京高判平30・1・18判例秘書登載 ················· 133
福岡高判平30・12・5裁判所 Web ················· 61

〔地方裁判所の判例〕

水戸地判昭29・3・18判時24号3頁 ················· 136
京都地判平3・3・27判タ775号85頁 ················· 191
東京地判平6・3・30判タ859号163頁 ················· 147
那覇地判平12・5・9判時1746号122頁 ················· 176
長野地判平16・6・24判例秘書登載 ················· 131
大阪地判平18・1・27判タ1214号160頁 ················· 132
さいたま地判平21・12・16判自343号33頁 ················· 100
東京地判平25・3・14判時2178号3頁 ················· 136
東京地判平26・9・5裁判所 Web ················· 193
那覇地判平30・3・13判時2383号3頁 ················· 61

事項索引

〔あ 行〕

空家等対策計画……………………………218
泉佐野市民会館事件………………………145
一部事務組合………………………………25
一部免責(条例)制度………………………163
違法性の承継(住民訴訟)…………………158
インカメラ審理……………………………189
上乗せ条例…………………………………93
大阪都構想…………………………………34
公の施設……………………………………143
オンブズマン………………………………172

〔か 行〕

会計年度任用職員…………………………234
外国人の公務就任権………………………222
外国人の選挙権……………………………137
外部監査……………………………………153
監査委員……………………………………151
監査基準……………………………………152
監査請求前置主義…………………………156
監査専門委員………………………………152
関 与…………………………………………50
関与法定主義………………………………52
議員の解職請求……………………………142
議 会…………………………………………67
議会の解散請求……………………………141
機関委任事務…………………………26, 48
企業版ふるさと納税………………………120
規 則…………………………………………75
業績評価……………………………………232
協 働…………………………………………169
国地方係争処理委員会……………………53
健全化判断比率……………………………124
権利放棄議決………………………………162
広域連合…………………………………12, 25
公共安全情報………………………………192

公聴会………………………………………177
公務員倫理…………………………………230
個人情報保護条例…………………………194
個人情報保護審査会………………………195
個人に関する情報…………………………189
国庫負担金…………………………………110
国庫補助金…………………………………110
国庫補助負担金……………………………110
固有権説……………………………………3

〔さ 行〕

災害復興計画………………………………217
再議請求権(拒否権)………………………79
罪刑法定主義(条例論)……………………90
財産区………………………………………26
財産権規制(条例論)………………………90
財務会計上の行為…………………………157
三位一体の改革……………………………112
参 加…………………………………………169
自主財源……………………………………111
自治基本条例………………………………102
自治財政権…………………………………107
自治事務……………………………………49
自治紛争処理委員…………………………57
市町村合併…………………………………9
市町村都市計画マスタープラン…………210
自治立法権…………………………………87
執行機関多元主義……………………66, 77
執行機関法定主義…………………………66
指定管理者制度……………………………144
事務監査請求………………………………141
事務事業情報………………………………191
住 所…………………………………………131
住 民…………………………………………129
住民監査請求………………………………154
住民参加……………………………………169
住民自治……………………………………2

住民訴訟	155
住民投票	173
守秘義務	226
主要公務員の解職請求	143
情報公開	183
情報公開条例	184
情報公開審査会	189
消滅可能性都市	42
条例	88
条例制定権の限界	93
条例の制定改廃請求	139
昭和の大合併	9, 35
職務専念義務	225
新固有権説	4
人事評価	231
裾切り条例	94
政治的行為制限（公務員）	227
政治倫理条例	82
成績主義	222
制度的保障説	4
政務活動費	81
政令指定都市	9, 30
選挙権	134
専決処分	80
総合計画	213
租税法律主義（条例論）	90

〔た 行〕

代執行	52
第二次地方分権改革	14
第2段階訴訟	161
団体自治	2
地区計画	212
地方議会	67
地方公共団体の組合	11, 25
地方公共団体の長	72
地方交付税	109
地方債	110
地方財政健全化法	123
地方自治特別法（憲法95条）	173
地方自治の本旨	2

地方税	108
地方創生	16, 41, 114
地方分権一括法	47
地方分権推進法	46
中核市	30
中心市街地活性化基本計画	215
長	72
長の解職請求	142
懲戒責任	229
直接請求権	139
定住自立圏構想	36
伝来説	3
道州制	11, 32
徳島市公安条例事件	95
特別区	24
特別地方公共団体	24
都市計画	204
都市計画区域マスタープラン	210

〔な 行〕

二元代表制	65
ニセコ町まちづくり基本条例	102, 206
能力評価	232

〔は 行〕

パブリック・コメント	99, 172
非正規雇用（公務員）	234
被選挙権	137
百条調査権（百条委員会）	70, 178
副市町村長	76
副知事	76
不信任議決	71, 80
附属機関	78
普通地方公共団体	23
部分開示（情報公開）	188
ふるさと納税	119
分限責任	229
紛争予防調整条例	203
平成の大合併	9, 28, 35
辺野古公有水面埋立	56
法定外税	116

法定画一主義……………………………67
法定受託事務……………………………49
法律実施条例……………………………98
法律先占論………………………………96
法令・職務命令遵守義務………………226
法令秘……………………………………193
補完性の原則……………………………13
補助機関…………………………………76

〔ま　行〕

まち・ひと・しごと創生総合戦略……16, 37, 114
まちづくり………………………………201

まちづくり基本条例……………………206
まちづくり条例…………………………207
明治の大合併……………………………9, 35

〔や　行〕

横出し条例………………………………93

〔ら・わ行〕

履行請求訴訟（4号請求）……………160
立法事実…………………………………101
連携中枢都市圏構想……………………36
労働基本権制限（公務員）……………227

241

執筆者紹介
(執筆順,＊は編者)

＊中川 義朗（なかがわ よしろう）	宮崎大学地域資源創成学部特別教授，熊本大学名誉教授	第1章
澤田 道夫（さわだ みちお）	熊本県立大学総合管理学部教授	第2章
井上 禎男（いのうえ よしお）	琉球大学法科大学院教授	第3章
児玉 弘（こだま ひろし）	佐賀大学経済学部准教授	第4章
中嶋 直木（なかじま なおき）	熊本大学熊本創生推進機構准教授	第5章
吉田 貴明（よしだ たかあき）	宮崎産業経営大学法学部准教授	第6章
＊村上 英明（むらかみ ひであき）	福岡大学法科大学院教授	第7章
＊小原 清信（こはら きよのぶ）	久留米大学法学部教授	第8章, 第12章
黒木 誉之（くろぎ たかゆき）	長崎県立大学地域創造学部准教授	第9章
相澤 直子（あいざわ なおこ）	久留米大学法学部准教授	第10章
岩橋 浩文（いわはし ひろふみ）	熊本学園大学経済学部准教授	第11章

Horitsu Bunka Sha

地方自治の法と政策

2019年4月1日 初版第1刷発行

編 者	中川義朗・村上英明 小原清信
発行者	田靡純子
発行所	株式会社 法律文化社

〒603-8053
京都市北区上賀茂岩ヶ垣内町71
電話 075(791)7131 FAX 075(721)8400
http://www.hou-bun.com/

印刷:共同印刷工業㈱/製本:新生製本㈱
装幀:前田俊平

ISBN978-4-589-04000-8

Ⓒ2019 Y. Nakagawa, H. Murakami, K. Kohara
Printed in Japan

乱丁など不良本がありましたら、ご連絡下さい。送料小社負担にてお取り替えいたします。

本書についてのご意見・ご感想は、小社ウェブサイト、トップページの「読者カード」にてお聞かせ下さい。

JCOPY 〈出版者著作権管理機構 委託出版物〉

本書の無断複写は著作権法上での例外を除き禁じられています。複写される場合は、そのつど事前に、出版者著作権管理機構（電話 03-5244-5088、FAX 03-5244-5089、e-mail: info@jcopy.or.jp）の許諾を得て下さい。

中川義朗編〔HBB+〕 **これからの地方自治を考える** ―法と政策の視点から― 四六判・336頁・2900円	地方自治に関する13のテーマのもと，グローバルな視点を横軸に，実態・これまでの歩みと課題・展望を縦軸に，その本質に迫る。「地域主権」を理念に掲げるこれからの地方自治を考えるアクチュアルな入門書。
手島 孝・中川義朗監修／村上英明・小原清信編 **新基本行政法学**〔第2版〕 A5判・354頁・3300円	行政法令の重要な改正（行政不服審査法，マイナンバー法，文書管理法，行政手続法，地方自治法など）や重要判例の展開をふまえ，バージョンアップ。学生，公務員の標準テキストとして最適。
村上英明・小原清信編〔HBB+〕 **新・なるほど！公法入門** 四六判・316頁・2800円	大学生が実際に遭遇したり，疑問に思いそうな問題を設例に取りあげ，公法が毎日の生活にどのようにかかわっているかを考える好評の私たちの入門テキスト。法令，判例，制度などを新しくし，設例やコラムも大幅に改訂。
中川義朗著 **行政法理論と憲法** A5判・300頁・6000円	憲法に対する行政法の従属性と自立性に着目し，両者の関係を問いなおす。著者がこれまで行政法総論および個別行政法について発表してきた諸論稿をベースに，新規の描き下ろし論考も加えて，行政法総論体系に対応するよう構成・配置。
岩橋浩文著 **都市環境行政法論** ―地区集合利益と法システム― A5判・330頁・6600円	行政法学の立場から，都市環境空間における地区レベルの公共的利益を，三面的な行政関係のもとで「地区集合利益」として識別し，それを保護する理論的枠組みとその効果を実証的に提唱する。［第37回東京市政調査会藤田賞受賞］

――**法律文化社**――

表示価格は本体(税別)価格です